계급과
문학,
카프의
시대

근대한국학 대중 총서 09

계급과 문학, 카프의 시대

초판 1쇄 인쇄 2024년 9월 23일
초판 1쇄 발행 2024년 9월 30일

–

엮은이 연세대학교 근대한국학연구소 인문한국플러스(HK+) 사업단 지역인문학센터
펴낸이 이방원
책임편집 배근호 **책임디자인** 박혜옥
마케팅 최성수·김 준 **경영지원** 이병은

–

펴낸곳 세창출판사
신고번호 제1990-000013호 **주소** 03736 서울시 서대문구 경기대로 58 경기빌딩 602호
전화 02-723-8660 **팩스** 02-720-4579 **이메일** edit@sechangpub.co.kr **홈페이지** http://www.sechangpub.co.kr
블로그 blog.naver.com/scpc1992 **페이스북** fb.me/Sechangofficial **인스타그램** @sechang_official

–

ISBN 979-11-6684-350-1 94910
978-89-8411-962-8 (세트)

_ 이 책은 2017년 정부(교육부)의 재원으로 한국연구재단의 지원을 받아 수행된 연구임(NRF-2017S1A6A3A01079581)

근대한국학 대중 총서 09

계급과 문학, 카프의 시대

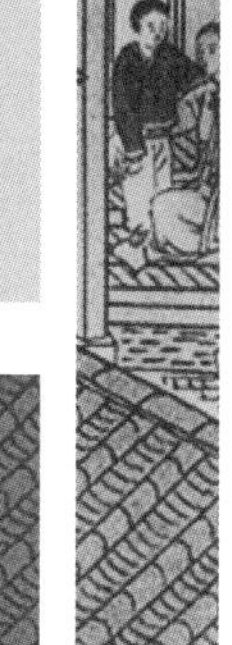

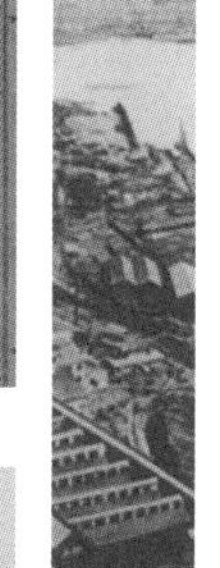

연세대학교 근대한국학연구소
HK+ 사업단 지역인문학센터

세창출판사

발간사

인간은 언제부턴가 현상의 이유를 알고 싶어 하는 물음, 즉 '왜'라는 질문을 하기 시작했다. 어떤 철학자는 이 질문과 더불어 비로소 인간이 된다고 한다. 자연스럽게 경험되는 현상을 그 이유(reason)부터 알고자 하는 것, 그것이 곧 이성(reason)의 활동이고 학문의 길이다. 이유가 곧 이성인 까닭이다. '존재하는 모든 것에는 충분한 이유가 있다(충족이유율)'는 학문의 원칙은, 따라서 '존재는 이성의 발현'이라는 말이며, '학문에의 충동이 인간의 본성을 이룬다'는 말이기도 하다. 최초의 철학자들이 자연의 변화 이유를 알고 싶어 했었는데, 이내 그 모든 물음의 중심에 인간이 있음을 알게 된다. 소크라테스의 "네 자신을 알라"는 말은 물음의 방향이 외부에서 내부로 이행되었음을, 인간에게 가장 중요한 물음이자 답하기 어려운 물음이 인간 자신에 대한 물음임을 천명한다.

자연과학이 인간에 대한 물음에 간접적으로 관여한다면 인문학(Humanities)은 인간을 그 자체로 탐구하고자 한다. 자연과학의 엄청난 성장은 인문학 역시 자연과학적이어야 한다는 환상을 심어 주었다. 대상을 객체로 탐구하는, 그래서 객체성(객관성)을 생명으로 하는 과학은, 주체성과 상호주체성으로 특징지어지는 인간의 세계뿐만 아니라 인간 역시 객체화한다. 인간이 사물, 즉 객체가 되는 순간이며, 사람들은 이를 인간성 상실이라고 말한다.

우리는 다시 묻는다. 나는 누구이며 인간은 무엇인가? 이 물음은 사물화된 인간에 대한 반성을 담고 있다. 인간이 이처럼 소외된 데는 객체화의 원인이라는 이유가 있을 것이다. 그것을 찾고자 인문학이 다시 소환된다. 자신의 가치를 객관적 지표에서 찾으려 동분서주했던 대중 역시 사물화된 자신의 모습에 불안해한다. 인간은 객관적 기술이 가능한 객체라기보다 서사적 존재이고, 항상적 본질을 반복적으로 구현하는 동물이라기보다 현재의 자신을 끊임없이 초월하고자 하는 실존적, 역사적 존재이다. 인간에게서는 실존이 본질을 앞선다. 문학과 예술, 역사, 그리고 철학이 사물화된 세계에서 호명된 이유이다.

한국연구재단은 이러한 사명에 응답하는 프로그램들을 내놓았다. 그것들 중에서도 "인문한국(HK, HK+)" 프로그램은 이 문제에 가장 직접적으로 대면한다. 여전히 성과, 즉 일종의 객체성에 의존하는 측면이 있기는 하지만 인문학자들의 연구활동과 대중의 인문 의식 고양에 획기적인 프로그램으로 자리 잡았다.

연세대학교 근대한국학연구소는 2017년 11월부터 한국연구재단으로부터 "근대한국학의 지적기반 성찰과 21세기 한국학의 전망"이라는 어젠다로 인문한국플러스(HK+) 사업을 수주하여 수행하고 있다. 사업단 내 지역인문학센터는 연구 성과 및 인문학 일반의 대중적 확산에 주력하고 있다. 센터는 강연과 시민학교, 청소년 캠프 및 온라인 강좌 등을 통해 전환기 근대 한국의 역동적인 지적 흐름들에 대한 연구소의 연구 성과들을 시민들과 공유하고 있다. 출간되는 대중 총서 역시 근대 한국의 역사, 문학, 철학 등을 인물별, 텍스트별, 주제별, 분야별로 대중에게 보다 폭넓게 다가가기 위해 기획되었다. 이 시리즈들을 통해 나와 우리, 즉 인간에 대한 물음에 함께하기를 기대한다.

연세대학교 근대한국학연구소

인문한국플러스(HK+) 사업단 지역인문학센터

차례

우리가 카프를 알아야 하는 이유

—감성・젠더・미디어 교차하기

최병구

경상국립대학교 국어국문학과 부교수

1. '카프'에서 '프로문학'으로

한국문학사에서 '카프(KAPF)'는 조선 프롤레타리아 예술가 동맹의 에스페란토어 'Korea Artista Proleta Federatio'의 줄임말로 1925년에 결성되어 1935년 해산한 사회주의 문화단체를 의미한다. 이 기간 카프는 일본의 나프(NAPF)와 긴밀하게 연동되어 1927년 1차 방향전환을 통해 목적의식을 강화하고, 1931년 2차 방향전환을 통해 문예의 볼셰비키화를 추구했다고 평가받았다.

카프에 대한 이러한 정리는 김윤식의 『근대문예비평사연구』(1978)라는 선구적인 업적을 예외로 한다면, 1987년 민주화에 대한 사회적 열망과 1988년 서울올림픽이 상징하는 자유화의 분위기 속에서 이루어진 1989년 월북작가 해금 이후부터 1990년대 초반까지 집중적으로 이루어진 연구의 성과이다.[1] 다시 말해, 1980년대에는 임화, 김남천, 송영, 이기

1 이러한 도식에 대해서는 김재용 외, 『한국근대민족문학사』, 한길사, 1993; 권영민, 『한국 계급문학 운동사』, 문예출판사, 1998 등의 논의를 참고할 수 있다.

영 등 주요 카프 작가의 작품을 음지에서만 간신히 읽을 수 있는 상황에서 카프 연구가 제대로 이루어지기 어려웠고, '해금'이란 사건과 1980년대 후반 문화정치적 환경이 맞물리며 카프 연구가 활황을 이루었다. 이 시기 연구는 카프를 조직과 운동으로서 바라보며 구체적인 운동의 양상과 이를 추동한 비평에 초점을 두고 진행되었다. 당시 연구를 통해 카프의 전모가 드러나며 문학사의 결락을 채울 수 있었으며, 한국문학 연구를 사상사의 영역으로 끌어올리고, 카프 연구를 위한 기초자료가 확보되는 중요한 성과를 얻었다.[2]

그렇지만 1990년 전후의 카프 연구가 '조직으로서 카프'를 강조하며 조직의 안과 밖을 명확히 했다는 점은 성과이자 동시에 한계이다. 앞서 언급한 성과는 필연적으로 선택과 배제의 기준을 동반했다. 이 과정에서 '동반자 작가' '여성 작가' 등은 카프의 바깥에 위치되었고 '카프' 소속이 아닌 작가의 작품은 노동(자)문제를 밀도 있게 다루었음에도 제대로 평가받기 어려웠다. 모두 '조직으로서 카프'를 구획하며 초래된 문제이다.

이 글은 지금 우리가 카프를 공부할 때 필요한 시각은 '조직으로서 카프'에서 '프로문학'으로의 전환이라고 주장한다.[3] 오해를 막기 위해 미리 말하자면, 이러한 시각의 전환이 '조직으로서 카프'를 부정하는 것은 아

---

2 이 시기 연구 성과에 대해 박상준은 1. 카프를 중심으로 한 좌파문학의 실체적 양상 복원, 2. 비평사, 소설사, 문학사의 결락을 채우며 총체적 문학 상황 재구, 3. 한국문학 연구의 수준을 사상의 차원으로 향상, 4. 리얼리즘·현실주의론의 발전에 크게 기여 등을 꼽았다. (박상준, 「프로문학 연구의 새로운 방향과 의의」, 『어문학』 102, 한국어문학회, 2008)

3 카프에서 프로문학으로의 시각 전환은 2010년대 이후 프로문학 연구의 특징을 압축적으로 표현하는 것이다. 이에 대한 자세한 논의는 최병구, 「프로문학 연구의 현실인식과 전망: 2010년대 이후 연구를 중심으로」, 『민족문학사연구』 83, 민족문학사연구소, 2023을 참조.

니다. 조직으로서 카프의 성격과 위상은 여전히 밝혀져야 할 부분이 많다. 그렇지만 조직으로서 카프를 식민지 사회주의 문화 운동 전체로 일반화하는 시각은 경계해야 한다. 누구보다 프롤레타리아의 삶과 문화에 천착한 비(非)-카프 작가들과 식민지 삶에 조금 더 가까이 다가가고자 했던 카프 작가의 시선은 조직으로서 카프가 아니라 '프로문학'에 주목할 때 인식할 수 있기 때문이다. 무엇보다 지금 우리가 카프를 알아야 하는 이유는 조직으로서 카프가 아니라 삶과 대면하는 신체와 감정을 재조직하고자 했던 프로문학의 방법론과 맞닿아 있다는 점이 중요하다.

프로문학은 프롤레타리아의 삶과 문화를 재현한 문학이다. 프롤레타리아의 삶에 관심을 기울이는 일은 이제까지 공장 노동자나 농민 운동가로 한정된 프롤레타리아의 범주를 확장하여 식민지 일상에 폭넓게 존재하는 다양한 주체들을 인식하는 과정이다. 카프의 문인들은 식민지 현실을 구성하는 제도와 이에 맞닿아 있는 주체의 감성에 누구보다 민감했다. 한 마디로 식민지 삶에 누구보다 민감한 것이 카프의 작가들이었다. 이러한 맥락에서 우리는 '프롤레타리아는 누구인가?'라는 질문을 던질 필요가 있다. 그간의 논의가 이 질문에 노동자와 농민이라고 대답했다면, '프로문학'의 시각에서는 여성과 룸펜, 일본 노동자 등 다양한 주체가 포함된다.

이처럼 카프에서 프로문학으로 시각을 전환한다는 것은 조직 운동에서 프롤레타리아 문화로 초점을 이동하는 것이다. 따라서 삶을 인식하고 재현하는 매개로서 미디어, 젠더, 감성 등이 중요한 관심의 대상이 된다. 이러한 지점을 2012년 무렵 어느 연구자는 다음과 같이 표현했다.

> 프로문학을 신비화하지 않으면서도 그것을 자원화할 수 있는 길을 찾고자 고민했다. 프로문학의 탈신비화가 프로문학의 단독성(singularity)을 덮어버릴 수 있음도 늘 경계했다. … 프로문학이 지향한 보편적 이념을 그것이 가장 참을 수 없어 하는 사례들과 만나게 한다면, 너무 높거나 멀어서 심지어 죽은 것처럼 보이는 그 이념을 신체에 육박하는 진실로 경험하게 되지 않을까. … 프로문학의 '감성 구조'란 이처럼 프로문학 텍스트가 의식적으로 선별한 이념이 아니라 그렇게 발화된 이념의 자기 완결성, 자기 동일성을 무의식적, 구조적으로 제한하는 텍스트 내부의 이질적 벡터를 뜻한다.[4]

인용문에서 저자는 프로문학을 조직과 운동이란 익숙한 시각에서 탈신비화하려고 하면서, 이러한 작업이 프로문학의 독자성을 덮어버릴 수 있음도 경계했다고 말한다. 다시 말해 조직과 운동의 문제의식, 즉 사회변화라는 목표를 공유하면서 다른 방법론을 찾고자 한 것이다. 이를 위해 저자는 보편 이념을 "참을 수 없어 하는 사례"와 만나게 하거나 "신체에 육박하는 진실"로 경험하는 방식을 제안한다. 이는 곧 그간의 논의에서 부차적인 것으로 여긴 감성을 중심에 놓는 일이며, "텍스트 내부의 이질적 벡터"란 앞서 언급한 미디어, 젠더, 감성 등의 키워드를 의미하는 것이다.[5] 그리고 더 나아가 지금 현재 우리의 삶이 구성되는 방식도 이러

---

4 손유경, 『프로문학의 감성구조』, 소명출판, 2012, 5쪽.

5 이 글에서 강조하는 미디어, 젠더, 감성은 프로문학을 교차하는 핵심적인 키워드이지만, 얼마든지 다른 키워드를 발굴할 수 있음을 부기해둔다. 중요한 것은 이념이란 고정성을 벗어나

한 맥락과 유사하다는 점을 인정한다면, 일상이 구성되는 문화와 이에 접하는 신체에 주목하는 방식은 2010년대 이후 카프 다시 읽기의 방법론이자 지금-이곳의 문화와 카프를 겹쳐 읽는 독법이라 할 수 있다.

우리는 지금 감정 자본주의 시대를 살고 있다. 유튜브(YouTube)로 대표되는 뉴미디어가 우리의 감정을 편향적으로 만들고, 기업가들이 이 미디어를 통해서 우리의 감정을 추동해서 소비하는 삶을 만든다는 사실을 알고 있지만, 대부분 시간에 이런 사실을 잊고 살아간다. 테크놀로지는 계속 발전했지만 그럴수록 우리의 삶은 더 외로워졌고 혐오의 감정은 더욱 심화되었다. 2010년대 이후 격화된 젠더 갈등, 2022년 사회적 문제로 부상한 이대남/이대녀 갈등이 상징적으로 보여 주듯, 자본주의와 미디어, 그리고 젠더는 서로 밀접하게 연결되어 있다. 이런 현실을 우리는 어떻게 인식하고 대응해야 할까?

흥미롭게도 최근의 이러한 맥락은 100년 전 프로문학 다시 읽기의 키워드인 감성, 테크놀로지(미디어), 젠더와 겹친다. 100년 전 프로문학은 과연 사회주의를 매개로 당대 현실에 어떻게 대응했을까? 100년 전이지만 그들의 방법론은 지금 우리에게 어떤 시사점을 줄 수 있을까? 이 글은 이러한 질문에 답하며 궁극적으로 우리가 지금 카프를 알아야 하는 이유를 생각해 보고자 한다.

프로문학을 구성하는 다양한 결들이 교차하는 맥락을 부감하는 작업이다.

2. 카프 바깥의 존재로부터 프로문학 읽기: 젠더와 감성 겹쳐 읽기

이번 장에서는 강경애와 이기영의 사례를 중심으로 동반자 작가와 젠더 문제를 함께 살펴보겠다. 이를 통해 프로문학의 젠더 인식이 삶을 대하는 감성과 겹쳐지는 지점을 논구하려는 것이다. 동반자 작가란 카프에 가입하지 않았지만, 카프의 이념 지향에 공감하며 작품을 창작한 작가를 의미한다. 강경애, 유진호, 이효석 등이 대표적인 인물이다. 프로문학에 나타난 젠더 문제란 카프 조직에서 배제된 여성 작가를 강조하는 수준을 넘어서 프로소설 전반에 나타난 젠더 인식과 표상의 방법을 포괄하는 것이다. 카프 작가와 동반자 작가의 젠더 인식과 그로부터 생겨나는 감성을 교차하며 프로문학의 현실인식과 혁명의 방법론을 새롭게 살필 수 있을 것이다. 이와 관련하여 주디스 버틀러의 다음과 같은 문장은 많은 시사점을 준다.

> 불안정성은 명백히 젠더 규범과 직접적으로 연결되어 있는 것 같다. … 젠더 규범은 결국 우리가 공적 공간에서 어떻게, 또 어떤 방식으로 나타날 수 있는지, 공적인 것과 사적인 것이 어떻게, 또 어떤 방식으로 구별되는지, 아울러 그런 구별이 어떻게 성정치를 위해 도구화되는지와 관련해 있다.[6]

인용문의 핵심은 신자유주의 시대 우리가 느끼는 불안정성이 공적인 것과 사적인 것의 이분법으로 삶을 구획하는 젠더 규범과 직접적으로 연결되었다는 사실이다. 이때의 젠더 규범이란 생물학적 성의 구분만을 의미하는 것이 아니라, 인종과 계급 등의 위계가 얽혀서 발생하는 문화정치를 의미하는 것이다. 그래서 버틀러는 거리에서의 투쟁과 젠더 규범성에 대한 인식이 연결된다고 이야기한다. 주체가 느끼는 불안정성은 공/사의 구분이 상징하는 현실의 다층적 위계성에서 생겨나는 것이기에 거리의 투쟁과 젠더 규범성은 연속성을 갖는 것이다.

이러한 젠더 개념을 바탕으로 먼저 살펴 볼 작가는 1920~1930년대 카프의 중심에서 활동하며 『고향』(1933)이란 걸출한 작품을 남긴 이기영의 「민촌」(1926)이다. 이 작품은 향교말이라는 농촌을 배경으로 소작농 점순과 점동, 그리고 지주 계급 박 주사 사이의 계급 대립이 전면에 드러난다. 지식인 계급 서울댁 창순이 개입하여 계급 갈등의 원인을 발화하는 장면이 특징적이지만, 지식인 창순의 개입이 소설의 한계로 지적되기도 했다. 하지만 이 소설을 다시 읽을 때 눈에 들어오는 것은 연애 서사이다. 소설 안에서는 점순과 창순, 그리고 점동과 점순의 친구 순영은 서로 사랑하여 연애하는 사이가 되지만, 이들의 사랑은 가난한 삶 앞에서 지속되기 어려웠다. 점순의 아버지가 쓰러지고 먹을 것이 없자 점순은 박 주사의 집에 첩으로 팔려 간다. 이 비극적 현실을 작가는 "부모의 사랑과 형제의 우애와 '서울댁'의 순결한 사랑의 힘도 벼 두 섬의 힘만 못하였

---

6 주디스 버틀러, 김응산 역, 『연대하는 신체들과 거리의 정치』, 창비, 2020, 52-53쪽.

다!"[7]고 표현했다. 인간을 상품화하는 계급 위계에 맞서 '우애'와 '사랑'이란 감정, 다시 말해 위계가 아니라 상호연결의 필요성 제시한 것이다.

이기영의 「농부정도령」(1926)은 이기영의 젠더 인식을 더욱 깊게 보여준다는 점에서 흥미롭다. 이 작품도 「민촌」과 마찬가지로 영웅적 인물의 등장으로 계급문제를 해결하는 한계를 지닌 것으로 평가되었다.[8] 그도 그럴 것이 '정도령'이란 각성한 주체가 마을 사람들을 비판하며 지도자의 위치에 있는 것으로 보이기 때문이다. 그렇지만 주의 깊게 살펴봐야 하는 부분은 정도령이 공동의 가치에 대한 확고한 믿음을 바탕으로 아이나 아내를 학대하거나 딸을 팔아서 생계를 유지하는 마을 사람들을 비판하는 다음과 같은 대목이다.

> 이 못난 자식아! 세상에 저보다 약한 자를 학대하는 것 같이 못난 것은 없다. 나보다 강한 자에게는 소인을 개올리는 주제에 누구를 깔보고 때릴 권리가 있느냐 말이다. 그것은 포악한 자를 위(肯定)하는 행위다. 양반이 상놈을 천대하거나 관리가 백성을 학대하기나 남자가 여자를 구박하기나 부모가 자식을 박대하기나 그것은 모다 일반이 아니냐?[9]

인용문에서 정도령은 양반/상놈, 남성/여성, 부모/자식의 위계성에 대

---

7 전기철 편, 『가난한 사람들』, 푸른사상, 2002, 103쪽.

8 "이 작품(「농부정도룡」-인용자)은 역시 사회적 모순을 고립된 개인의 노력으로 극복하려는 초기 프로소설의 일반적 수준에 머물러 있다." 김재용 외, 『한국근대민족문학사』, 한길사, 1993, 327쪽.

9 조남현 편, 『민촌』, 문학과지성사, 2021, 36쪽.

한 인식을 바탕으로 자신과 같은 프롤레타리아 계급인 마을 사람들을 비판한다. 다시 말해 자본가/프롤레타리아라는 사례가 아니라 근대 사회를 구성하는 일반적인 위계성에 대한 인식을 토대로 마을 사람들의 변화를 촉구하는 것이다. 비록 마을 사람들이 프롤레타리아의 위치에 있지만 위계의식을 내면화한 주체라면 언제든 가해자가 될 수 있음을 경고한 것이다. 「민촌」이 근대의 위계성을 돌파할 수 있는 매개로서 감정에 초점을 둔다면, 「농부정도령」은 '정도령'이라는 인물을 통해 자본주의 위계구조가 내면화된 주체를 가시화하는 효과를 거둔 것이다.

다음으로 1930년대 대표적인 여성 동반자 작가라는 평가를 받는 강경애의 「소금」(1934)을 살펴보자. 「소금」은 중국 간도 지방을 배경으로 남편을 잃고 떠도는 봉염 어머니를 주인공으로 하는 작품이다. 소설의 초반부에 봉염은 지독한 가난이 자신의 죄가 아님을 깨닫는다. 익숙한 프로소설의 서사라면 자식 세대가 부모 세대의 무식함을 비난하며 혁명을 위해 나아가는 길을 택한다. 하지만 「소금」은 간도에서 중국인 지주에게 강간을 당하고 원하지 않는 임신을 하여 얻은 아이까지 지키는 봉염 어머니의 삶을 따라간다. 봉염 어머니는 남의 집 아이를 돌보는 유모일을 하다가 아픈 자신의 아이가 죽는 것을 막지 못하게 된다. 이런 상황 앞에서 봉염 어머니는 다음과 같이 절규한다.

> 분이 내려가려니 잠깐 잊었던 봉염이, 봉희, 명수까지 뻔히 떠오른다. 생각하면 생각할수록 그들은 자기가 일부러 죽인 듯했다. 그가 곁에 있었으면 애들은 그러한 병에 걸렸을지도 모르거니와 설사 병에 걸렸

다더라도 죽기까지는 않았을 것이다. 그는 가슴을 탁탁쳤다. "남의 새끼 키우느라 제 새끼를 죽인단 말이냐."[10]

인용문에서 봉염 어머니의 슬픔과 분노를 파악하기란 어렵지 않다. 이쯤에서 강경애가 프로소설의 일반적 서사인 젊은 세대의 각성과 혁명에의 의지를 드러내는 것이 아니라 어머니의 삶에 주목한 이유가 평범한 일상의 구조를 드러내기 위해서였음이 분명하게 드러난다. 이념에 따라 혁명의 깃발을 들며 자신의 삶을 포기하는 사람을 혁명가라고 부른다. 그들은 존경받아 마땅하지만 평범한 우리는 그런 삶을 택하기 어렵다는 사실을 외면해서는 안 된다. 그렇다고 혁명을 포기하자는 말이 아니다. 다른 혁명이 필요한 것이다. 강경애는 바로 이런 맥락에서 소설을 썼다. 이산(離散)과 젠더, 그리고 계급 문제가 얽혀진 봉염 어머니의 삶에 초점을 둔 「소금」의 서사는 삶을 교차하는 다양한 맥락을 그와 맞닿아 있는 주체의 감성을 통해 환기하는 것이다.

이처럼 프로문학은 삶을 교차하는 다층적 위계에 대한 이해를 바탕으로 그 속에서 생겨나는 주체의 감성을 드러냈다. 이때의 감성은 슬픔과 분노부터 우애와 사랑 같은 대안적 감정까지 다양한 스펙트럼을 가졌으며, 시기적으로도 카프 방향전환과 무관하게 1920~30년대 전체에 걸쳐 나타나는 현상이었다. 이를 프로문학의 젠더 인식이라 부를 수 있다면, 이것이 바로 지금 우리가 카프를 알아야 하는 이유라 하겠다. 여전히 삶

---

10 이상경 편, 『강경애 전집』, 소명출판, 1999, 523쪽.

의 다양한 위계성은 조금도 해결되지 않고 오히려 강화된 상황에서 '우애'와 '사랑'의 감정이 환기하는 맥락은 많은 시사점을 주기 때문이다. 비록 여기서는 이기영과 강경애 소설의 일부를 사례로 들었지만, 이러한 시각은 다양한 작가로 확장될 수 있다는 점을 부기해 둔다.

3. 식민지 사회주의 문화의 두 축: 감성과 미디어

이번 장에서는 1920~30년대 공통된 현상으로서 감성의 정치성이 확장되는 맥락을 잡지 미디어를 중심으로 살펴보고자 한다. 식민지 시기 카프는 자신들의 이념을 대중들에게 전달할 잡지 미디어의 중요성을 날카롭게 인식하고 기관지를 발간하고자 했으나 검열의 영향으로 제대로 실천하지 못했다. 그렇지만 카프는 『개벽』, 『조선지광』, 『비판』 등 대표적인 사회주의 잡지를 터전으로 활동을 이어갔다. 식민지 시기 잡지 미디어가 없었다면 카프가 존재하지 못했다고 말할 만큼 카프와 잡지 미디어의 깊은 연관성은 부정할 수 없는 사실이다. 하지만 그간 카프와 잡지 미디어의 관계는 별로 주목받지 못하거나, 『예술운동』, 『무산자』 와 같은 카프의 기관지만 언급되었다. '문학' 자체에만 초점을 두거나 운동으로서 카프에 주목한 결과인 셈이다.

따라서 우리는 이제 시각을 확장해서 프로문학의 태반인 미디어를 살펴볼 필요가 있다. 카프 작가들이 합법적 미디어에 작품을 발표하는 일은 일본의 검열과 작가 주체의 대응을 포괄한다. 또한 식민지 잡지라는 성격은 식민지 삶에 대한 사회주의 지식인의 인식을 살피는 과정이기도 하다. 그래서 2010년대에 들어오며 『신생활』, 『조선지광』, 『비판』 등 대표적인 사회주의 잡지 연구가 활발하게 수행되었다.[11] 이들 연구는 사회주의 문화정치와 당대 미디어의 역학관계를 본격적으로 조명했다는 점에서 그 의미가 크다. 또한 사회주의 지식문화의 배치와 프로문학의 상관성에 대한 논의로 확장될 수 있다는 점에서 프로문학 연구에도 적지 않은 시사점을 주는 것이다.

하지만 이와 함께 주목해야 하는 것은 프로문학의 감성과 이를 조직한 미디어의 역능이다. 카프 기관지로서 운동성이 강조된 『예술운동』, 『무산자』 혹은 사회주의 조직운동과 연결고리가 확인되는 『신생활』, 『조선지광』, 『비판』 이 아니라 프로문학의 감성과 당대 현실의 접합지점을 확인할 수 있는 미디어를 살펴보아야 한다. 바로 카프의 준기관지로 알려진 『문예운동』(1926)과 『조선문예』(1929)를 살펴볼 필요가 있다. 이들 잡지는 카프 기관지의 계보에 밀려 지금까지 별로 주목받지 못했다. 일본에서 발간된 『예술운동』과 『무산자』가 일본 나프(NAPF)와 연결된 카프의 조직 노선을 명확히 드러내지만, 식민지 경성에서 발간된 『문예운동』과 『조선문예』는 잡지명에서 단적으로 드러나듯 '문예'를 표나게 내세웠고

---

11 세 잡지는 2010년대 이후 제법 연구가 축적되어 있다. 최근의 연구로는 조형열, 「『조선지광』에 투영된 사회주의자의 국제정세 인식」, 『한국독립운동사연구』 85, 한국독립운동사연구소, 2024; 김현주 외, 『사회주의 잡지 『신생활』 연구』, 보고사, 2024; 이병태, 「1920년대 『조선지광』의 유물론 수용이 지닌 사상사적 함의: 주요 논쟁 분석 및 『개벽』 유물론 수용에 대한 비교를 중심으로」, 『통일인문학』 87, 건국대학교 인문학연구원, 2021; 조형열, 「1930년대 전반기 잡지 『비판』의 주도층과 편집방침」, 『역사연구』 34, 역사학연구소, 2018 등을 참고할 수 있다.

그런 만큼 카프와 거리가 있다고 인식했기 때문이다.[12]

그렇지만 지금 다시 카프를 읽을 때 조직 노선에 따라 이루어진 과거의 시각에 얽매일 필요는 없다. 오히려 식민지 경성에서 발간된 잡지가 식민지 삶에 천착한 현실 인식을 가졌을 가능성이 높다. 이 중에서도 여기서는 1929년 발간된 『조선문예』에 주목하고자 한다. 『문예운동』은 1920년대 전반기 사회주의 운동가와 문예의 교차점에서 형성된 카프의 성격을 적절히 확인할 수 있는 잡지이다.[13] 그렇다면 이러한 경향성은 1930년 무렵에는 어떻게 변화되었을까? 논의의 초점을, 최근의 연구에서조차 운동성이 명확해지며 감성에 대한 천착이 약해진다고 평가되는 1930년 무렵에 두고 살펴보려는 것이다.

『조선문예』는 1호(1929년 5월)와 2호(1929년 6월)가 발간되었으며, 인쇄인 송영, 편집주간 박영희에서 확인되듯 카프와 직접적인 연관성을 맺고 있는 잡지이다. 필진으로는 임화, 윤기정, 송영, 김기진 등 카프 작가와 유진호 이효석 주요한 등 비-카프 작가가 공존하고 있다. 목적의식론이 강화된 1차 방향전환 이후 카프와 비-카프 작가들이 『조선문예』라는 잡지에 함께 모였다는 사실은 대단히 흥미롭다. 후술되겠지만, 이 사실은

---

12 가령 『무산자』에 게재된 김두용의 다음과 같은 비평은 이를 단적으로 보여주는 증거이다. "조선문예는 어떠한 잡지인가? 문예공론하고는 어떻게 다른가? 그 점은 목차와 편집후기를 보면 아는 바와 같이 소위 프로문사가 많이 집필한 것과 문예공론보담 「고급」이며 「순문예작품의 결정이요 감정의 순화를 목적하는」 이외에 그 반동성에 있어서는 하등 차이가 없다." (김두용, 「우리는 어떻게 싸울 것인가?: 아울러 「문예공론」 「조선문예」의 반동성을 폭로함」, 『무산자』, 1929.7, 34쪽)

13 이러한 『문예운동』의 특징에 대해서는 최병구, 「카프(KAPF)의 미학적 거점으로서 『문예운동』의 의미」, 『근대서지』 8, 근대서지학회, 2013을 참고할 수 있다.

조직 노선의 차이와 별개로 식민지 현실에 대한 공통된 인식을 카프 작가와 동반자 작가로 분류되는 집단이 공유하고 있었음을 의미한다.

『조선문예』 1호에서는 '영화' '연극' 장르에 대한 관심이 두드러졌다. 창작란에 김영팔의 희곡 「대학생」, 송영의 희곡 「정의와 캔버스」가 게재되었고 '특별독물'에 「조선영화계문답」과 「영화소설 이 봄이 가기 전에」가 실렸으며, '영화 리뷰'에서는 1920년대 대표적인 SF영화 「메트로폴리스」가 소개되었다. 1930년대 초반 카프 서기장에 취임하는 임화가 '신흥극장소개'에서 독일의 라인할트 극장을 알리는 대목도 눈길을 끈다. 이와 함께 『조선문예』 1호에서는 식민지 경성이란 공간에 깊은 관심을 보였다. '특별독물'에 수록된 최승일의 「대경성파노라마」, 주일수의 「고속도 · 경성 · 리뷰」가 증거이다. 이러한 경향성은 『조선문예』 2호에서는 더욱 강화되었다. 〈연극〉 〈영화〉 〈창작〉 〈콩트〉 등으로 아예 장르 표지를 내세우고 작품을 게재했으며, 좌담회 「근대도시생활과 문예에 관하여」에서는 모던, 여성의 의복, 영화 등 도시 생활의 특징을 공유하며 식민지 경성과 문예의 관계를 논의하기도 했다. 요컨대 『조선문예』는 문학을 넘어선 다양한 문화 장르와 식민지 경성이란 공간에 대한 깊은 관심을 보인 잡지이다.

이러한 『조선문예』의 특징은 대중성 강화와 식민지 현실에 대한 천착으로 요약할 수 있다. 전자의 측면에서 연극, 영화, 콩트 등 대중과의 접점을 넓히는 장르 확산을 시도했으며, 후자의 측면에서 경성의 현실을 보여주는 글을 게재한 것이다. 이런 사실은 기존 카프 문학사의 도식을 새롭게 확장할 수 있는 길을 마련해 준다. 『조선문예』 1호에는 김기진의

「단편 서사시의 길로」라는 평론이 게재되어 있다. 1929년 임화-김기진의 대중화 논쟁 당시 김기진은 '단편서사시'라는 양식을 통해 대중성을 확보해야 한다고 했다. 우리는 『조선문예』라는 잡지 미디어를 통해 당시 논쟁이 식민지 현실에 좀 더 천착하려는 프로문인들의 문제의식과 결부된 것임을 알 수 있게 된다.

그리고 이러한 모습의 근간에는 테크놀로지와 주체의 감성 문제가 놓여있다. 다음의 인용문을 보자.

> 조선문예는 순문예다. 창작의 결정(結晶)이다. 그러나 문예적 취미를 보급하고 독자제씨 감정의 정화를 목적으로 한다. 우리는 저급의 취미를 싫어한다. 발자(潑剌)한 생활의 건실한 진리의 파지자다. … 앞으로는 창작뿐만이 아니라 세계문단의 새소식을 속도로 소개하여 연극, 영화 시 등 최고 권위로만 본지의 소개하려 한다.[14]

> 〈자기의 사상〉의 표현은 예술영역에서 이 정서와 감정-정서를 결합케 하는 수단이다. 예술은 이 정서와 정서를 결합케 하는 한 완전한 고귀한 수단이다. … 감정과 감정을 한 데 엉키게 하는 이 예술적 효용은 한 사회의 〈실재〉를 사진과 같이 재사(再寫)하는 것이 아니라 무산계급의 〈실재〉를 표현한다. 표현한다는 것은 무엇을 말한다는 것이다. 〈그럼으로〉 일반으로 예술적 작품은 늘 무엇을 말하는 것이다. 왜 그런가

---

14 「편집후기」, 『조선문예』 1호, 1929.5, 123쪽.

하니 그것은 늘 무엇을 표현하는 까닭이다.[15]

첫 번째 인용문은 『조선문예』의 창립 선언문과 같은 글로 독자 감정의 정화와 장르의 다변화를 통해 세계와 연결되려는 의지가 두드러진다. 특히 '순문예'를 전면에 내세우는 점이 특징적이다. 알다시피 카프는 사회주의 운동가 집단과 연결된 단체였다. 신경향파 시기(1923~1926) 문학예술의 감성과 그 폭발력에 대한 논의가 있지만 1920년대 후반은 사회주의 본래의 목적의식성이 강화된 시기로 최근까지도 평가되었다. 다시 말해 1920년대 후반 카프에서는 주체의 감성이 아니라 이성의 중요하게 인식되었다. 그렇지만 『조선문예』의 존재는 이러한 기존의 도식이 허구임을 보여 준다. 두 번째 인용문에서 박영희는 "감정과 감정을 한 데 엉키게 하는 예술적 효용"을 강조하며 예술이 무산계급에 의해 표상된 실재를 표현해야 한다고 주장한다. 무산자의 시각에서 표상되는 현실을 표현하기 위한 감정의 중요성을 강조한 것이다. 두 편의 글을 통해 우리는 1930년 무렵 카프 논객들에게 감성은 여전히 중요한 대상이었으며, 어떻게 만들어진 누구의 감성인지가 질문되었다는 점을 확인할 수 있다.

이 대목에서 1931년 카프가 기술부를 설치하여 영화부, 연극부 등을 두고 운동성을 강화하고자 했다는 사실을 기억할 필요가 있다. 1931년 기술부 설치는 카프의 운동성을 강화하려는 시도였다. 영화, 연극 등 테크놀로지와 좀 더 친연성이 높은 장르를 매개로 대중의 감성에 개입하려

---

15 박영희, 「통속 예술강좌(1) 예술이란 무엇인가?」, 『조선문예』 2호, 1929.6, 59-61쪽.

는 의지가 바로 기술부 설치의 목적이다. 그리고 여기에 지금까지 살펴본 『조선문예』의 성격을 겹쳐 읽는다면, 카프는 1929년부터 기술부 설치를 위한 준비를 하고 있다고 말할 수 있다. 다시 말해 『조선문예』가 표방한 '순문예'는 근대의 기술문화로부터 형성되는 주체의 감성에 대한 인식과 변화를 향한 욕망이 담긴 것이다. 이때의 감성이란 식민지 현실의 기술 문화에서 형성되는 것이다. 지금도 그렇지만 온전히 자기의 내면에서 생겨나는 감성이란 없다. 근대의 테크놀로지가 자본과 결합하여 우리의 욕망을 만든다는 점은 상식에 속한다. 이런 점에서 '속도'를 중시하는 근대 도시 서울에 대한 아래의 인용문은 흥미롭다.

> 근대적 생산과정은 기계를 빌어서 대량생산을 하게 되고 그 속에서 핑핑 도는 인간-군중들은 꿈을 꾸어도 강렬한 꿈을 꾸어야 속이 시원하게 된다. 사람의 마음은 자동차의 속력을 따라가게 되고 강렬한 자극과 고속도의 회전이 우리의 신경을 유쾌하게 한다. 자연주의 소설의 나오는 주인공의 심리와 배경의 묘사는 벌써 현대인의 발걸음 밑-세민트 바닥 속에 파묻히게 되고 말았다.[16]

인용문에서 저자는 경성에서 기계에 의한 대량생산 현장을 목격하고 자동차의 속도를 느끼고 있다. 또한 자연주의 소설 주인공의 심리는 인공물에 파묻히고 도시의 가속도가 인간의 감각을 점령했다는 인식을 확

---

16 최승일, 「대경성파노라마」, 『조선문예』 1호, 86쪽.

인할 수 있다. 이러한 시각은 좌담회 「근대도시생활과 문예에 관하여」에서는 경성의 속도를 따라잡을 수 있는 '꽁트' 장르의 필요성에 참여자 모두 공감하는 모습으로 나타나기도 한다.[17] 1929년 『조선문예』가 포착한 속도는 자본주의 생산시스템이 가장 중요하게 생각하는 것으로 우리의 삶 전반을 규율하는 개념이다. 기계가 발전할수록 속도는 더욱 빨라져서 현재의 삶이 되었다. 『조선문예』는 지금 우리에게 익숙한 이러한 진실을 예리하게 잡아낸 것이다.[18]

지금까지 살펴본 『조선문예』의 특징은 감성 정치라는 말로 요약을 할 수 있다. 감성 정치란 직접적으로 정치적이지 않으면서 정치적 활동을 하는 것이다. 1929년 무렵 사회주의 조직운동에 대한 제국의 탄압을 고려한다면, 합법적 영역에서 정치적 발화를 하기는 불가능에 가까웠다. 따라서 '우애' 나 '사랑' 등과 같은 감정을 활용한 우회 방식이 필요했다. 사적 영역이라고 할 수 있는 개인의 감정을 드러내는 것은 제국 일본이 보기에는 그다지 위협적이지 않기 때문이다. 그렇지만 일상과 대면하는 감정은 단순히 사적인 것만이 아니다. 가장 사소하다고 여기는 바로 그 감정이 뒤바뀔 때 이제까지 당연하게 여긴 현실에 분노하고 혁명을 위한 길로 나아갈 수 있다. 이런 과정을 통해서 공적 영역과 사적 영역이라는 경계가 흐트러지고 일상의 혁명이 이루어진다. 1930년을 눈앞에 둔 시

---

17 최승일은 좌담회에서 "모든 생산이 대량화 기계화되어서 라디오로 비행기까지 띄우기까지 하는 급속도식 발달적 생산과정에 있으니까 인간 생활의 감정도 스피드화"되었다고 언급하기도 했다. (「문예좌담회: 근대도시생활과 문예에 관하여」, 『조선문예』 2호, 1929.6, 69쪽.

18 이 글에 서술된 『조선문예』의 성격과 위상에 대한 논의는 최병구, 「근대 미디어와 사회주의 문화정치」, 『정신문화연구』 40, 한국학중앙연구원, 2017에 기반한 것임을 밝혀 둔다.

점에서 카프 소속 작가들과 카프 바깥의 작가들은 테크놀로지와 감성의 역학관계에 대한 인식을 공유하며 『조선문예』에 집결할 수 있었다. 테크놀로지에 대한 인식은 100년 전과 현재를 이어주는 매개라는 점에서 거듭 강조될 필요가 있다.

4. 지금, 프로문학을 읽어야 하는 이유

현재의 자본주의를 감성 자본주의 혹은 소비 자본주의라고 한다. 간단히 말해 뉴미디어가 우리의 감정을 자극하여 소비하는 주체로 만든다는 것이다. 꼭 필요하지도 않아도 우리는 소비하고, 소비하는 행위를 통해서 만족과 위안을 느낀다. 어떤 물건을 검색하자, 그 뒤로 그와 유사한 상품이 계속 화면에 노출되는 경험을 누구나 한 적 있을 것이다. 이러한 맥락에서 우리는 타인과 연결되어 있지만 어떤 이유인지 우울증을 호소하는 사람들은 늘어만 간다. 이에 대한 분석은 다양한 시각에서 이루어졌지만 여기서 강조하려는 것은 기술의 발전, 조금 더 구체적으로 우리 삶의 속도가 빠르게 흘러갈수록 이러한 상황도 가속화된다는 점이다. 이럴수록 사랑과 우애의 감정은 부연할 필요도 없을 만큼 중요하다.[19]

---

19 1972년 처음으로 발간되어 기술과 성장 중심의 인류 발전을 경고한 『성장의 한계』에서 저자들이 대안으로 제시한 5가지는 '꿈꾸기, 네트워크 만들기, 진실 말하기, 배우기, 사랑하기'였다. 근대 문명이 과학기술의 힘으로 자연/인간이라는 위계를 만들며 발전했다는 점을 경계하며 환경과 인간의 연결을 위한 방법으로 저자 제시하는 5가지 항목 중 하나인 사랑은 위계를 넘어선 네트워크 만들기의 동력이기도 하다. 이에 대한 자세한 내용은 도넬라 H. 메도즈

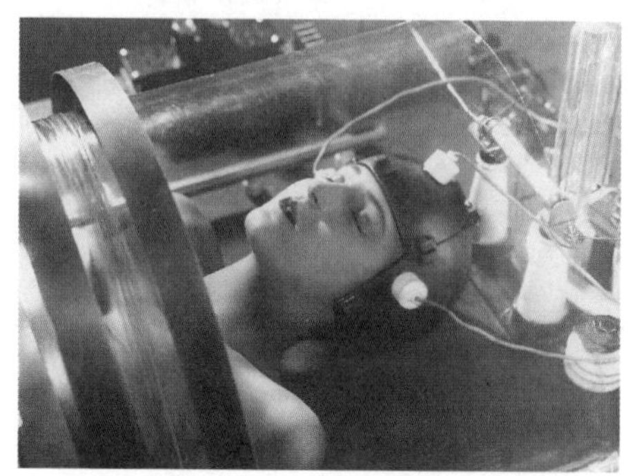

【그림 1】 영화 「메트로폴리스」의 한 장면

『조선문예』를 통해 확인했듯 카프는 과학기술이 우리의 삶에 어떻게 개입하는지를 명민하게 인식했다는 점도 부기될 필요가 있다. 1925년 박영희는 로봇이란 개념을 처음 사용한 체코 작가 카렐 차펙의 희곡 「R.U.R」을 번역한 「인조노동자」를 『개벽』에 발표하였다. '인조노동자'라는 제목처럼 계급적 시각이 강조된 것이지만, 카프 창립에 중요한 역할을 한 박영희가 근대의 테크놀로지에 대한 인식을 수반하고 있었다는 점은 확인할 수 있다. 『조선문예』 1호에 소개된 영화 「메트로폴리스」 에는 로봇 사진까지 삽입될 만큼 카프의 구성원은 기술 문화와 현실의 관계에 대해 지속적인 관심을 가졌다. 임화는 「영화적 시평」(『조선지광』, 1929.6)에서 영화에 등장하는 기술 문화에 찬탄을 보내면서도 그것이 인간을 노예로 만들 수 있다는 점을 경계했다.

2024년 현재 합계 출산율이 급감하고 있는 대한민국, 더 나아가 세계적으로 로봇에 대한 관심이 뜨겁다. 로봇이 인간의 노동력을 대체하여

외, 김병순 역, 『성장의 한계』, 갈라파고스, 2021를 참조할 것.

인구 감소의 시대에 생산력 유지 혹은 향상에 결정적 계기가 될 것으로 기대하기 때문이다. 어떤 진실을 담고 있을 것이다. 그렇지만 우리는 인구 감소의 이유를 질문하지 않는다. 다시 말해 성장 중심의 경제가 만든 위계의 구조를 질문하지 않고 테크놀로지의 힘으로 문제를 해결하려는 과거의 방식을 반복한다.

그래서 연대와 사랑의 감정을 강조하며 테크놀로지가 위계를 공고히 한다는 인식과 판단을 하고 있는 프로문학은 여전히 읽을 필요가 있다. 지금까지 살펴보았듯 카프의 작가들은 젠더와 잡지 미디어를 매개로 삶에 개입하고자 했다. 젠더 인식이 다양한 층위에 걸쳐 있는 위계 구조를 가시화했다면, 잡지 미디어는 그러한 가시화된 인식이 결집한 장소였다. 무엇보다 위계화의 현실을 만든 테크놀로지에 대한 카프 주체들의 인식론이 우리에게 주는 의미가 적지 않다. 가령 속도전의 시대에 새로운 양식의 필요성을 주장했던 카프 논객들의 논의는 2020년 무렵부터 급부상하고 있는 SF와 웹소설을 환기하기 때문이다.

당연히 100년 전 카프의 시대와 지금 우리의 현실은 그대로 대응하지 않는다. 그렇지만 어쩌면 우리는 그간 그 차이에만 집중한 것은 아닐까? 100년이라는 시간이 지나며 규범화되어 의심조차 하기 어려운 상황은 없는 것일까? 우리에게 프로문학은 이러한 질문거리를 던지며 규범화된 현실과는 다른 상상력을 하게 만든다는 점에서 의미가 크다.

참고자료

1. 1차 자료

『무산자』(1929) 『조선문예』(1929)

이상경 편, 『강경애 전집』, 소명출판, 1999

전기철 편, 『가난한 사람들』, 푸른사상, 2002

2. 논문 및 단행본

권영민, 『한국 계급문학 운동사』, 문예출판사, 1998

김재용 외, 『한국근대민족문학사』, 한길사, 1993

도넬라 H. 메도즈 외, 김병순 역, 『성장의 한계』, 갈라파고스, 2021

박상준, 「프로문학 연구의 새로운 방향과 의의」, 『어문학』, 한국어문학회, 2008

손유경, 『프로문학의 감성구조』, 소명출판, 2012

주디스 버틀러, 김응산 역, 『연대하는 신체들과 거리의 정치』, 창비, 2020

최병구, 「카프(KAPF)의 미학적 거점으로서 『문예운동』의 의미」, 『근대서지』 8, 근대서지학회, 2013

최병구, 「근대 미디어와 사회주의 문화정치」, 『정신문화연구』 40, 한국학중앙연구원, 2017

최병구, 「프로문학 연구의 현실인식과 전망: 2010년대 이후 연구를 중심으로」, 『민족문학사연구』 83, 민족문학사연구소, 2023

핏빛 낭자한 '빈궁과 저항'의 문학
—신경향파 소설의 등장

최은혜
고려대학교 민족문화연구원 연구교수

1. 신경향파 문학이란 무엇인가?

1925년 12월, 대표적인 프롤레타리아 문학가였던 박영희는 그해의 문단을 돌아보며 "유탕(遊蕩)을 떠나고 정서 지상(情緖至上)을 떠나고 압박과 착취적 기분을 떠나 생활에, 사색에, 해방에 민중으로 나아 오려고 하는 새로운 경향"이 등장했다면서 '신경향파'라는 말을 처음으로 사용했다. 그는 이어서 신경향파 소설의 "주인공은 모두가 새 사회를 동경하는 개척아(開拓兒)였으며, 그가 부르짖는 선언은 모두가 생활에 대한 진리의 계시였다. 그들은 스스로가 현 사회 제도에서 고민하여 그곳에서 생기는 불법과 폭행에 대한 파괴와 또는 불평을 절규하며 따라서 그들은 무산적 조선을 해방하려는 의지의 백열(白熱)을"[1] 지니고 있었다고 말한다.

같은 해 7월, 박영희와 함께 조선의 프롤레타리아 문단이 형성되는 데 중요한 역할을 했던 팔봉 김기진 또한 당시 문단에 등장한 새로운 경향을 지적한다. "근래의 창작계에는 이야기의 주인공이 죽든지 그렇지 아

---

1 박영희, 「신경향파문학과 그 문단적 지위」, 『개벽』 64, 1925.12, 3쪽.

니 하면 사람을 죽이든지 하는 소설이 많이 발표되었다. … 주인공이 한 사람을 죽인다 하면 그 죽이게 되는 배면(背面)에는 반드시 죽이지 않으면 안 될 만한 정도의 적기심(敵忌心)과 분노와 생명적 반역이 있는 것이다. … 살인, 자살을 그린다는 것은 살인 자살을 유치(誘致)하는 원인을 그린다는 것이요, 경향이라 말함은 즉 그 '원인'을 그리는 점에서의 경향을" 가리킨다는 것이다.[2]

당시의 문학가들이 진단했듯, 신경향파는 1920년대 중반 새롭게 등장한 문학적 흐름을 일컫는 말이다. 새로움을 의미하는 접두사 '신(新)'에 '경향(tendency)'이라는 말이 붙어 만들어진 용어임을 어렵지 않게 알 수 있다. 이때 '경향'은 새로운 문학 사조나 조류를 의미할 수도 있지만, 그보다는 급진적 사상의 경향성을 의미하는 미학적 용어로 보는 것이 조금 더 타당하다. 실제로 19세기 유럽에서 '경향성', '경향적'이라는 말은 혁명적 세력을 견제하는 지배세력에 의해 쓰이기 시작해서 당대 문학을 검열하는 중요한 기준으로 작용하기도 했다. 이것이 20세기 초 조선에 와서는 사회주의 사상을 담게 되었다. 신경향파 문학이 직접적으로 사회주의 사상을 지향하거나 구현하지는 않았으나, 사회주의 사상이 식민지 조선에 받아들여지는 과정에서 이러한 문학적 흐름의 등장한 것은 분명하다.

신경향파 문학은 빈궁과 저항의 문학이다. '가난'을 소설화하고 하층민을 서사의 중심에 둔다는 점에서 주로 남성 지식인을 주인공으로 내세우고 그들의 고뇌에 찬 내면을 다루던 이전 소설들과 차별된다. 물론 김

---

2 김기진, 「문단최근의 일경향: 6월의 창작을 보고서」, 『개벽』 61, 1925.7, 124-125쪽.

동인의 「감자」나 현진건의 「운수 좋은 날」과 같이 하층민을 대상으로 한 소설이 없지는 않았으나, 신경향파 문학은 이들 소설처럼 가난을 개인의 팔자소관으로 여기지 않고 사회적인 문제로 다루었다. 벗어나려 해도 도무지 벗어날 수 없는 가난의 원인을 외부적인 상황으로부터 있다고 찾기 시작한 것이다. 그런데 신경향파 문학의 주인공들은 앞서 박영희와 김기진이 말한 것처럼 살인과 자살, 방화와 폭력 등을 통해서 그러한 상황에 저항한다. 사실, 비참한 현실에 대한 들끓는 분노를 여과 없이 표출하는 이러한 방식은 사회 현실 변혁과 다소 동떨어졌다. 현실을 바꾸기 위해서는 구체적 목적을 가진 조직적이고 실천적인 투쟁이 필요하다고 주장하는 누군가에게, 폭력에 입각한 신경향파적 방식은 오히려 사회 변혁의 걸림돌로 생각될 수도 있다.

이처럼 본능적이고 본원적인 분노를 그대로 표출하는 신경향파 문학은 흔히 '자연발생적 문학'이라고 일컬어진다. 여기에는 현실에 대한 객관적 분석과 비판, 나아가 그러한 현실을 바꾸기 위한 구체적이며 체계적인 노력에 의해서가 아니라, 부조리를 마주할 때 자연스럽게 발생하는 분노와 울분을 담은 문학이라는 의미가 포함된다. 1925년 창립한 카프는 1920년대 후반을 지나면서 두 차례의 방향 전환을 겪는다. 방향전환이란 이전과 다른 방향의 조직적 목표 수립 및 발전을 의미하는데, 카프는 신경향파 문학의 '자연발생적' 특징을 극복하고 사회 변혁을 위한 '목적의식'을 가지고 나아가는 것으로 조직의 방향성을 재설정하였다. 그 과정에서 1925년 무렵 등장했던 자연발생적인 신경향파 문학은 점차 사라지게 된다. 그러므로 신경향파 문학은 계속해서 지속되어 온 문학적 흐름이 아니라, 1920년대 중반에서부터 1927년 무렵까지의 짧은 기간 동안 존재한 초기 경향문학인 셈이다.

2. 신경향파 등장의 조건들

그렇다면 신경향파 문학은 어떤 조건 속에서 등장한 것일까? 그 등장은 다양한 조건들이 겹치면서 이루어진 결과지만, 대략적으로 중요한 이유 몇 가지를 정리해 보면 다음과 같다.

우선 가장 크게는 조선이 일본의 식민지였다는 상황에서부터 그 이유를 찾을 수 있다. 조선이 식민치하에 놓이게 되면서 농촌과 도시에 각각 크나큰 변화가 진행된다. 총독부가 '토지조사사업'을 시작하면서 농촌에서는 자신의 소유가 아니어도 조상 대대로 일정한 토지사용료를 내고 오랫동안 농사를 이어왔던 농민들이 농사짓던 땅에서 쫓겨나고, 식민지 지주제가 정착하면서 농민들이 소작농이나 농업 프롤레타리아의 지위에서 해마다 토지주인이 원하는 비싼 사용료를 지불해야 농사를 지을 수 있게 된다. 많은 농민이 궁핍에 시달리게 되는 구조가 마련된 것이다. 도시에서는 자본주의화에 따라 '노동자' 계급이 새롭게 등장하는데, 이들은 식민지민이라는 차별에 더해 계급적 차별을 끌어안은 존재였다. 턱없이 낮은 임금은 물론이고 과중한 노동 시간을 비롯한 열악한 노동 조건들은 식민지민이기에 더 가혹했다. 이러한 조건 속에서 1920년대 무렵부터 전국 각지에는 각종 소작쟁의와 노동쟁의, 노동자 파업이 늘어가기 시작한다.

이렇듯 식민지화와 자본주의화가 동시에 진행되는 현실을 타개하기 위해 다양한 운동들이 등장한다. 그 대표적인 것이 바로 민족운동과 계급운동이다. 물론 이 두 가지는 완전히 구별되지 않으며 중층적으로 존재했다. 전국적인 규모에서 일어난 1919년의 3·1운동을 지나면서 조선 사회에는 여러 변화가 일어난다. 단적으로는 일본의 통치 방식 변화를 말할 수 있는데, 새로 조선 총독으로 부임한 사이토 마코토(齋藤實)는 이전까지의 무단통치에서 문화통치로의 변화를 꾀했다. 이에 따라 민족신문의 발행을 비롯해 매체 활동이 비교적 자유로워지고, 언론의 통로가 열리면서 운동의 지침이 되는 여러 사상적 논의들이 오갈 수 있게 됐다.

특히 사회주의의 유입은 조선의 사상과 운동계에 큰 영향을 미쳤다. 1917년 러시아혁명을 거치면서 이미 조선의 몇몇 지식인들 중심으로 사회주의에 관심을 표명했는데, 3·1운동을 지나 1920년대가 되면서는 본격적으로 사회주의 사상이 유입되고 많은 이들이 그것을 조선의 상황에 맞게 전유하고자 했다. 더불어 노동운동의 조직들이 많이 만들어진다. 1920년대의 '조선노동공제회', 1922년 '조선노동연맹회', 1924년 '조선노동총동맹', 1925년 '조선공산당' 등 점차 사회주의적 색채를 띠거나 사회주의를 표방한 가진 조직들이 활동하게 되었다. 이런 조직들은 소작쟁의와 노동파업 등을 지도하거나 지원하는 데 전력을 기울였다.

사상적이며 사회운동적 흐름에 말맞춘 문화 조직들도 존재했다. 카프의 창립으로 이어지는 데 결정적 기반이 되었던 염군사와 파스큘라도 그중 하나였다. 『창조』, 『폐허』, 『백조』 등의 동인지 활동이 꽃피웠던 1920

년대 초반의 문학장에는 이 매체들이 저마다 지향한 '낭만주의'나 '자연주의' 등의 문예 사조들이 등장했는데, 그와 약간의 시차를 두고 등장한 염군사와 파스큘라는 이러한 순문학 동인지들과는 다소 성격을 달리했다. 이들은 낭만주의나 자연주의가 지나치게 주관적이거나 객관적이라며, 사회 비판 의식을 담은 문학과 문화의 창달을 원했다. 예컨대 앞서도 언급한 김기진은 『백조』의 동인이기도 했는데 결국 낭만주의에만 경도된 경향을 비판하고 프롤레타리아 문예운동의 선두에 섰다. 그럼에도 불구하고 자연주의나 낭만주의 등의 사조는 신경향파의 등장에 중요한 자양분이 되기도 했다. 부조리한 현실을 고발하고, 나아가 그런 현실의 변화나 그로부터의 이탈을 상상하는 경향이 이어졌다.

이러한 문화 조직뿐 아니라 신경향파 소설을 실어 나르는 『개벽』이나 『조선지광』과 같은 매체들의 역할도 신경향파 등장의 중요한 조건이었다. 특히 『개벽』은 김기진과 박영희의 신경향파 평론이나 에세이, 소설을 싣는 데 적극적이었다. 정리하자면, 식민지라는 현실, 그로부터 비롯된 3·1운동과 사회주의의 유입, 염군사나 파스큘라와 같은 문화 단체, 『개벽』 등의 매체적 기반이 신경향파가 등장할 수 있었던 조건이었다고 할 수 있다.

3. 신경향파 소설을 창작한 작가들

소설을 본격적으로 살피기 전에, 우선 신경향파 소설을 창작한 작가들에 대해 알아보자. 프롤레타리아 문학이나 신경향파 소설을 말할 때 가장 먼저 언급해야 할 두 명의 작가가 바로 김기진과 박영희이다.

1903년 충청북도 청원군에서 태어난 김기진은 1919년 배재고등보통학교를 졸업하고 1920년 일본으로 가서 릿쿄대학 영문학부에 입학한다. 일본 유학을 통해서 사회주의 사상을 접하게 되는데, 특히 일본의 초창기 프롤레타리아 문학 운동의 신호탄이 됐던 『씨 뿌리는 사람(種蒔く人)』이라는 잡지에 큰 영향을 받았다. 조선으로 돌아온 김기진은 본인을 조선 프롤레타리아 문학의 '씨 뿌리는 사람'이라고 자처하며 여러 평론과 소설을 창작했다. 특히 1920년대 초중반 『개벽』에 실린 김기진의 에세이들은 주목할 필요가 있다. 여기에서 그는 노동자를 비롯해, 농민, 빈민, 거지, 여성 등 현재의 지배적인 질서로부터 내쫓긴 자 전반에 주목하고 식민지배와 자본주의에 물든 감각을 혁명해야 한다는 주장을 개진했는데, 이는 이전의 에세이들과는 다른 결을 가졌다.

김기진의 소설 중 대표작으로는 『개벽』에 실린 「붉은 쥐」(1924)를 들 수 있다. 셋방살이하는 가난한 지식인 박형준이 사회의 구조적 모순에 불만을 품다가 어느날 문득 길거리에서 죽어 있는 쥐를 발견한다. 그는 쥐가 사는 생의 철학을 깨닫게 된 뒤, 사회의 질서를 흐트러뜨린다. 그 뒤 박형준은 마구잡이로 절도 행위를 벌이다 소방차에 치여 죽는다. 붉은 피의 이미지가 활용되고 절도나 죽음이라는 결말로 맺어진다는 점에서 신경향파 소설의 일반적 특징을 공유한다. 하지만 다소 관념적이어서 소설적 개연성이나 핍진성을 느끼기 어렵기에 선뜻 이해가 안 되는 전개가 펼쳐진다고 평가되기도 한다.

한편, 박영희는 1901년 서울에서 태어나 배제고등보통학교를 다녔고, 3·1운동에 가담하다 체포되기도 했다. 1920년 일본으로 가 도쿄 세이소쿠영어학교에서 공부하다가 1년 뒤 귀국한 후로는 『장미촌』, 『신청년』, 『백조』의 동인으로 낭만주의적 성격을 띤 작품들을 발표한다. 그러다 1923년에 김기진과 함께 파스큘라를 결성하면서 여러 사상적 변화를 맞이하게 된다. 그 대표작 중 하나가 바로 『개벽』에 실린 「사냥개」(1925)이다. 부르주아 정호가 자신의 부와 육신을 지키기 위해 사냥개를 기르지만, 그에게 밥을 주지 않아 결국 허기진 개에게 물려 죽고 만다는 내용의 소설이다. 핏빛 이미지가 강조되긴 하지만, 부르주아를 주인공으로 내세운다는 점에서 여타의 신경향파 소설과 다르다. 정호가 부르주아의 전형을 보여 주고 사냥개가 프롤레타리아를 상징한다는 점에서 다른 소설들과 달리 우화적인 성격이 강조된다. 그러나 역시 관념적이라는 평가를 피할 수 없었다.

김기진이나 박영희가 조선에 프롤레타리아 문학이 창작될 수 있는 기틀을 마련하는 데 앞장섰기 때문에 문학사적으로 중요하다면, 이들보다 소설가로서 더 큰 주목을 받았던 대표적 작가는 바로 최서해이다. 1901년 함경북도에서 출생한 최서해의 본명은 최학송이다. 그는 고등보통학교를 나와 일본 유학을 다녀온 김기진이나 박영희와 다르게 가난한 형편에서 소학교도 제대로 다니지 못했다. 간도를 유랑하며 나무장사, 두부장사, 배달꾼 등으로 일하는 빈민이었다. 그러나 이러한 경험은 그의 창작에 중요한 바탕이 되었다. 그로 인해 최서해의 소설은 관념적이지 않고, 식민지 조선의 하층계급이 겪는 가난의 문제를 소설 속에 핍진하게 담아낼 수 있었다.

김동인은 최서해를 회고하며 이렇게 쓰기도 했다.

> 서해는 조선 문단의 특이한 존재였다.
>
> 서해 이전의 우리 소설단의 작가들은 모두 인텔리 출신이었다. 그 환경이며 지방이며 재산에는 차이게 있었겠지만 모두 고이고이 길러진 학생 출신의 작가들이었다. 그런지라 그들의 그리는 사회도 그들이 밤낮을 보고 접촉하고 경험한 사회였다. 그들이 그리는 사건도 역시 그러하였다.
>
> 서해는 그 생장부터가 재래의 작가와 달랐다. 빈곤한 환경 아래서 어려서부터 무수한 고생과 쓰라림을 겪은 사람이었다. 중으로, 방랑객으로, 아편쟁이로, 인부로, 기아 때문에 죽음에 직면한 가련한 존재로, 별별 경력을 다 지닌 사람이었다.
>
> 따라서 그가 그리는 사회가 아직껏 조선 소설작가들이 그리는 사회와 온전히 달랐다. 그의 그리는 사회는 암흑한 사회였다. 굶주림과 병과 아픔과 죄악과 잔혹함과 공포가 막 섞인 사회였다.
>
> 아직껏 온전히 유산층의 생활만 소설에서 보던 조선 독서계에서 서해에게 경이의 눈을 던지고, 손을 들어서 맞은 것은 이 소설 안 사회의 신기에 고혹되기 때문이었다. 프로예맹에서 서해를 대장 격으로 맞아들인 것도 그 때문이었다.[3]

---

3 김동인, 「소설가로서의 서해」, 『동광』 36, 1932.8, 97-98쪽.

이 밖에도 농촌을 주요 공간적 배경 삼아 줄곧 소설을 창작했던 이기영을 비롯해, 이익상, 조명희, 주요섭, 최승일 등이 신경향파 소설을 썼다. 물론 이들의 이후 행적은 저마다 다르다. 이기영처럼 카프의 핵심 인물로 계급주의 문학 창작에 몸을 담근 이도 있었지만, 그와 거리를 두고 사회주의 사상과 아무런 관련 없이 살아간 「사랑손님과 어머니」의 작가 주요섭 같은 이도 있었다. 문학사의 계보에서 각기 다른 위치를 점하는 이들이 1920년대 중반이라는 특정 시기에 신경향파의 흐름 속에 함께 담겨 있었다는 사실은 흥미로운 지점이 아닐 수 없다.

4. 가난을 벗어나게 하는 '환상'

그럼 지금부터는 이들이 어떤 소설을 썼으며 그 구체적인 특징이 무엇인지 살펴보도록 하자. 신경향파 소설의 주인공들은 대부분 늘 굶주려 있는, 가난의 당사자이다. 최서해의 「탈출기」에는 배고픈 아내가 귤껍질을 몰래 먹다 남편에게 들키거나, 생계를 유지하기 위해 판매할 두부를 만들다가 쉬어 버린 두붓물을 온 가족이 식사를 위해 나눠 먹는 장면이 등장한다. 최서해의 「박돌의 죽음」에서 배가 고픈 박돌은 이웃집에서 내다 버린 썩은 고등어를 먹다가 탈이 나고, 「기아와 살육」에서 경수의 어머니는 아픈 며느리에게 죽이라도 쒀 주기 위해 머리를 잘라 겨우 좁쌀을 얻으려 한다. 조명희의 「땅속으로」에는 그보다 상황이 나은 이들의 모습이 이렇게 묘사된다. "아침에는 조밥, 저녁에는 조죽, 수 좋아야 쌀밥, 어떤 때는 좁쌀깨나 섞인 풋나물죽, 그것도 끼니를 이어 가느냐 하면 그도 그렇지 못하다. 양식 있는 날이 이틀이면 없는 날이 하루, 두 끼 먹으면 한 끼 굶고 한 끼 먹으면 두 끼 굶어 대개 이 모양으로 살아 나간다."[4] 이런 장면들은 신경향파 소설들이 확보한 가난 재현의 리얼리티를 보여 준다.

그러나 신경향파 소설은 식민지 조선의 굶주린 현실을 리얼하게 보여 주는 한편으로, 리얼리티만으로 수렴되지 않는다. 소설 속 주인공들은 가난으로 인해 늘 극단적 상황에 몰리는데, 그럴 때마다 '환상'의 장면이 빈번하게 나타나기 때문이다. 당연하게도 환상은 현실성과 거리가 있다. 「박돌의 죽음」은 박돌이 고등어를 먹고 탈이 났으나 돈이 없어 의사 김초시에게 진료를 거부당하고 결국 죽음을 맞이하는 내용의 소설인데, 박돌이 죽은 직후 그 어미는 환상을 본다.

> 살이 피둥피둥하고 얼굴이 검붉은 자가 박돌의 목을 매어 끌고 험한 가시밭 속으로 달아난다. "애고! 애고! 제마! 제마!"
> 박돌의 몸은 돌에 부딪치고 가시에 찢겨서 온몸이 피투성이 되었다. 피투성이 속으로 울려 나오는 박돌의 신음 소리는 쨰릿쨰릿 하게 들렸다. "으응……."
> 박돌 어미는 몸을 부르르 떨었다. 그는 머리를 번쩍 들었다. 부릅뜬 두 눈에서는 이상스러운 빛이 창문을 냅다 쏜다. 그는 돼지를 보고 으르

---

4 조명희, 「땅속으로」, 『개벽』 56, 1925.2, 30쪽.

는 개처럼 이를 악물고 번쩍 일어서더니 창문을 냅다 차고 밖으로 뛰어나갔다. (…)

"이놈아! 저놈이 내 박돌이를 끌고 어디를 가니? 응, 이놈아!"

뛰어가는 박돌 어미는 소리를 치면서 이를 간다. 도끼눈을 뜨는 두 눈에는 이상스런 빛이 허공을 쏘았다.[5]

박돌의 어미는 아들이 죽자, "제마"(어머니)를 외치는 박돌의 환청을 듣고, "살이 피둥피둥하고 얼굴이 검붉은 자"에게 박돌이 끌려가는 환상을 보게 된다. 마치 괴물과 같은 이 환영은 박돌의 어미를 의사 김 초시의 집으로 향하게 한다. 김 초시를 본 박돌의 어미는 그의 낯을 물어뜯어 이내 그들의 몸은 온통 피범벅이 된다. 아들을 죽음에 이르게 하는 가난 속에서 박돌의 어미는 연약한 개인이지만, 환상을 통과하고 난 뒤에는 김 초시에게 덤비는 초인적 힘을 가진 존재가 된다. 즉 환상 이후 존재는 비약하게 된다.

최서해의 다른 소설인 「기아와 살육」에서도 환상의 장면이 중요하게 등장한다. 경수는 돈이 없어 아픈 아내를 위한 약을 짓지 못하게 되자, 괴물이 아내의 심장과 경수의 염통에 관을 삽입해서 피를 빨아 먹거나 딸 학실이를 바작바작 깨물어 먹는 환상을 보게 된다. 또 아픈 며느리에게 죽을 쒀 주기 위해 중국인 집에 갔다가 개에 물려 거의 죽은 채 업혀 온 어머니를 보고도, 경수는 환영에 시달린다. "빨건 불 속에는 시퍼

---

5 최서해, 「박돌의 죽음」, 『조선문단』 8, 1925.5, 27-28쪽.

런 칼을 든 악마들이 불끈불끈 나타나서 온 식구들을 쿡쿡 찌른다. 피를 흘리면서 혀를 물고 쓰러져 가는 식구들의 괴로운 신음소리는 차차 들을 수 없이 빼까지 저민다."[6] 이때 환상 속 괴물과 악마는 가난의 끝에 몰려 있는 이들을 잡아가거나 잔인무도하게 탐낸다. 그런 점에서 괴물과 악마는 생명을 앗아갈 정도로 극단의 가난으로 사람들을 내모는, 식민지민이 겪는 자본주의 현실에 대한 알레고리라고 할 수도 있다.

환영과 환청에 시달리던 경수는 이내 괴로워하는 가족들을 칼로 찌르고 나와서 경찰서를 찾아가 순사들을 보이는 대로 찔러 죽인다. 환상의 잔혹성이 현실의 잔혹성으로 이어지는 것이다. 가난 앞에서 한없이 작아지기만 했던 경수는 더 이상 수동적으로 세상의 질서에 머무르지 않게 된다. 이렇게 볼 때, 소설 속에서 환상이라는 장치는 자본주의 사회에서 소외된 존재를 각성시키는 역할을 하는 한편으로, 각성한 존재들이 잔인하고 폭력적인 방식으로 사회적 질서에 혼란을 주는 그로테스크한 상황을 만들어 내는 결정적 계기가 되기도 한다.

신경향파 소설의 주인공들은 자신을 가난하고 궁핍하게 만드는 사회적·정치적·경제적 조건과 갈등을 일으키고 그로부터 벗어나기를 희망한다. 견고한 식민지 자본주의의 현실에 순응할 수 밖에 없었던 무기력한 존재들은 환상을 통과하면서 사회에 대항하는 에너지를 얻게 된다. 물론 그렇게 형성된 에너지가 합리적인 해결 방향의 모색으로 연결되지는 않지만, 주인공들은 사회의 질서에 그만큼 강력한 타격을 입힌다. 그

---

6 최서해, 「기아와 살육」, 『조선문단』 9, 1925.6, 39쪽.

런 의미에서 신경향파 소설 속 환상은 '소망 충족'을 위한 서사적 장치로 기능한다. 도무지 변화하지 않을 듯한 견고한 식민지 자본주의 현실 속에서 사회 질서의 파괴와 그로부터의 이탈이라는 소망을 서사적으로 실현하는 것이다. 이러한 효과를 이끌어 내는 환상이라는 서사적 장치가 약속이나 한 것처럼 특정 시기에 공통적으로 나타났다는 사실을 통해, 허구적 구성물인 소설에서나 소망을 충족하고자 했던 시대의 무의식을 확인할 수 있다.

5. 파국의 유토피아니즘

신경향파 소설은 파국적 상상력에 의해 지탱된다. 앞선 설명에서도 확인할 수 있지만, 신경향파 소설에서 낭자한 피의 이미지는 빈번하고도 중요하게 등장한다. 소설이 갈등의 최고조에 이른 순간, 어김없이 피는 번져가고 비린내를 풍긴다. 박돌의 어미가 환상을 보고 김 초시의 몸과 얼굴을 피로 물들이고, 경수가 시뻘건 피를 묻히고 돌아온 어머니를 본 뒤 가족들을 칼로 찔러 방안을 탁한 피비린내로 채우듯 말이다. 이 밖에도 박영희가 쓴 「지옥순례」의 주인공 진달은 배가 고파 만주떡 파는 아이를 살해하고 난 뒤 "달빛에 더운 피가 검붉게 흰 눈 위에 떨어지는 것"을 떠올린다.[7] 또 이기영의 「실진」(1927)에서 경식 어미는 그 아들이 쌀을

7 박영희, 「지옥순례」, 『조선지광』 61, 1926.11, 55쪽.

훔치기 위해 어느 여인을 막대기로 찍어 죽였다는 것을 알고 피 묻은 자국부터 찾으려 한다.

극도의 가난 속에서 인간적 삶을 영위하지 못하고 인간으로 살아가기 위해 필요한 가장 기본적인 조건들을 박탈당한 주인공들은 소위 '정상성'을 보장받지 못한다. 인간으로서의 '정상성'을 박탈당한 그들은 비(非)인간적 몸짓을 취한다. 이는 인간적 표상 체계를 넘어서는 '동물적인 것'이기도 하다. 낭자한 피가 등장하는 신경향파 소설 속 장면들은 동물적인 육체성을 적나라하게 드러낸다.

> 어멈은 통분과 본능적 자위심과 복수심으로 온몸이 떨리었다. 그의 앞에는 세상도 없고, 아무것도 없고 다못 개 한 마리가 있을 따름이었다. 어멈은 달려들어 개 허리를 두 다리 사이에 끼고 언 땅 위로 뒹굴었다. 그리고 그 억센 어금니로 개 몸뚱이를 되는 대로 물어뜯었다. 어멈의 물린 팔에서 피가 흐르고 개 몸뚱이에도 이곳저곳 어멈에게 물린 곳에서 피가 흘렀다. 피투성이가 된 두 동물은 미친 듯이 서로 애쓰며 뜰 위에 뒹굴었다. 주인 아씨는 이 갑작스러운 광경에 어찌할 줄을 모르고 발을 동동 굴렀다.[8]

이 인용문은 주요섭이 창작한 「개밥」의 한 장면이다. 이 소설에서 어멈은 주인집 개가 흰밥과 고깃국을 먹는 모습을 보고, 개가 먹다 남은 음

8 주요섭, 「개밥」, 『동광』 9, 1927.1, 43쪽.

식을 자신의 어린 딸 단성이에게 가져다준다. 그러나 음식의 맛을 알아버린 개가 점차 밥을 넘기지 않게 되자 딸에게 더 이상 개밥을 가져다줄 수 없게 되고, 그동안 제대로 된 끼니를 때우지 못한 단성이는 영양실조에 걸린다. 흰밥과 고깃국을 먹고 싶다는 아픈 아이를 위해 어멈은 개밥을 훔치러 가지만, 이를 빼앗기지 않으려는 개가 어멈을 물게 되면서 어멈 또한 개를 물게 된다. 인용문에서 어멈은 개와 부둥켜안고 싸운다. 어멈은 "억센 어금니로 개 몸뚱이를 되는 대로 물어뜯"고, "피투성이가 된 두 동물은 미친 듯이 서로를 애쓰며 뜰 위에 뒹"군다. 발을 동동 구르는 주인아씨의 인간적인 몸짓과 다르게, 물어뜯고 물어뜯겨 피범벅이 된 어멈의 몸짓은 동물적이다.

혈투 끝에 개는 죽음을 맞이하고 어멈은 개밥을 들고 단성이에게 달려가지만, 아이는 이미 죽어 있다. 문밖에 서 있는 단성이의 환영을 본 어멈이 피에 물들어 붉은 깃발처럼 새빨개진 치마를 펄럭이면서 소설은 끝이 난다. 이처럼 비인간으로서의 어멈은 인간으로서의 정상성으로부터 이탈하는 방식으로 세상에 맞선다. 새로운 가치를 생성하는 사회적 질서를 만들어 가는 것이 아니라 인간 사회의 질서를 무시하고 흐트러뜨린 채 끝나는 결말 처리 방식은, 파국적이다. 신경향파 소설에서 피의 이미지는 주로 파국적 결말과 관련된다.

> '아! 삼 년 동안이나 내 살 내 피를 빨아먹은 미운 저것!' 그는 다시 그 주인 할미의 뚱뚱한 몸집을 보았다. 그 퉁퉁한 볼을 물어뜯고 할퀴고 잘기잘기 씹어 보고 싶었다.

> 그는 벌떡 일어섰다. 미친 듯이 부엌으로 들어갔다. 어두운 속에서도 번들번들하는 식도날을 알아낼 수가 있었다. (…)
> 외마디 소리와 끙끙하는 소리가 들리고 피비린내가 쫙 퍼지더니 우뽀가 황망히 층층대를 굴러떨어지다시피 쿵쿵거리며 내려왔다. 다른 방에서 갈보들이 놀라 깨었는지 '엉엉'하는 소리가 들렸다.
> 장사보다도 더 억센 초자연적 힘으로 우뽀는 쇠대문을 떠밀어 열었다. 그리고 그는 생전 처음으로 제 맘대로 문밖으로 내달았다.[9]

주요섭의 또 다른 소설인 「살인」에는 부모가 돈을 받고 팔아넘겨 상해에서 성매매를 하게 된 우뽀가 주인공으로 등장한다. 자신의 처지에 대해 진지하게 고민해본 적이 없던 우뽀는 어느 청년을 짝사랑하게 되면서 처음으로 자신이 놓인 비참한 상황을 고민하고, 이 모든 것이 운명 탓이 아니라고 깨닫는다. 인용문에는 그 이후에 우뽀가 포주 노파를 살해하러 가는 소설의 마지막 장면이 담겨 있다. 자신의 살과 피를 빨아 먹어 뚱뚱해진 노파를 식도로 찔러 죽이고 난 후에, 우뽀는 피비린내 나는 집을 빠져나온다. 그가 "초자연적 힘"을 발휘해 문을 열고 "처음으로 제 맘대로 문밖으로" 내달리면서 소설은 끝이 난다. 우뽀의 변화를 넌지시 암시하는 이러한 결말은 살인이라는 파국적 상황이 파국으로 그치지만은 않게 될 것임을 보여 준다.

신경향파 소설은 누군가가 다치거나 죽으면서 망가져 버리는 세계를

---

9 주요섭, 「살인」, 『개벽』 60, 1925.6, 7~8쪽.

그리지만, 거기에는 지금과는 다른 시간, 여기와는 다른 공간을 생각하는 유토피아니즘적 욕망이 담겨 있다. 김기진은 「붉은 쥐」에서 이러한 욕망을 주인공이 '적도(赤道)'에 대해 공상하는 장면을 통해 드러내기도 했다. 주인공 형준에게 문명의 이기가 미치지 않은 '적도'는 자본주의의 경제적 착취와 식민주의의 정치적 압박이 없는 공간이다. 그곳에는 다만 "푹푹 찌는 더위, 방바닥에서 내뿜어 보내는 화끈화끈한 입김, 짐승과 나무와 풀들이 코를 찌르는 듯한 냄새"만이 있을 뿐이다.[10] 그러나 이미 문명을 경험한 인간들에게 그곳은 도달할 수 없는 공간이기도 하다. 시간을 역행해 원시의 이상향으로 돌아가기에 인류는 문명의 편리를 알아 버렸기 때문이다. 잘 알려져 있듯, 유토피아(Utopia)는 '없는(ou)' 혹은 '좋은(eu)'이라는 단어와 장소(topos)라는 단어가 조합된 말로서, 이상적이기에 어디에도 없는 곳을 의미한다. 도달하고 싶지만 도달할 수 없는 적도는 형준이 바라는 유토피아의 다른 표현인 셈이다.

> 뒤에서 큰일 난 듯이 바람같이 따라오던 소방대 자동차에 걸어 채여서, 그는 세 칸이나 날아서 담배 가게 앞에 철퍽 떨어졌다. 세계는, 여기서 깨어져 버리는 것 같았다. 그의 두개골은 깨어지고, 그의 한 편 짝다리는 부러지고, 아랫배 가죽은 찢어져서, 창자가 깨져 나왔다. 검붉은 피가 여기저기에 점점이 튀어갔다.
>
> 뒤에 따라오는 순사와 뭇사람들이 형준이의 몸뚱어리를 둘러쌌을 때

---

10 김기진, 「붉은 쥐」, 『개벽』 53, 1924.11, 137쪽.

는, 이미, 때는 늦었었다. 형준이는 입으로, 코로 피를 토하고, 눈동자는 튀어나와서 떨어지고, 혓바닥은 이와 이 틈으로 한 자는 늘어져 있었다. 소방대 자동차는 잠깐동안 머물렀다가, 바로 곧, 종을 치면서 또 다시 바람같이 지나가 버렸다.[11]

이후 형준은 거리에 죽어있는 '붉은 쥐'를 보고는 갑작스럽게 광기에 어려 식료품점이나 귀금속 가게에서 물건을 마구 훔쳐 달아나고 총을 쏘아 대다가, 소방차에 치여 죽는다. "검붉은 피가 여기저기에 점점이 튀어" 가는 형준의 죽음은 '붉은 쥐'와 겹쳐진다. 끔찍한 죽음으로 이어지는 갑작스러운 형준의 광기는 개인적인 발작이라기보다, 대다수의 사람이 가난에 시달릴 수밖에 없는 부조리한 사회에 대한 반응이라고 할 수 있다. 빵과 귀금속을 주머니 속에 집어넣는 행위는 '사적 소유'에 기반한 자본주의의 원칙에 대한 거부이자 저항인 셈이다. 원시 상태로 돌아가고 싶지만 돌아갈 수 없는 '문명인' 형준의 죽음은 파국적이지만, 그러한 결말에는 지금 여기의 시공간으로부터 비약하고자 하는 인식이 잠재한다.

물론 신경향파 소설은 문명 '이후'의 유토피아가 어떤 모습일지 구체적으로 다루지 않는다. 주인공들이 문명 속에서도 가난과 굶주림, 억압과 착취가 없는 사회를 막연하게 바라고 있다는 것을 추측할 수 있을 뿐이다. 그러나 이후 도래하길 원하는 세계에 대한 구상이 뚜렷하지 않더라도, 이 소설들은 부분적이나마 더 나은 사회에 대한 지향을 가진다. 식

---

11 김기진, 「붉은 쥐」, 『개벽』 53, 1924.11, 146쪽.

민지 자본주의가 초래한 부조리한 사회로부터 벗어나길 바라고 새로운 세계로 도약하고자 하는 유토피아니즘적 인식을 가진다는 점에서 그러하다. 이는 분명 지식인 남성 개인의 내면에 머물렀던 이전의 소설적 경향과 다르다.

유토피아는 단순히 다른 시간과 다른 장소를 의미하는 게 아니라 대안적 사회에 대한 상상과 연결되고, 그리하여 이를 품는다는 행위는 대안적 실천을 추동하는 동력이 되기도 한다. 그렇다면 신경향파 소설의 '파국적 상상력'에 새겨진 유토피아니즘적 인식 또한 대안적 세계로 나아가려 하는 시대적 무의식일 수 있다. 이 소설들은 현실을 사실적으로 다룬다는 점에서 당시의 다른 자연주의적 텍스트의 문법을 공유하는 한편으로, 자본주의와 식민주의로부터 벗어나고자 한다는 점에서 그것과 차별된다. 그렇기에 신경향파 소설에 빈번히 등장하는 죽음과 폭력은 개별적이고 미숙한 해결로 단순하게 처리될 문제만은 아니다. 식민지 자본주의로부터 도약하고자 하는 징표로 해설될 가능성이 충분히 열려 있다.

지금까지의 내용을 정리하건대, 신경향파 소설 속 환상은 존재의 비약으로 이어지고 파국적 결말은 유토피아니즘적 인식과 관련된다. 이 소설들이 공유하는 그로테스크한 결말은 이러한 방식으로 서사를 통해 정치적·경제적 모순을 상징적으로 해결하기 위한 것, 달리 말해 '식민'과 '자본주의'의 상황으로부터 해방되고자 하는 식민지민의 정치적 무의식을 드러낸다고 할 수 있다.

6. '프롤레타리아 그로테스크'로서의 신경향파

신경향파 소설의 독특한 성격은 '프롤레타리아 그로테스크'라고 설명되기도 한다. 그로테스트(grotesque)란 "우리에게 친숙한, 고정된 질서에 따라 움직이던 세계가 무시무시한 힘에 의해 생경한 것으로 변하고 혼란에 휩싸이며 모든 질서 역시 무너져" 버리기 때문에 "섬뜩함을 유발"하는 미적 양식을 의미한다.[12] 갑작스럽고도 생경한 변화를 전제하는 그로테스크는 익숙했던 세계에 대한 신뢰를 깨뜨림과 동시에 변해버린 세계에 더 이상은 머물 수 없음을 감지하게 한다. 그렇다면 '프롤레타리아 그로테스크'는 자본주의 사회라는 익숙한 세계를 낯설게 하며, 이제는 그러한 세계 속에서 살아갈 수 없다는 전망을 담아내는 개념이라고 할 수 있다. 그 속에서 프롤레타리아는 '기괴함', '극도의 부자연스러움', '흉측함'을 만들어 내는 주체이다.

그로테스크한 예술이 "불길하지만 은밀한 해방감"을 불러일으킨다는 점을 염두에 둘 때,[13] '프롤레타리아 그로테스크' 문학은 자본주의적 계급 질서로부터의 은밀한 해방감과 연결된다. 세계를 익숙하게 감싸는 자본주의적 질서는 프롤레타리아가 행하는 온갖 기괴한 행위들로 인해 망가지고 파괴된다. '파괴 이후' 또 다른 질서를 되찾은 세계는 전망되지 않지

---

12 볼프강 카이저, 이지혜 옮김, 『미술과 문학에 나타난 그로테스크』, 아모르문디, 2011, 60쪽.
13 이창우, 『그로테스크의 정치학』, 커뮤니케이션북스, 2015, 32쪽.

만, 그럼에도 불구하고 프롤레타리아에 의해 파괴된 파국의 세계는 파괴의 주범이 프롤레타리아라는 점에서 이미 계급이 사라진 사회에 대한 유토피아적 상상력을 포함한다. 구체적인 전망은 부재할지라도 다른 공간, 다른 시간에 대한 욕망이 잠재해 있다. 즉, '프롤레타리아 그로테스크'가 만들어 낸 디스토피아는 유토피아에 대한 바람을 투영한다.

1920년대 식민지 조선의 '익숙한 세계'에서는 민족적 억압과 계급적 착취의 메커니즘이 작용한다. 그러므로 1925년 무렵 갑자기 등장한 신경향파 문학은 식민주의와 자본주의가 동시에 영향을 미치는 그 세계를 생경하게 만든다. 물론 공장 노동이 아직 크게 발달하지 않았던 식민지 조선에서 '프롤레타리아'는 공장 노동자보다 더 폭넓은 차원의 하층민을 지목하는 경우가 많았다. 룸펜적 지식인, 날품팔이에 의존하는 빈민, 언제든 소작권을 잃을 수 있는 소작농, 일본이나 만주로 이동한 유랑민이나 노동자 등이 소설의 주인공으로 등장했다. 지독한 궁핍의 근본적인 원인이 식민주의와 자본주의에 걸쳐 있었기 때문에, 프롤레타리아를 이해하는 방식 또한 서양과 달랐다. '프롤레타리아 그로테스크'로서의 신경향파 문학이 가지는 특수성은 이로부터 찾을 수 있다.

7. 신경향파 문학 이후

1925년 카프는 이제 막 창립된 단체이었으므로 이론적 기조와 사회주의적 테제가 결정되지 않은 상태였고, 그렇기에 오히려 이 무렵에 등장한 신경향파 소설은 조직이 제시하는 이론과 테제로부터 자유로울 수 있었다. 그러나 카프가 방향전환을 단행한 1927년부터는 점차 이러한 흐름이 사라지기 시작한다. 신경향파 문학과 함께 등장했던 김기진은 1927년 7월, 조명희의 「낙동강」(1927)을 지목하면서 이 소설이야말로 신경향파를 극복한 "제2기적" 문학이라고 주장했다. 이제 '자연발생적' 신경향파 문학은 제1기의 자리에 놓임으로써 극복해야 할 대상이 되었다. 물론 박영희와 조중곤 등에 의해 「낙동강」이 제2기적 소설이라고 할 수 있는지 의문에 부쳐지기는 하지만, 지금까지도 이 작품은 신경향파 소설에 종언을 고하고 프롤레타리아 소설의 본격적인 시작을 알렸다고 받아들여진다.

병든 성운을 둘러싼 일행이 낙동강을 건너 어둠을 뚫고 건넌 마을로 향하여 가던 며칠 뒤 낮결이었다. 갈 때보다도 더 몇 배 긴긴 행렬이 마을 어귀에서부터 강 언덕을 향하고 뻗쳐 나온다. 수많은 깃발이 날린다. 양렬로 늘어선 사람의 손에는 긴 외올베 자락이 잡혀 있다. 맨 앞에 선 검정 테 두른 기폭에는, '고 박성운 동무의 영구'라고 씌어 있다. 그다음에는 가지각색의 기다. 무슨 '동맹', 무슨 '회', 무슨 '조합', 무슨 '사', 각 단체 연합장임을 알 수 있다. 또 그다음에는 수많은 만장이다.
"용사는 갔다, 그러나 그의 더운 피는 우리의 가슴에서 뛴다." …
"그대는 평시에 날더러, 너는 최하층에서 터져나오는 폭발탄이 되라, 하였나이다. 옳소이다. 나는 폭발탄이 되겠나이다. 그대는 죽을 때에도 날더러, 너는 참으로 폭발탄이 되라, 하였나이다. 옳소이다, 나는 폭발탄이 되겠나이다."

이것은 묻지 않아도 로사의 만장임을 알 수 있었다.

이 해의 첫눈이 푸뜩푸뜩 날리는 어느 날 늦은 아침, 구포역에서 차가 떠나서 북으로 움직이어 나갈 때이다. 그 차가 들녘을 다 지나갈 때까지, 객차 안 동창으로 하염없이 바깥을 내어다보고 앉은 여성이 하나 있었다, 그는 로사다. 아마 그는 돌아간 애인의 밟던 길을 자기도 한번 밟아보려는 뜻인가 보다. 그러나 필경에는 그도 멀지 않아서 다시 잊지 못할 이 땅으로 돌아올 날이 있겠지.[14]

「낙동강」은 3·1운동 이후 독립운동에서 시작해 사회주의 운동에 투신하던 주인공 박성운이 죽고, 그의 애인 로사가 조선을 떠나는 장면으로 끝난다. 로사는 백정 부모를 둔 여성으로, 박성운이 개입한 형평운동에 가담하게 되면서 투쟁의 주체로 나서게 되는 인물이다. 위 인용문에서 알 수 있듯, 소설의 마지막은 그가 조선을 떠나 사회운동에 투신하게 되리라는 암시를 남긴다. 박성운에 의해 운동이 조직되고 '동맹', '회' '조합', '사' 등이 연대해 사회 변혁을 도모하고 본래 선생이 되려던 로사가 운동의 일선에 나서게 되는 이 소설의 내용은 주인공의 분노와 폭력에 기대었던 신경향파 소설과 분명 다른 성격을 지닌다. 실제로 「낙동강」을 기점으로 이후의 소설들은 더 이상 신경향파 문학에 공통적으로 드러나

14 조명희, 「낙동강」(『조선지광』 69, 1927.7), 이명재 엮음, 『범우비평판한국문학8 낙동강(외)』, 범우, 2004, 30-31쪽.

던 특징들을 공유하지 않게 됐다. 이후 객관적이며 사실적인 현실 인식과 목적의식적 해결 방식을 따르는 경향의 소설들이 창작되었다. 그 대표적인 작가로는 그 자신이 노동자이기도 했던 송영이나 이북명을 비롯해서, 신경향파 소설을 쓰기도 했으나 리얼리즘에 입각해 농촌의 현실을 다루는 데 집중한 이기영, 한설야 등이 있다.

그러나 그렇다고 해서 신경향파 문학을 이후의 프롤레타리아 문학에 비해 함량 미달이라 말할 수는 없다. 신경향파 소설에서 공통으로 나타나는 살인과 자살, 폭력과 방화 등의 결말은 잿빛 세계를 핏빛 이미지로 물들이고, 환상의 장면은 현실과 상상의 경계를 허물어 버린다. 섬뜩함을 조장하는 이 소설들은 파국으로 치닫는 결말을 가지면서, 동시에 식민주의와 자본주의를 넘어서는 바람을 담고 있다. 시대의 정치적 무의식이 소설 속에 새겨져 있다는 이런 사실만으로도 신경향파 문학은 중요한 역사적 의미를 지닌다. 나아가, 감정과 정동이 넘실대는 이들 소설이 억압과 착취에 점차 무감해지는 오늘날의 우리에게 던지는 메시지에 귀를 기울일 필요가 있지 않을까.

식민지기 노동 현실과 카프 문학

이종호

고려대학교 민족문화연구원 연구교수

오늘날 인공지능의 등장, 제4차 산업혁명의 진전, 인지 자본주의 시대의 도래 등의 변화 속에서 노동을 둘러싼 제반 상황 및 문제 설정이 크게 변화하고 있다. 그런 가운데 여전히 노동 환경 및 조건, 노동 시간, 최저임금 등은 매우 중요한 문제로 인식된다. 노동이라는 행위는 한 개인의 삶에서도 높은 비중을 차지하지만, 국가 경제의 기반이 되며 나아가 인류 전체의 흥망성쇠를 결정하는 요소이기도 하다. 오늘날 노동은 임금노동의 형태를 띠는데 그 기원은 거슬러 올라가 보면 자본주의 체제의 형성기에 이른다. 이 시기는 인간의 다양한 활동 및 노역이 임금노동이라는 특이한 형태로 변모한 때이다. 한국의 경우 대략 19세기 말에서 20세기 초가 이에 해당한다고 할 수 있다. 이 글에서는 한국 근대 문학에서의 노동 및 노동자의 형상을 탐색하는 가운데, 특히 카프 문학에 나타난 식민지 조선에서의 노동 현실과 노동자의 삶을 살펴보면서 그 현재적 의미를 가늠해 보고자 한다.

1. 한국 근대 문학과 노동(자)[1]

자본주의와 국민국가라는 통치시스템을 빼놓고 근대의 시공간에 관해 이야기하기란 어렵다. 그런데 이 양자를 떠받치면서 그것을 가능하게 했던 실질적인 요소는 노동이었다. 자본주의는 인간을 임금노동이라는 형태로 포섭하여 노동자로 변형함으로써, 그리고 국민국가는 노동자로 이루어진 국민을 창출함으로써 유지될 수 있었다. 그런 점에서 노동 없는 자본주의, 노동자 없는 국민국가를 상상하기란 쉽지 않다.

한국에서의 임금노동자 발생에 관한 논의는 조선 후기까지 올라가기도 하지만 본격적인 근대 노동자의 출현은 대체로 1876년 개항 이후 발생한 변화들로부터 찾을 수 있다. 개항 이후 한국은 세계자본주의 체제에 편입되었고 그 과정에서 근대적인 노동자 계급이 형성되기에 이른다. 부산, 원산, 인천 등의 개항장(開港場)을 통해 외국의 자본과 상품이 유입되고 광물이 유출되면서 부두와 광산을 중심으로 임금노동자들이 생겨났고 1890~1900년대에 접어들면서 파업과 같은 노동자들의 집단적인 움직임도 발생했다.[2]

근대적인 노동 개념이 생겨난 시기도 이 무렵이다. 과거에 '노동'이라

---

1 1장은 필자의 다음 논문을 수정 · 보완하여 정리하였다. 이종호, 「'초기 세계화', 세계와 접속하는 노동—신소설 『송뢰금』, 『월하가인』, 『소학령』을 중심으로」, 『상허학보』 63, 상허학회, 2021.10.

2 김윤환, 『한국노동운동사 I —일제하 편』, 청사, 1982, 30~44쪽 참조.

는 단어가 존재하지 않았던 것은 아니지만 그것은 오늘날 우리가 사용하는 노동 개념과는 의미가 조금 달랐다. 전통적인 맥락에서 노동(勞動)은 '수고로이 움직이다 혹은 일하다'의 의미로 사용되고 있었다. 그런데 이 무렵 일본을 경유하여[3] 근대적 임금노동을 의미하는 '노동(勞働), 즉 '레이버(labour)'와 '워크(work)'에 대응하는 번역으로서의[4] 노동 개념이 수용되었다. 두 개의 노동이 서로 경합하는 가운데, 서서히 근대적인 노동 개념이 우세를 점하게 된다.[5]

이러한 변화들 속에서 한국 근대 문학에도 노동의 개념과 노동자의 형상이 나타나기 시작한다. 최초의 신소설이라고 일컬어지는 이인직의 『혈의 누』에서는 근대적인 노동자의 형상이 등장한다. 다만 그 노동자가 조선인 노동자는 아니었다.

> 그렇듯 곤란하던 차에 청인 노동자 한패가 지나거늘 서생이 쫓아가서 필담을 청하니, 그 노동자 중에는 한문자 아는 사람이 없는지 손으로 눈을 가리더니 그 손을 다시 들어 홰홰 내젓는 모양이 무식하여 글자를 못 알아본다 하는 눈치이다.[6]

---

3 근대적 임금노동을 의미하는 '노동(勞働)'은 일본식 한자가 수용된 것이다. 최경옥, 『한국개화기 근대외래한자어의 수용연구』, 제이엔씨, 2003, 159~161쪽; 이한섭, 『일본어에서 온 우리말 사전』, 고려대학교출판부, 2014, 215쪽 참조.

4 일본에서의 번역어로서의 '노동(勞働)' 개념 및 표기에 대해서는 武田晴人, 『仕事と日本人』, 筑摩書房, 2008, 35~50쪽 참조.

5 김경일, 『노동』, 소화, 2014, 201~208쪽 참조.

6 이인직, 『혈의 누』, 광학서포, 1907, 67쪽. 이하 이 글에서 인용하는 소설 및 자료 텍스트는 현대한국어 맞춤법 및 띄어쓰기에 따라 수정하였다.

인용한 부분은 주인공 옥련이 미국 유학을 위해 샌프란시스코에 도착했을 때 만난 청인(淸人) 노동자, 즉 중국 출신의 노동자와 관련된 내용이다. 이들은 자본주의 생산양식을 견인하는 국제 노동 시장이 형성되면서 미국으로 건너온 중국의 이주노동자였다. 『혈의 누』에 등장하는 노동자는 문맹의 계몽되지 못한 야만적 존재로 그려지며 이야기의 배경에 머문 채 서사 속으로 진입하지 못한다. 다만 이는 한국 근대 문학에서 최초로 등장한 근대적 노동자 형상이라는 점에서는 주목할 필요가 있다.

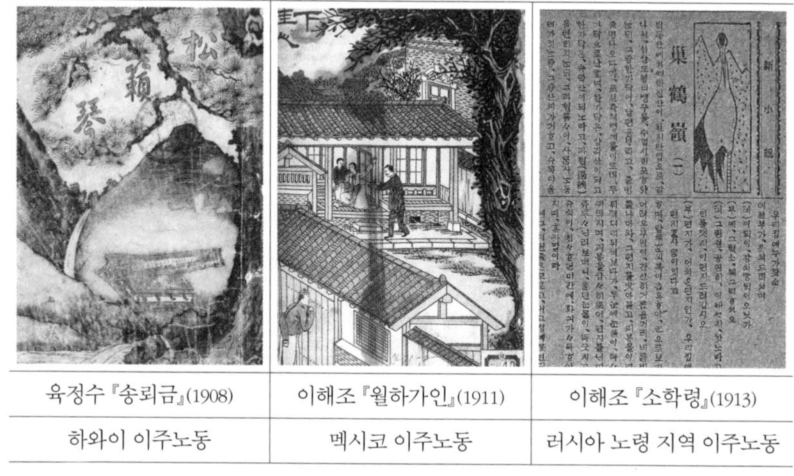

육정수 『송뢰금』(1908)	이해조 『월하가인』(1911)	이해조 『소학령』(1913)
하와이 이주노동	멕시코 이주노동	러시아 노령 지역 이주노동

【그림 1】 이주노동을 형상화한 신소설

【그림 1】과 같이, 이후 신소설에서는 조선인 노동자가 주요 인물로 등장하는 작품들이 창작되었다. 육정수의 『송뢰금』(1908)은 하와이에서의 노동[7], 이해조의 『월하가인』(1911)은 멕시코에서의 노동[8], 『소학령』(1913)은 러시아 노령 지역에서의 노동[9]을 주된 내용으로 하여 이야기를 전개

한다. 이 세 편의 신소설은 한일병탄(1910)을 전후로 한 시기에 발표되어, 일본 제국주의의 식민지로 포섭되고 있었던 조선에서의 노동 및 노동자의 존재 방식을 재현하였다. 당시 노동과 노동자를 형상화한 신소설들은 모두 이주노동을 주요한 내용으로 삼아 세계자본주의 체제에 접속하는 노동의 양태를 보여 주었다. 그런데 작품 속의 주인공들은 흥미롭게도 모두 노동은 하지만 노동자가 되거나 노동계급으로 남으려고는 하지 않는다. 그리고 이 신소설들에서는 공통적으로 국가 경제력 및 부(富)의 원천으로서의 노동에 대한 상찬은 두드러지지만, 노동자는 추상적인 인구로 인식되거나 야만적 대상 및 불온한 존재로 묘사되었다. 요컨대 노동과 달리 노동자에 대해서는 긍정적인 시선을 두지 않았던 것이다.

한국 근대 장편소설을 논의할 때 앞자리에 놓이곤 하는 이광수의 『무정』(1917)에서도 노동자에 대한 시선은 크게 달라지지 않았다. 주인공 이형식은 유서를 남기고 떠난 박영채를 찾는 과정에서 경성-평양 간 왕복 기차에 올라타는데, 그곳에서 노동자를 발견한다.

> 어떤 노동자 같은 소년이 추운 듯이 허리를 구부린다. 형식은 얼른 차창을 닫고 자기가 깔고 앉았던 담요로 그 소년을 덮어 주었다. 이 소년은 아마 머리카락이 여기저기 뭉쳐지고 귀밑과 목에는 오래 묵은 때가

---

7 육정수, 『송뢰금』, 박문서관, 1908.

8 하관생(遐觀生), 「월하가인」(전62회), 『매일신보』, 1911.1.18~4.5; 이해조, 『월하가인』, 보급서관, 1911.

9 이해조, 「소학령」(전57회), 『매일신보』, 1912.5.2~7.6; 이해조, 『소학령』, 신구서림, 1913.

껴 있다. 역시 조고마한 흙물 묻은 보통이로 베개를 삼았는데 그 보통이를 묶은 종이로 꼰 노끈이 걸상 밑으로 늘어졌다.[10]

앞서 개항 이후 부두와 광산에서 노동자 계급이 형성되기 시작했다고 언급한 바 있는데, 이광수가 이형식의 시선을 빌려 발견한 노동자는 바로 그러한 광산으로 일을 하러 가는 소년 노동자의 모습이라 할 수 있다. 계몽적 지식인 이형식과 소년 노동자 사이에는 좀처럼 좁혀지기 어려운 간극이 놓여 있다. 다만 이형식의 시선에는 인간적인 차원과 민족적인 차원에서의 온정주의가 담겨 있기는 하다. 그렇지만 여기에서도 노동자는 그 자체로 긍정되지는 않고 민족을 위해서 계몽되어야 한다는 과제를 부여받는다.

「표본실의 청개구리」(1921), 『삼대』(1931) 등으로 유명한 염상섭은 『만세전』(1924)에서, 일본으로 건너가 노동자가 되는 조선 출신 노동자들의 상황을 날카롭게 포착하였다. 『만세전』의 주인공 이인화는 부산과 시모노세키(下關)를 오가는 관부연락선에서 일본으로 팔려 가는 식민지 조선인 노동자의 이야기를 듣게 되면서, 노동자에 대해서 여러 차례 자신의 견해를 표출한다. 아래의 인용은 이인화가 조선인 노동자들이 일본인 브로커에 속아서 일본 공장으로 매우 열악한 노동 조건으로 팔려 가다시피 하는 이야기를 듣고 깜짝 놀라게 되는 대목이다.

---

10 춘원, 「무정」(66), 『매일신보』, 1917.3.27, 1쪽.

나는 여기까지 듣고 깜짝 놀랐다. 그 가련한 조선 노동자들이 속아서, 지상의 지옥 같은 일본 각지의 공장으로 몸이 팔려 가는 것이, 모두 이런 도적놈 같은 협잡 부랑배의 술중(術中)에 빠져서 그러는구나 하는 생각을 할 제, 나는 다시 한번 그자의 상판대기를 쳐다보지 않을 수 없었다.[11]

당시 식민지 조선에서는 일제의 토지조사사업 등으로 사유재산제도가 강화되고 소작농의 권리가 약화되면서, 농민들의 생활이 점점 어려워지고 있었다. 그런 까닭에 『만세전』에서도 직접 언급되고 있듯이, 조선의 농민은 고향을 떠나 북쪽으로는 남만주 간도 등지로 이주하거나 남쪽으로는 일본으로 이주하여 노동에 종사하는 일이 빈번해지고 있었다. 특히 염상섭이 『만세전』을 쓸 무렵에는 일본 니가타현(新潟縣) 수력발전소 공사 현장에서 조선인 노동자에 대한 착취 및 학대 관련 내용이 신문에 크게 보도되면서[12] 일제에 대한 공분이 폭발하던 시기이기도 했다. 염상섭은 식민지 조선과 제국주의 일본 사이에서 노동자 계급이 형성되고 자본주의가 구축되고 있었다는 점, 그리고 식민지 조선 노동자가 수탈·착취당하고 있다는 사실을 『만세전』에서 보여 주었다.

이렇게 신소설에서 『만세전』에 이르기까지 노동자에 대한 형상화 양태는 조금씩 변화했다. 대체로 한반도 외부로 향했던 이주노동이 크게

---

11 염상섭, 『만세전』, 고려공사, 1924, 57쪽.

12 「일본에서 조선인 대학살, 관(觀)하라! 차(此) 잔인악독한 참극을」, 『동아일보』, 1922.8.1, 3쪽.

주목을 받았지만, 노동자라는 주체성은 작품의 서사에서 주도적인 역할을 하지 못한 채 주변에 머물렀다. 이 무렵까지 한국 근대 문학에서 노동자 계급은 통상적으로 무식하고 불온하면서 동시에 연민의 존재로 대상화되어 있었다.

2. 식민지와 제국을 오가는 이주노동자

한국 근대 문학에서 노동과 노동자에 관한 문학적 형상화는 1920년대 중반 조선프롤레타리아예술동맹(Korea Artista Proleta Federatio), 즉 카프(KAPF)의 결성을 전후로 크게 변모하였다. 1925년 8월 무렵, 염군사(焰群社)와 파스큘라(PASKYULA) 두 문학단체가 통합하여 카프를 결성하였고, 이후 임시총회에서 "우리는 단결로서 여명기에 있는 무산계급문화의 수립을 기(期)"한다고 그 강령을[13] 내세웠다.[14] 당시 무산계급문화란 (농민을 포함한) 노동자 계급의 문화를 의미했다고 할 수 있다. 카프는 일본 제국주의 지배에 대항하고 독립을 쟁취하기 위해 사회주의·마르크스주의를 지향하면서 리얼리즘에 입각한 방법론으로 예술 작품을 창작하고 문예운동을 전개했다. 이러한 활동 속에서 카프의 작가들은 다수의 노동소설을 창작하였는데, 그 과정에서 그들은 식민지 조선의 프롤레타리아, 즉

---

13 「조선푸로예술동맹」, 『동아일보』, 1926.12.27, 3쪽.

14 조선프롤레타리아예술동맹의 결성 및 그 지향에 대해서는 다음을 참조. 권영민, 『한국 계급문학 운동사』, 문예출판사, 1998, 48~84쪽.

노동자를 주요한 주체성으로 형상화하였다.

그런데 카프의 노동소설 창작은 계급 운동의 방향성이 달라짐에 따라 조금씩 그 경향이 변화하였다.[15] 그 형상화 방법의 차이는 시기적으로 크게 네 가지로 구분된다. 첫 번째는 식민지 현실에서 억압받고 착취당하는 노동자의 노동과정과 일상생활을 아주 구체적이고 생생하게 그려 내는 시기였다. 그 이후에는 포착된 현실을 있는 그대로 작품화하는 것이 아니라 계급투쟁이라는 목적의식을 가지고 노동자를 재현하려는 시기가 있었다. 세 번째는 전위(前衛), 즉 각성한 노동자의 시선으로 노동운동을 조직하고 비타협적 계급투쟁을 전개하면서 궁극적으로는 노동자가 승리를 쟁취하는 방향으로 작품을 형상화한 시기였다. 마지막은 1930년대 중후반으로 접어들어 일제가 군국주의적 야욕을 드러내며 파시즘화를 추구한 시기였는데, 이 시기에는 노동운동이 퇴조하고 계급적 전망이 상실되고 있었기에 그러한 부정적 상황에 놓인 노동자의 모습이 주로 그려졌다.

이러한 식민지기 노동 현실과 카프 문학의 관계를 잘 보여 주는 작품으로는 송영(宋影)(1903~1979)의 「용광로」(1927)를 들 수 있다. 작가 송영은 1903년 서울 서대문에서 태어나 배재고등보통학교에 입학했으나 1919년 중퇴를 한다.[16] 1922년 그는 일본으로 건너가 도쿄에서 노동자로 생활

---

15 하정일, 「식민지시대 노동자소설의 변모 양상」, 『식민지시대 노동소설선』, 민족과문학, 1988 참조.

16 송영의 전반적인 삶과 문학적 행보에 대해서는 다음을 참조. 박정희 편, 「작가 연보」, 『송영 소설 선집』, 현대문학, 2010; 한국극예술학회 편, 「송영 연보」, 『극작가총서4 송영』, 연극과인간, 2010.

하면서 사회주의 사상을 접하게 된다. 이후 송영은 조선에 돌아와 사회주의 예술단체인 염군사에서 소설과 희곡을 발표하고, 카프의 맹원으로 가담하여 극작가와 소설가로 활동하였다. 1934년 카프 2차 검거 사건 때 송영은 검거되어 수감생활을 하기도 했다. 해방 이후에 그는 월북하여 북에서 문학 예술 활동을 활발하게 전개하다가 1979년에 작고하였다. 송영은 일본 도쿄에서 노동자로 생활했던 경험을 바탕으로 하여 노동 및 노동자를 형상화하는 작품을 여러 편 창작했다. 어떻게 보면 카프의 노동소설은 송영의 작품을 통해서 시작되었다고도 볼 수 있다. 그는 잡지 『개벽(開闢)』의 현상공모에 「늘어가는 무리」(1925)를 발표[17]하면서 본격적인 작품 활동을 시작했는데, 그 이후 소설 「용광로」를 『개벽』에 발표했다.

「용광로」는 일본 도쿄의 제철공장에서 일하는 조선인 노동자 김상덕을 주인공으로 한 소설이다. 김상덕(金尙德)은 25세 청년 지식인으로 중학교를 졸업하고 일본으로 건너가 노동자로 생활하는 인물로, 송영의 자기 모습이 일부 투영되어 있다고도 할 수 있다. 김상덕은 제철공장 식당에서 일하는 일본인 하녀 이마무라 기미코(今村君子)와 연애 감정을 나누기도 한다. 그리고 소설 중간에 제철공장에서 노동하는 조선에서 건너온 사원 아이들, 즉 소년 노동자들의 모습도 등장한다. 공장의 주인은 김상덕에게 무거운 쇳덩어리를 배달하는 노동을 지시하기도 하고, 공장 노동자들에 대해서는 임금을 삭감하고 휴일을 축소하는 시도를 감행하기도

---

17 송동양(송영), 「늘어가는 무리」, 『개벽』 61, 1925.7 참조.

한다. 이에 평소 조용하게 생활하던 김상덕은 계급적 각성을 하여 공장 주인의 횡포에 맞서 저항하고 노동자들을 선동하면서 그 횡포를 막아 내려고 노력한다. 김상덕의 선동에 동료 노동자들은 크게 호응하기도 했지만, 공장 주인의 협박에 소극적 태도로 돌아서는 이중적인 모습을 보여준다. 그런 가운데 공장 주인에 맞선 저항은 김상덕 개인의 차원에 그치게 된다. 이 과정에서 이마무라 기미코는 다치고, 김상덕은 경관에 의해 체포되어 끌려가면서 소설은 끝을 맺는다.

앞서 『만세전』을 통해 일본으로 팔려 가다시피 하는 조선인 노동자에 대해 언급한 바 있다. 「용광로」에서는 그러한 노동자들이 일본의 공장에서 경험하게 되는 구체적인 실상이 서술된다. 즉 이 소설은 일본으로 건너간 조선인 이주노동자가 어떤 조건에 놓여 있었는지를 생생하게 보여준다.

> 그 아이들은 조선서 갓 건너온 고소(小僧)[사환 아이-인용자]이다. 건너왔다느니 보다 새로 사온 것들이다. 저들은 마음 좋지 못한 조선 직공과 또는 공장 주인의 간계(奸計)에 빠져서 아직 말도 잘 못하는 나이에 저희들의 고향을 버리고 온 것이다. '일본에만 가면 공부를 시켜 준다. 옷 주고 밥 주고 일 가르쳐 주고 공부 시켜 준다'고.
>
> 아무것도 모르는 시골 농군을 속여서 나무나 하고 아이 보아주고 하던 모든 어린아이를 데려오는 것이다. 그리고 계약서에는 삼 년이니 사 년이니 하여 가지고 여비니 의복비니 해서 오륙십 원씩을 주어서 데려오는 것이다. 오기만 하면 물론 가지 못한다.

마치 창기 모양으로 여기 올 때까지의 비용은 주인에게 빚을 진 셈이니까 일거일동은 주인이 좌우하게 되는 것이다. 그리하여 인정과 풍속이 다른 이곳에서 평생에 햇빛도 보지를 못하고 어린 몸뚱이를 온통 대자본가의 자본확충의 노예(資本擴充의 奴隸) 노릇을 하는 것이다.[18]

이 대목은, 식민지 조선과 제국 일본 사이에서 자본주의 체제가 어떻게 구축되고 있는지를 상징적으로 보여 준다. 즉, 식민지의 조선인 노동자들이 부당한 조건에 팔려 와 자본 축적을 위한 노예로 기능하는 가운데, 비로소 제국 일본의 자본주의 체제가 구축될 수 있음을 시사한다. 그리고 「용광로」에서는 조선인이라는 이유로 불합리한 처우를 받는 장면도 그려지고 있는데, 실제로 조선인 노동자에 대한 민족적 차별은 상당했다. 물론 그러한 차별은 조선인 노동자와 일본인 노동자에 대한 경쟁을 유도하여 서로 단결하지 못하도록 하려는 통치술에서 기인했다.

송영은 이러한 민족적 차별을 날카롭게 포착하면서도, 또한 조선과 일본의 노동자들이 민족적 차별과 분할선을 넘어서 함께 투쟁할 수 있는 계급적 공통성을 발견하는 데에도 소홀하지 않았다. 다음의 인용은 노동자라면 누구나 동일한 조건에 놓여 있었음을 강렬하게 상기시킨다.

달음질하는 자, 꼬부린 자, 섰기만 하는 자, 앉았기만 하는 자 그들은 사나이나 여자나의 구별은 하여간에 사람이라는 것까지도 알 수 없게

18 송영, 「용광로」, 『개벽』 70, 1926.6, 56~57쪽.

> 되었다. 다만 누르면 들어가고 빼내면 나오는 순전한 기계가 되어 있다. 모두 다 노래다, 한숨이다, 웃음이다, 부르짖음이다. 역시 전기의 돌아가는 기계 소리와 같은 아무런 자유와 또는 감정이 없는 기계의 노래다.
>
> 공장, 사람 기계의 회전소 … 임은 노예의 대감방![19]

공장은 인간의 개성과 특이성을 모두 지우고 기계의 부품으로 만들어 버리는 장소이며, 궁극적으로 임금 노예를 양산하는 감옥으로 묘사된다. 이러한 서술은 논의의 끝이라기보다는 또 다른 시작을 의미한다. 직접적으로 서술하지는 않았지만, 송영은 잠재적으로 민족적 혹은 젠더적 차이를 넘어 같은 노동자로서 단결해야 한다고 주장하는 셈이다. 또한 민족적 분할을 극복하고자 하는 김상덕과 이마무라 기미코의 사랑은, 식민지 조선의 노동자와 제국 일본의 노동자 간의 연대 가능성을 은유하고 있다고도 할 수 있다. 요컨대 송영은 「용광로」에서 식민지와 제국을 오가는 이주노동자를 형상화하면서 여러 차이를 넘어 함께 단결할 수 있는 계기를 찾는 문학적 실천을 수행하고 있었다.

---

19 송영, 「용광로」, 48쪽.

3. 식민지 조선과 제국 일본 사이에서의 본원적 축적

다음으로 살펴볼 작품은 한설야(韓雪野)(1901~1976)의 「과도기」(1929)이다. 한설야는 1900년 함경남도 함흥에서 출생했는데, 1919년 함흥고등보통학교를 졸업하고 1921년 일본 니혼대학(日本大學)에서 공부했다.[20] 간토 대지진(1923) 이후 조선으로 돌아와 카프에 가맹하고 소설가와 비평가로서 활발하게 활동했다. 그러다가 카프 2차 검거 사건으로 체포되어 투옥되었다가 출감 이후에는 고향으로 돌아가 인쇄소를 경영하면서 장편소설 『황혼』(1936) 등을 집필하였다. 해방 후에는 북한에 남아 문학예술 관련 요직을 두루 역임하기도 했는데, 1963년에 숙청되었다가 1976년에 사망하였다.

식민지와 제국을 오가는 이주노동자들은 이주지에 정착하는 경우가 많았지만, 다시 돌아오는 경우도 적지 않았다. 예컨대 앞에서 논의한 송영 또한 일본으로 이주하여 노동자 경험을 했지만, 다시 조선으로 돌아와 문학 활동을 전개했다. 한설야의 「과도기」는 한반도 북쪽의 간도 지역으로 이주했던 조선인들이 다시 고향에 돌아와 직면하게 되는 문제들을 다루고 있다. 소설에서 창선이네 가족은 조선에서 더 이상 살기 어려워져서 고향을 등지고 북쪽 간도 지역으로 이민을 떠났지만, 간도에서도

20 이하 한설야의 전반적인 삶과 문학적 행보에 대해서는 다음을 참조. 강진호, 『한설야—그들의 문학과 생애』, 한길사, 2008.

살기가 쉽지 않아서 4년 만에 다시 함경도 농어촌마을 창리로 돌아온다. 창선이가 돌아왔을 때 이미 고향은 옛 모습을 알아볼 수 없게 변한 상태였다. 자연과 조화를 이루었던 농어촌마을이 우중충한 벽돌집이 가득한 공장지대가 되어 버렸던 것이다. 원래 창리는 주민들이 전통적인 어법과 농업에 종사하며 조화로운 생활을 영위한 마을이었다. 하지만 식민지가 되고 나서 제국주의 일본의 자본이 이곳에 진출하여 공업화를 추진하면서, 마을 사람들은 인근 고장으로 집단 이주를 할 수밖에 없었으며 이 와중에 고향 마을 창리는 몰락했다. 즉 과거 전통적인 농어촌이었던 창리는 해체되어 근대적인 산업적 공장지대로 변모하였으며, 그러한 변화 속에서 주민들은 더 이상 농업 및 어업에 종사할 수 없게 되면서 농민으로 남아 있을 수 없게 된다. 고향으로 돌아온 창선은 고기도 잡지 못하고 농사도 지을 수 없게 된 상황을 한탄하지만 별다른 방도를 찾지 못한다. 마을 사람들과 창선은 공장의 노동자로 변모하여 생계를 꾸려 나가는 것으로 소설은 끝이 난다.

한설야의 「과도기」는 제국주의 자본과 산업화 정책에 포섭되기 이전과 포섭된 이후의 상황을 대비하여 제시한다. 먼저 풍요롭고 조화로웠던 고향의 모습은 다음과 같이 서술된다.

> 노래와 얘기로 해 가는 줄을 모른다. (…중략…) 그러다가 겨울이 되면 바닷가에 나가서 고기그물에 고드름같이 줄 달린 고기도 뜯는다. 이 고장은 대개 절반 농사로 절반은 고기잡이기 때문에 어린아이들도 두 가지 일을 하는 것이다. 고기 잘 잡히는 해면 어린아이들도 하루 수삼

십 전 벌이를 한다. (…중략…)

겨울이 되면 해사(海事) 소식이 짜 퍼진다. 은어(도루메기)가 잡히고 명태 배가 들어오면 고기 풍년이 났다고 살판을 만났다고 남녀노소 없이 야단들이다. 아낙들은 함지를 이고 남자들은 수레를 끌고 고기받이를 다닌다.[21]

자연의 리듬에 맞춰 농업과 어업을 번갈아 수행하는 조화로운 고향 마을 창리는 풍요로움이 넘쳐나는 공간으로 묘사된다. 이때 창리는 남녀노소 할 것 없이 모두가 함께 건강하게 일하고 그에 걸맞은 대가를 획득하는 곳이며, 자연과 인간의 풍요로움이 빚어내는 활력이 온 마을과 사람을 공명시키면서 충만한 감정을 넘쳐흐르게 하는 곳이었다. 그러나 4년 만에 고향으로 돌아온 창선이가 목격한 것처럼 이곳은, 제국주의 자본과 국가 정책이 침투하면서 다음과 같이 완전히 다른 공간으로 변모한다.

이렇게 애든 이 고장이요, 이렇게 친한 이 바다이다.

그러나 지금은 모든 것이 달라졌다. 산도 그렇고 물도 그렇다. 철도 길이 고개를 갈라먹고 창리 포구에 어선이 끊어졌다. 구수한 흙냄새 나는 마을이 없어지고 맵짠 쇠 냄새 나는 공장과 벽돌집이 거만스러이 배를 붙이고 있다. 소수레가 끊어지고 부수래(기차)가 왱왱거린다. 농

---

21 한설야, 「과도기」, 『조선지광』 84, 1929.4. 여기서는 한설야, 서경석 편, 「과도기」, 『과도기－한설야 단편선』, 문학과지성사, 2011, 60~63쪽.

군은 산비탈 으슥한 곳으로 밀려가고 노가다(노동자) 패가 쏘다닌다. 땅은 석탄 먼지에 꺼멓게 절고 배따라기 요란하던 포구는 파도 소리 홀로 쓸쓸하다. 그의 눈에는 땅도 바다도 한결같이 죽은 듯했다. 기계간 벽돌집 쇠사슬 떼굴뚝이 아무리 야단스러워도 그저 하잘것없는 까닭 모를 것이었다.[22]

이는 제국주의 자본과 식민 정책이 창리라는 고향을 포섭해 가는 가운데 발생한 근대적 산업화 과정에서 그곳이 어떻게 변화했는지를 적나라하게 묘사하는 대목이다. 결국 정든 고향, 친한 바다는 완전히 소멸했다. 이 대목은 철도가 놓이고 공장이 생기고 노동자가 등장하는 전형적인 근대화·산업화의 모습을 보여 준다. 한편으로 그것은 근대적 문명의 도래와 발전이라고도 할 수 있지만, 한설야는 그곳에서 죽음의 그림자만을 발견할 뿐이다. 다시 말해 그는 근대화·산업화 속에서 파괴되어 버린 자연, 그리고 자연의 리듬에 조응했던 사람들이 더 이상 살 수 없게 된 땅으로 변모해 버린 고향의 모습을 비판적으로 바라보고 있다. 그에게서 자본의 포섭은 곧 죽음의 포섭을 의미한다.

시공간의 변화는 그곳에 살고 있는 사람들을 변화시키기 마련이다. 그곳에서 사람들은 더 이상 농업이나 어업을 통해 생계를 꾸려 나갈 수 없게 되었다. 그러한 상황을 「과도기」는 다음과 같이 서술한다.

22 한설야, 「과도기」, 앞의 책, 64쪽.

> 창선이는 한심스러운 생각이 더쳐왔다. 제 고장이라고 그리워하였고 제 친족이라고 찾아는 왔으나 생각하던 바와는 아주 천양지판이다. 조선 가면 아무 일이라도 해먹으려니 했으나 막상 와보니 그 '아무 일'이란 아무 데서도 찾을 수 없었다. 일하고 싶어도 할 일이 없고 힘을 쓸래도 쓸 곳이 없고 고기도 잡아먹을 수 없고 농사도 지을 수 없다. 대대로 전해 오던 손익은 일 맛들인 일은 이리하여 얻어 만날 수 없고 눈이 멀게서 산송장이 될 것만 같았다.[23]

여기서 창선이는 지난날의 농민이나 어민의 정체성으로는 아무 일도 할 수 없는 상황에 놓이고 만다. 그는 먹고 살아갈 방법을 찾지 못하고 말 그대로 "산송장"과 같은 처지가 될 운명에 처하게 되었다. 그 운명을 벗어나 삶을 이어가기 위해서 창선이는 전근대적인 농민의 정체성을 버리고 변모하지 않을 수 없었다. 즉 창선이와 마을 사람들은 다음과 같이 자신의 신체를 변화시켜야 했다.

> 그 후 얼마 못 되어서 이 고장 백성들은 상투를 자르고 공장으로 몰려갔다. 그러나 그렇게 함부로 써 주는 것이 아니다. 맨 힘차고 뼈 굵고 거슬거슬하고 나이 젊은 우둥퉁하고 미욱스럽게 생긴 사람만 뽑히었다. 그리고 거기서 까불려 난 늙고 약한 사람이 개똥밭 농사나 짓고 은어 부스러기 고기잡이나 하는 수밖에 없었다. 어떤 사람은 온 가장을

---

23 한설야, 「과도기」, 앞의 책, 73~74쪽.

보따리에 꾸둥쳐 지고 영원 장진으로 떠나갔다.

화전(火田)이나 해 먹을까 하는 것이다.

창선이는 요행 공장 노동자로 뽑혔다. 상투 자르고 감발 치고 부삽 들고 콘크리트 반죽하는 생소한 사람이 되었다.[24]

창선이를 비롯한 마을 사람들의 선택지는 두 가지였다. 새로운 환경에 적응할 수 없다면 제국주의의 힘이 미치지 않는 공간으로 또다시 이주해 화전민이 되는 방식이 있었다. 그렇지 않으면 농민의 신체를 노동자의 신체로 변모시키는 작업을 통해 공장의 리듬에 적응해 가는 방식이 있었다. 주인공 창선이는 노동자가 되는 방식을 택했다. 그리하여 그의 신체는 기존의 노동과는 전혀 다른 노동과정을 위해 강제로라도 변화하지 않으면 안 되었다. 「과도기」는 이처럼 농민이었던 창선이가 공장 노동자가 되는 것으로 마무리된다.

이처럼 한설야의 「과도기」는 식민지 조선에서 농민이 어떻게 공장 노동자로 변모할 수밖에 없었는지를 압축적으로 보여 준다. 그렇다면 공장 노동자가 된 창선이는 이후 어떤 삶을 살아가게 되었을까. 즉 식민지 조선의 구체적인 노동자의 삶은 어떠했을까.

---

24 한설야, 「과도기」, 앞의 책, 75쪽.

4. 식민지 자본주의 하 노동자의 삶과 투쟁

이북명(李北鳴)(1908~1988)의 「질소비료공장」은 식민지 조선 노동자들의 구체적인 삶과 투쟁을 보여 주는 소설이다. 작가 이북명은 1908년 함경남도 함흥에서 태어났고 1927년 함흥고등보통학교를 졸업하였다.[25] 이후 그는 대학으로 진학하지는 않았고, 조선질소비료주식회사 흥남공장에서 3년간 노동자가 되어 생활하였다. 또한 그러한 공장 노동자 체험을 바탕으로 「질소비료공장」(1932), 「암모니아탕크」(1932), 「민보의 생활표」(1935) 등의 소설을 창작하였다. 해방 이후에 그는 북조선예술총연맹에 참여하고 북한에서 작품 활동을 지속하면서, 문학예술 관련 요직을 두루 역임하였다. 이북명은 말년까지 현역 작가로 작품을 발표하며 활동하다가 1988년에 작고하였다.

「질소비료공장」에 대해 논의하기 위해서는 이 작품을 둘러싼 검열 문제, 작가의 노동자 체험 그리고 소설의 배경이 되는 도시 흥남에 대해 먼저 살펴 둘 필요가 있다.

---

25 이하 이북명의 전반적인 삶과 문학적 행보에 대해서는 다음을 참조. 남원진 편, 「작가 연보」, 『이북명 소설 선집』, 현대문학, 2010.

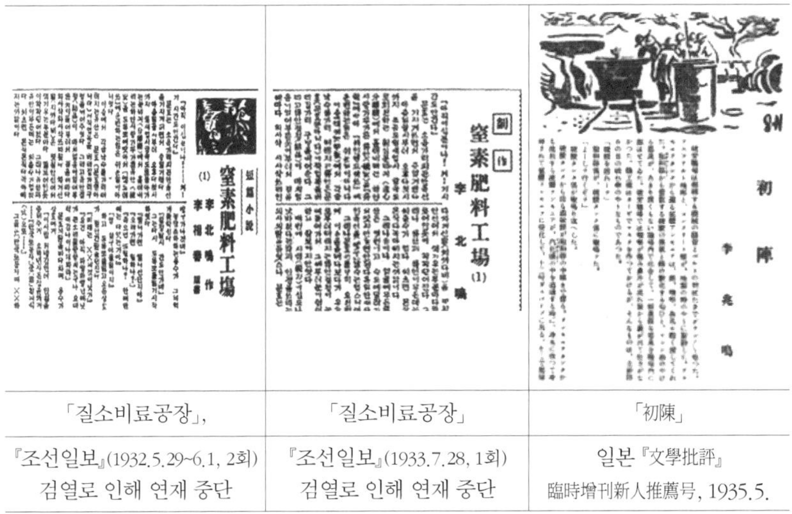

「질소비료공장」,	「질소비료공장」	「初陣」
『조선일보』(1932.5.29~6.1, 2회) 검열로 인해 연재 중단	『조선일보』(1933.7.28, 1회) 검열로 인해 연재 중단	일본 『文學批評』 臨時增刊新人推薦号, 1935.5.

【그림 2】 이북명 「질소비료공장」의 창작과 검열

먼저 「질소비료공장」에 대한 검열 문제를 검토해 보자. 【그림 2】에서 확인할 수 있듯이, 식민지기 이북명은 「질소비료공장」을 세 차례 발표했다.[26] 첫 번째는 1932년 5월 『조선일보』에 발표했지만 2회 연재 후 검열로 인해 연재가 중단되었다. 1933년 7월 이북명은 두 번째로 『조선일보』에 또 다시 연재를 시도했지만 검열로 인해 연재를 이어나갈 수 없었다. 세 번째로 그는 제목을 「초진(初陣)」으로 변경하여 일본 문학잡지인 『분가쿠효론(文學批評)』에 일본어로 번역하여 게재하였다. 이러한 과정을 통해 그는 비로소 온전한 소설 작품을 발표할 수 있었다. 여기서 논의하는 「질

---

26 이북명이 식민지기에 세 차례에 걸쳐 발표한 「질소비료공장」에 대해서는 다음을 참조. 차승기, 『식민지/제국의 그라운드 제로, 흥남』, 푸른역사, 2022, 176~187쪽.

소비료공장」은 일본어로 발표한 「초진」을 이북명이 다시 한국어로 번역한 판본[27]이다. 이렇듯 「질소비료공장」은 식민지라는 상황 속에서 검열로 인해 우여곡절을 겪은 작품이라고 할 수 있다.

앞서 언급했듯이 이북명은 흥남의 조선질소비료주식회사에서 3년간 노동자로 생활을 한 '노동자 출신 작가'였다. 노동자 생활에 기반을 둔 작품의 창작은 소설가 이북명의 중요한 특징이라고 할 수 있다. 그는 자신의 노동 체험에 관해 다음과 같이 서술한 바 있다.

> 동무는 혹시 내가 이 공장에 쉽게 들어가서 사무원 노릇쯤은 할 수가 있지 않았겠느냐고 생각할는지 모르나 결코 그렇지 않았습니다. 수학, 물리, 화학 등 필답과 구답 시험을 치고 5대 1의 비율로 겨우 뽑혀가지고 유안 직장의 현장 노동자로 되었습니다. …
>
> H질소비료공장의 형편은 내가 이미 소설이나 '팸플릿'에서 읽은 그것보다 훨씬 더 비참하였습니다. 하루 11시간 내지 12시간의 노동을 강요당하였으며 그 삯전은 겨우 40전 내외였습니다. 이것으로는 최저의 생활도 이어 나갈 수가 없었습니다.
>
> 노동자들에 대한 멸시와 모욕, 조선 사람에 대한 혹심한 차별 대우와 착취, 노동자의 권리란 쥐뿔만큼도 찾아볼 수 없는 소위 '노구치 왕국'이었습니다.[28]

---

27 리북명, 「질소 비료 공장」, 『질소 비료 공장—리북명단편선집』, 조선작가동맹출판사, 1958. 여기서는 이북명, 「질소비료공장」, 남원진 편, 『이북명 소설 선집』, 현대문학, 2010 수록 판본 참조.

이러한 이북명의 서술에는 자신이 '현장 노동자'와 동일한 상황을 실제로 체험했다는 계급적 자부심이 묻어난다. 그는 필기시험과 면접시험을 보며 높은 취업 경쟁률을 뚫은 끝에 비로소 질소비료공장의 노동자가 될 수 있었다. 어렵게 노동자가 되었지만 그를 기다리고 있었던 것은 신체의 한계를 시험하는 장시간 노동과 생활의 한계를 압박하는 저임금뿐이었다. 나아가 그 공장은 노동자에 대한 혐오, 민족적 차별, 인간적 · 계급적 권리의 박탈이 만연한 통제와 배제의 장소로 말해진다. 이북명은 그곳을 '왕국(王國)'이라고 일컫는데, 그것은 단지 수사적 표현에 그치는 것은 아니다. 말하자면 그곳에서 노동자는 봉건적인 왕국의 농노와 다름없는 환경에 놓여 있었던 것이다.

이북명은 현실적 '체험'에 기반을 둔 소설을 창작함으로써 당시의 노동과 노동자에 관해 구체적이며 정확하게 서술할 수 있었다. 특히 「질소비료공장」의 서두에는 질소비료를 만드는 공정 중의 하나인 유안 직장이 어떻게 이루어지는지 생생하게 묘사되어 있다. 이러한 구체적인 형상화는 노동소설에 관심을 두고 있었던 노동자 독자와 카프 문인들로부터 공감대를 획득할 수 있는 원천으로 작용하였다. 그리하여 이 작품에 등장하는 다층적 노동자들의 행동 변화 및 지향이 독자들에게 자연스럽게 받아들여졌을 것이다. 그런 점에서 이북명의 「질소비료공장」은 당대의 다른 노동소설들이 지녔던 추상성을 일정 정도 극복할 수 있었다.

---

28 이북명, 「공장은 나의 작가 수업의 대학이었다」(『청년문학』 19, 1957.11), 남원진 편, 『이북명 소설 선집』, 442~443쪽.

앞서 이북명은 홍남의 조선질소비료주식회사를 두고 '노구치 왕국'이라고 지칭하기도 했는데, 이 표현은 그가 식민지 자본주의의 한 특징을 예리하게 파악하고 있었음을 보여 주는 것이기도 하다. 그렇다면 '노구치 왕국', 즉 '노구치 재벌(野口財閥)'은 무엇이었으며, 또한 어떻게 작동하고 있었던 것일까. 다음은 노구치 재벌과 식민지의 공업도시 홍남에 관해 서술한 「질소비료공장」의 한 대목이다.

> 대규모의 근대적 공장을 건설한 '노구치' 재벌은 특히 조선인 노동자들의 생명과 생활에 대해서 전혀 무관심했다. 그들에게는 노동자의 생명보다 유안 비료—뿐 아니지만—가 더 소중했다. 한 가마니의 비료라도 더 제조해서 동해 건너에 있는 본국으로 실어 보내는 것이 급선무였다. 인간보다 이윤의 획득에만 정신이 환장한 무리들인 것이다. (…중략…) 잇속이 밝은 회사 측의 계산에 의하면 보통 일본인 노동자 한 명을 불러오는 비용이면 조선인을 열 명도 더 쓸 수 있다는 것이다. 때문에 그들은 필요한 수의 일본인 노동자 외에는 전부 조선 사람으로 채우기로 하였던 것이다.[29]

이 부분을 통해서 알 수 있듯이, 식민지 조선의 홍남은 노구치 재벌이라고 불렸던 일본질소비료주식회사와 일제의 식민 정책이 결합하는 가

---

29 이북명, 「질소비료공장」, 남원진 편, 앞의 책, 59~60쪽.

운데 개발되었다.[30] 조선총독부의 비호 아래 노구치 재벌은 1927년 흥남에 조선질소비료주식회사라는 대규모 공장을 건설했고, 1929년부터 질소비료를 생산하기 시작했다. 그런데 노구치 재벌이 건설한 것은 비단 그 공장만이 아니었다. 그 자본은 개별적인 공장 수준을 넘어서 발전소, 학교, 병원, 경찰서 등을 함께 세우면서 흥남이라는 도시 그 자체를 건설했다. 그리고 그 자본의 도시를 작동시키는 원리는 "이윤의 획득"이었는데, 그것은 조선인 노동자에 대한 차별·수탈·착취에 의해 뒷받침되고 있었다.

【그림 2】 1937년 무렵 조선질소비료주식회사 흥남공장 전경[31]

【그림 3】은 소설 「질소비료공장」의 공간적 배경인 조선질소비료주식회사 흥남공장의 전체적인 면모를 담은 사진이다. 한눈에 보아도 잘 계

---

30 식민주의적 관계 자체의 확대·재생산의 관점에서 자연/인간, 노동/자본, 식민지/식민 본국 등의 다층적 전선을 고려하는 가운데, '자본-국가 콤비나트'로 흥남을 고찰한 논의로는 다음을 참조. 차승기, 앞의 책.

31 사진 출처 鎌田正二, 『北鮮の日本人苦難記』, 時事通信社, 1970(차승기, 앞의 책, 24쪽 참조).

획되어 건설된 도시임을 알 수 있다. 앞에서 논의한 한설야의 「과도기」에 등장하는 창선이와 같은 사람들이 이 광경을 보았다면, 여기서 과거 고향의 흔적을 찾기란 매우 어려웠을 것이다. 홍남이라는 도시는, 제국주의 일본의 국가 권력과 자본 권력이 결합하여 식민지 조선을 포섭하면서 자본주의화했던 과정을 잘 보여 주는 공간이다. 즉 홍남은 도시 그 자체가 지배와 포섭, 그리고 수탈과 착취의 공간이었다. 그런데 잊지 말아야 하는 사실은 지배가 있는 곳에는 항상 저항이 있기 마련이라는 점이다. 그런 점에서 홍남은 노동계급의 저항과 투쟁의 공간이기도 했다.

그렇다면 홍남의 질소비료공장에 취업하여 노동자가 되는 사람들은 어떤 사람들이었을까. 「질소비료공장」에서 주인공 문길은 다음과 같은 처지 속에서 공장 노동자가 되는 것으로 제시된다.

> 문길이의 고향은 H평야의 북녘에 있었다. 허허벌판은 끝에서 끝까지 모두가 기름진 전답이었으나 그에게는 한 줌의 흙도 자기의 것이라고는 없었다. 어려서 아버지를 잃은 그는 소작과 고용노동 속에서 잔뼈가 굵어졌다. 그러나 아무리 손톱이 모지라지게 일을 해도 가난은 독사처럼 그의 몸을 칭칭 감고 놓지 않았다. (…중략…)
> 설상가상으로 문길이는 소작을 떼이게 되었다. 그는 쌓이고 쌓였던 분풀이로 지주네 낟가리에 몰래 불을 지르고 고향을 하직했던 것이다.[32]

32 이북명, 「질소비료공장」, 남원진 편, 앞의 책, 40~41쪽.

인용된 부분을 통해서 알 수 있듯이, 문길은 토지를 소유하지 못한 전통적인 소작농 출신이었다. 그런데 더 이상 소작농으로 살 수 없게 되자 그는 불을 지르는 행위로 지주에게 복수를 한 뒤에, 고향을 떠나 흥남으로 이주한다. 즉 작품의 주인공 문길은 토지에서 분리된 농민이 어떤 과정을 거쳐 공장 노동자로 변모하게 되는지를 전형적으로 보여 주는 인물이다. 그런데 「질소비료공장」에는 문길과 같은 유형의 인물만 등장하는 것은 아니다. 이북명은 당시 사회주의 사상에 경도되어 있었던 지식인 출신 노동자도 다음과 같이 작품에 등장시켰다.

> 공장에 온 지가 1년이 조금 넘은 동윤이는 H고등보통학교 2학년에서 독서회 사건으로 퇴학당한 새파란 청년이다. 글을 배우지 못한 노동자들 속에 나타난 동윤이의 이론은 어디서나 날이 섰다. 노동자들에 비해서 얼마나 아는 것이 많은지 몰랐다. 그러나 그 반면에 또 그들보다 무식한 데도 있었다. 아버지가 물산객주업을 영위하는 중류 소시민 가정에 태어난 그는 '생활'에 대해서 잘 모르는 데다 알려고도 하지 않았다. 영구는 지금으로부터 이태 전에 있은 K군 농조 사건에, 그리고 창호는 3년 전 T평야 야학교 사건에 각각 약간씩이나마 관계가 있었으나 이것만은 누구에게도 알릴세라 비밀에 부치고 있었다.[33]

여기서 언급되는 또 다른 노동자인 동윤, 영구, 창호 등은 확실히 문길

---

33 이북명, 「질소비료공장」, 남원진 편, 앞의 책, 36쪽.

과는 다른 유형의 인물들이다. 특히 동윤은 "중류 소시민 가정" 출신으로 고등보통학교 재학 중에 "독서회" 사건에 연루된 바 있었다. 이와 더불어 영구는 "농조", 즉 농민조합운동에 관여하였으며, 창호는 "야학교"에 관계한 바 있었다. 이 인물들은 모두 "글을 배우지 못한 노동자들"과는 달리 일정한 교육을 받은 지식인 범주에 속하는 자들인데, 이들은 또한 공장 노동자 생활을 지속하기 위해 반체제적 저항 운동 모임에 가담했던 이력을 감추고자 한다. 즉 이들은 사회주의 이론 및 노동운동에 관여하거나 지향하는 인물들인 셈인데, 하지만 실제 생활의 측면에서는 구체성을 체득하지 못한 무지한 존재들이기도 하다. 이처럼 이북명은 서로 다른 두 유형의 인물군을 공장 노동자로 등장시키는데, 이는 노동운동에서의 상이한 양태인 이론과 실천을 종합적으로 통일하여, 최대의 역량을 발휘할 수 있는 조건을 찾으려고 했던 의도로 이해할 수 있을 듯하다.

「질소비료공장」은 이북명의 실질적인 노동 체험에 기반을 두고 있기에, 공장 내에서의 노동 환경과 노동자의 일상생활을 매우 현실적으로 재현하였다. 먼저 그 열악했던 노동 환경은 다음과 같이 제시된다.

> 만일 '일본질소비료주식회사'가 이 공장에서 노동하는 인간의 생명과 건강에 대해서 다소나마 유의하고 있다면 이미 악취는 훨씬 제거되었을 것이고 팔을 통째로 잘라먹는 기계에 안전장치를 하였을 것이 아닌가? 이것은 비단 유안 직장에만 국한되는 문제가 아니었다. 유황 철광을 태워 유산을 제조하는 유산 직장에서는 배소로(焙燒爐)가 내뿜는 아황산가스 때문에 하는 수 없이 30분 교대를 실시하고 있으나 그래도

> 노동자들은 가스에 중독되어 노 앞에서 철썩철썩 나가쓰러지는 형편
> 이었다.[34]

질소비료공장에서 수행하는 노동은 목숨을 걸어야 할 정도로 위험한 작업이었다. 노동과정에서 발생하는 유독한 악취와 가스는 노동자의 육체를 부식시켰으며, 안전장치를 갖추지 않은 기계는 노동자의 신체를 절단시키곤 했다. 소설에서 건강한 신체를 소유했던 문길은 이러한 노동환경으로 인해 폐병을 앓게 되고 결국 죽음을 맞이하게 된다. 공장은 생산적 노동을 통해 노동자의 삶을 견인하는 공간이 아니라 생명을 소진하는 노동을 통해 노동자를 소모하는 죽음의 공간인 셈이다. 또한 문길을 비롯한 노동자들은 노동과정에서뿐만 아니라 일상생활에서도 경제적인 궁핍으로 인해 생존의 어려움에 직면해야 했다. 소설에서 문길은 매달 받는 저임금으로는 가족을 부양할 수 없었다. 월급으로 노동자 가족이 한 달을 제대로 생활할 수 없는 상황, 이는 노동자라는 정체성과 계급성을 침식시키고 파괴하는 조건이기도 했다. 다시 말해 질소비료공장의 노동자들은 공장에서의 노동과정과 퇴근 후의 일상생활 양쪽 모두에서 육체적으로나 경제적으로나 매우 어려운 조건에 처해 있었다. 이때 문길과 같은 노동자가 취할 수 있는 방법은 두 가지 정도였다. 하나는 노동자이기를 그만 두는 것이고, 다른 하나는 자본과 싸워 노동 조건을 개선하는 것이었다.

---

34 이북명, 「질소비료공장」, 남원진 편, 앞의 책, 21쪽.

자본이 이윤을 안정적으로 창출하기 위해서는 그것을 뒷받침하는 노동자를 통제하고 관리하며 포섭하는 일이 관건이라고 할 수 있다. 이북명의 「질소비료공장」은 일본 제국주의 자본이 식민지의 노동을 통제했던 여러 장치를 구체적으로 그려 낸다. 먼저 자본은 산업합리화를 내세워 정리해고를 단행하였다. 당시 세계 대공황의 여파로 인해 불황이 지속되었는데, 다수의 기업이 산업합리화를 명목으로 노동자들을 공장에서 내보냈다. 질소비료공장에서는 노동자가 적게 필요한 최신식 기계 설비로 바꿔 나가는 방식을 통해 노동자들을 정리해고한 것이다. 이는 고전적인 통제 방식이지만, 오늘날까지도 유효한 방식이다. 둘째로 자본은 더 이상 노동하기에 부적합한 신체를 가지고 있다고 판단된 사람들을 신체검사를 통해 퇴출시켰다. 소설에서 보듯이, 대다수의 노동자들은 매우 위험한 작업환경에 노출되어 있었기에, 신체적으로 산업재해를 입는 경우가 빈번했다. 문길 역시 신체검사를 통해 공장으로부터 추방당한다. 홍남의 질소비료공장은 노동과정에서 발생한 신체 훼손에 대한 책임을 다하고 재발 방지를 위해 조치를 강구해야 했음에도 불구하고, 마치 소모품을 폐기하듯이 해고를 통해 노동자를 폐기 처분하려고 했다. 셋째로 자본은 노동자들의 친목회를 대상으로 지속적인 파괴 공작을 전개하였다. 소설에서 서술되듯이 노동자들은 회사 측의 부당한 요구에 단결하여 저항하기 위해 노동조합의 성격을 지니는 친목회를 조직하고자 했다. 하지만 회사 측에서는 치밀한 작업을 통해 친목회 창립준비위원을 해고함으로써 노동자 측의 기도를 사전에 차단하였다. 그 과정에서 자본은 노동자들을 순치하고 포섭하기 위한 담론을 지속적으로 유포하면서 '투쟁하는 노동자'가 아니라 '근면·성실하게 노동만을 수행하는 노동자'를 주조하기 위해 노력했다. 즉 노동은 신성한 것이기에 성실하고도 근면하게 일해야 한다는 내용이 담긴 종교잡지 등을 지속적으로 제공함으로써 노동자의 불온성을 잠재우고 체제 내의 노동자로 포섭하고자 했다.

홍남은 자본에 의한 지배의 공간이면서 동시에 노동에 의한 저항의 공간이기도 했다. 이북명의 「질소비료공장」의 중요한 한 축은 자본-국가에 대항하는 노동자를 형상화하였다. 이와 관련하여 이북명은 작품에서 "회사 측이 발광적이라면 그들[노동자들-인용자]은 또한 결사적이었다"[35]고 표현하기도 했다. 노동자들은 집합적 차원과 개별적 차원 등 다층적 차원에서 저항을 전개한다. 친목회를 건설하려고 했던 첫 시도가 실패로 돌아간 상황에서, 노동자들은 회사 측의 감시 없이 모일 수 있는 계기를 마련하고자 했는데 그 가운데 하나가 체육활동이었다. 소설은 체육활동이 지닌 노동운동적 계기에 관해서 다음과 같이 서술한다.

> 무엇부터 시작할 것인가? 그는 며칠 동안 깊은 생각에 빠져 있었다. 그러던 끝에 생각해 낸 것이 체육이었다. 이것은 감정의 통일뿐만 아니라 다른 직장의 노동자들과 긴밀한 연락을 맺는 데도 필요한 수단으로 될 수 있었기 때문이다. 또 다른 한 가지 목적이 있었는데 그것은 이 체육행사를 통해서 '알뜰한 친구'를 찾아내자는 것이다.[36]

35 이북명, 「질소비료공장」, 남원진 편, 앞의 책, 55쪽.
36 이북명, 「질소비료공장」, 남원진 편, 앞의 책, 33쪽.

즉 이 작품에서 체육활동은 단순한 신체 단련 및 놀이를 넘어, 노동자들의 감정을 통일시키고 여러 노동자를 한 자리에 불러 모으게 했으며 새로운 활동가를 발굴하는 계기로 의미화된다. 또한 노동자들은 낙서라는 장치도 중요하게 활용했다. 노동자 개개인은 익명성을 유지한 채 변소, 담벼락, 식당, 가두 등의 장소에 낙서를 통해, 회사 측에 임금인상이나 구속 노동자 석방 등을 요구하는 한편 동료 노동자들에게는 단결과 투쟁을 요청하기도 했다. 「질소비료공장」에서 노동자들이 전개한 방략은 친목회를 재조직화하는 것으로 모아졌다. 궁극적으로 이는 혁명적 노동조합을 조직화하고자 하는 노력이었다. 이 과정에서 노동자들은 다음과 같이 단결하여 투쟁을 전개하게 된다.

> 아까 목수의 이얘기가 나왔네만 우리 모두가 친목회를 다시 조직하는 목수가 돼야 하네. 듣자니까 요새 노동자들 가운데는 친목회 사건 후 풀이 죽어진 사람이 적지 않다는데 이런 태도는 되려 회사 측에 유리한 조건을 주는 거야. 우리에게는 첫째도 단결, 둘째도 단결이라네. 만약 한 사람, 한 사람이 제각기 제 일만 생각하는 날에는 우리는 더욱더 비참한 생활을 할 수밖에 딴 도리는 없어. 친목회 하나 없이 해고 선풍을 만나보게, 어떻게 되는가….[37]

「질소비료공장」에서 노동자들은 친목회를 조직화하기 위해 노동자의

---

37 이북명, 「질소비료공장」, 남원진 편, 앞의 책, 47쪽.

요구 조건을 적은 삐라를 배포하기도 하고 메이데이 시위를 통해 희생당한 노동자를 추모하기도 하면서 자본과 국가에 대항하는 투쟁을 전개했다. 이러한 투쟁을 형상화하는 과정에서 이북명은 공장 노동자, 공장 밖 전위 활동가, 적색노조운동의 흐름을 상호 연결함으로써 노동자들의 저항과 투쟁이 더 큰 의의를 획득할 수 있음을 시사하기도 했다. 즉 그는 일본 제국주의가 통치하고자 한 도시 흥남에 국제적인 차원의 해방적 흐름을 대치시키면서 전지구적인 대항 전선을 구축하려고 했던 셈이다. 요컨대 이북명의 「질소비료공장」은 자본과 노동이라는 상반된 힘들의 역동적 대립을 일국적 시공간을 넘어 입체적으로 형상화했다.

5. 식민지 조선의 노동소설, 그 100년의 시간

지금까지 1920~30년대에 카프에 가맹했던 작가들이 발표한 세 편의 노동소설, 즉 송영의 「용광로」, 한설야의 「과도기」, 이북명의 「질소비료공장」을 중심으로 식민지 조선에서의 노동 현실, 노동자의 삶과 투쟁을 살펴보았다. 한국이 세계자본주의 체제에 편입되면서, 한국 근대 문학은 서서히 신소설 등을 통해 근대적 노동의 의의와 노동자의 형상을 재현하기 시작했다. 다만 1920년대 중반 무렵까지 한국 근대 문학에서 노동자라는 주체성은 중심적인 역할을 부여받지 못하고 대체로 서사의 주변부 머무르곤 했다. 이러한 경향은 1925년 카프가 결성되고 그 이후 본격적으로 노동소설이 창작되기 시작하면서 크게 변화하였다. 카프의 결성에서부터 해체에 이르기는 10여 년 동안, 문학자들은 대략 100여 편에 가까운 노동소설을 창작하면서, 식민지 조선의 프롤레타리아·노동자를 주된 주체성으로 삼아 당대의 노동 현실을 생동감 있게 재현하였다. 식민지라는 조건 속에서 창작된 노동소설은 노동 및 노동자를 재현하는 가운데 일제의 식민 통치에 맞서는 대항적 기획, 자본과 국가의 결합을 토대로 그 지배력을 행사했던 제국주의에 맞서는 해방적 정치 등을 지향하였다.

송영의 「용광로」, 한설야의 「과도기」, 이북명의 「질소비료공장」 등 이 세 작품은 제국과 식민지 사이의 이주노동이 지니는 의미, 식민지로 침투한 제국주의 자본이 지니는 의의, 농민이 토지에서 분리되어 공장 노동자로 변모할 수밖에 없었던 과정, 제국주의 자본-국가의 지배와 착취, 그리고 그것에 대항하여 투쟁하는 노동자 주체성 등을 문학적으로 형상화하였다. 세 작품이 제기한 저임금 장시간 노동, 목숨을 앗아갈 정도로 열악한 노동 환경, 노동자에 대한 혐오와 차별, 인종적 분할 통치, 기술 혁신을 통한 정리해고, 노동에 대한 착취와 수탈 등의 문제는, 100년이 지난 오늘날에도 여전히 현재진행형이라고 할 수 있다. 오늘날 인공지능을 비롯한 테크놀로지의 발달로 한편으로 '노동의 종말'이 점쳐지기도 한다. 하지만 한편으로 한국의 현실은 장시간 노동과 최저임금의 문제가 여전히 사회적 이슈로 부각되고 있으며, 경제적 불황으로 인한 불안정 노동의 만연과 실업률 증가가 사람들의 일상을 잠식하고 있는 형편이다. 세 편의 소설들이 제기하고 있는 노동의 문제를 오늘날의 조건과 관점에서 재해석하고 재의미화하는 가운데, 그 속에 잠재해 있는 역사성과 현재성을 가늠해 볼 수 있기를 기대해 본다. 그것이 100년 전의 노동소설을 읽는 한 이유가 될 것이다.

카프 문학의
대중화 문제

유승환
서울시립대학교 국어국문학과 부교수

1. 들어가며

【그림 1】 도쿄에서 간행되던 『무산자』 1929년 5월호 속표지

이 글에서는 1928년에서 1930년까지 이루어졌던 카프 내부의 '대중화 논쟁'을 돌아보며, 카프 문학의 대중화 문제에 대해 간단히 논의해 보려고 한다. 카프의 대중화 논쟁이란 1928년 말 이후 카프가 주도하는 프롤레타리아 문학의 대중화를 주창한 김기진(1903~1985)이 제출한 일련의 글로 인해 촉발된 논쟁을 가리킨다. 김기진은 카프 작가들이 독자 대중을 얻기 위하여, 당대 신문연재소설과 같은 통속소설의 형식을 배워 "새로운 통속소설을 써야만 할 필요"[1]가 있다고 주장한 「문예시대관단편」(1928.11)부터 시작하여, 이후 「변증적 사실주

1 팔봉(김기진), 「문예시대관단편 (4) - 대중의 영합은 타락」, 『조선일보』, 1928.11.11.

의」(1929.2), 「대중소설론」(1929.4), 「단편서사시의 길로」(1929.5), 「프로시가의 대중화」(1929.6), 「예술운동에 대하여」(1929.9), 「예술의 대중화에 대하여」(1930.1) 등 일련의 평론들을 써 낸다. 이때 김기진의 이러한 글들은 공통적으로 프롤레타리아 문학의 대중화를 위해 문학의 형식적·기술적 요소에 대한 고려가 필요하며, 특히 이미 대중 독자들을 사로잡고 있는 통속적이고 대중적인 문학의 형식을 배울 필요가 있다는 주장을 핵심으로 한다.

이러한 김기진의 주장은 카프 내부 구성원들의 적지 않은 비판을 받았다. 특히 카프 도쿄(東京) 지부에서 활동했던 카프의 소장파 멤버들은 김기진의 이러한 견해를 혹독하게 비판한다. 김두용(1903~?), 임화(1908~1953), 권환(1903~1954) 등이 이러한 비판에 앞장선 사람들이었는데, 이들은 도쿄에서 간행되던 조선어 사회주의 잡지 『무산자(無産者)』(【그림 1】)에 참여하고 있었다는 점에서 '무산자파'라고 불리기도 한다. 김두용의 「정치적 시각에서 본 예술투쟁(1929.5), 임화의 「탁류에 항하여」(1929.8)와 「김기진군에게 답함」(1929.11), 권환의 「무산예술운동의 별고와 장래의 전개책」(1930.1)과 「조선예술운동의 당면한 구체적 과제」(1930.9) 등이 김기진이 주창한 대중화론에 대한 이들의 비판을 담고 있는 글이다. 대체로 이들은 김기진의 대중화론을 '대중추수적'인 것, 즉 대중의 저속한 취향에 영합하여 프롤레타리아 예술운동을 퇴보시키는 것으로 비판했으며, 동시에 프롤레타리아 작가들이 프롤레타리아·농민 등 대중들의 조직적인 운동과 보다 긴밀하게 결합하여, 대중들을 이끄는 선각한 노동자, 즉 소위 '프롤레타리아 전위'의 시각으로 현실을 바라보는 보다 정치적인 문학이야말로 프롤레타리아 문학 대중화의 지름길이자 유일한 길이라고 주장했다.

이러한 카프 내부의 대중화 논쟁은 카프 조직 내부에서 카프 동경 지부 출신의 보다 급진적인 '무산자'파가 대두하는 계기가 되었으며, 때문에 이들의 주도로 1930년 전후에 이루어진 카프의 소위 '제2차 방향전환', 즉 '볼셰비키화'를 예고하는 사건으로 이해되는 것이 일반적이다. 실제로 김기진과 무산자파의 대립이라는 논쟁의 구도는 경성의 카프 지도부와 도쿄 지부의 '무산자'파의 대립, 문학의 상대적 자율성을 옹호하는 문학주의와 문학의 정치성을 강조하는 정치주의의 대립, 상대적으로 온건한 카프 내 우파적 경향과 상대적으로 급진적인 카프 내 좌파적 경향의 대립으로 읽힐 수 있는 소지가 다분하기도 하다.

하지만 카프의 대중화 논쟁은 조직 내부의 의견차라는 차원을 넘어, 상당히 복잡한 맥락과 시사점을 가지고 있기도 하다. 우선 이야기할 수 있는 것은 대중화 논쟁이 나타난 배경이다. 1928년의 시점에서 프롤레타리아 문학 대중화론이 논의되기 시작한 것에는 적어도 네 가지 정도의 배경이 있다. 우선 첫째, 1928년에 들어서며 실제 사회주의 정치 운동, 즉 조선공산당이나 소련이 주도하던 공산주의 단체 연합체인 코민테른에서 조선 공산주의 운동의 급선무를 대중 운동의 확대, 즉 "대중과 보다 밀접한 관계"를 확보하는 것으로 상정했다는 점[2], 둘째, 일본 프롤레타

---

2 김철, 「예술대중화 논쟁의 배경에 대한 일고찰」, 『청람어문교육』 1권 1호, 청람어문학회, 107~108쪽.

리아 문학 운동 진영에서 1928년 하반기에 나가노 시게하루(中野重治), 구라하라 고레히토(蔵原惟人), 하야시 후사오(林房雄) 등에 의해 프롤레타리아 문학의 대중화에 관한 논쟁이 나타났다는 점[3], 셋째, 1928년 제3차 · 제4차 조선공산당이 일본 경찰의 검거로 인해 와해되고, 조명희(1894~1938)와 같은 카프의 중요한 작가가 1928년 일본의 탄압을 피해 망명하는 등 사회주의 운동에 대한 탄압이 심해지고, 이에 따라 프롤레타리아 문학에 대한 검열이 더욱 혹독해졌다는 점은 모두 이 시기 대중화 논쟁의 직접적인 배경이라고 볼 수 있다.

특히 이 중 세 번째, 즉 프롤레타리아 문학에 대한 검열의 강화는 김기진이 대중화론을 제기하며 카프 문학 운동의 새로운 방향을 제안했던 직접적인 이유에 해당한다. 실제로 김기진은 어떤 글에서 "지금은 우리의 곁에 없는 조군"[4]을 거론하는 등 조명희의 망명에 대해 상당한 충격을 받은 것으로 보이기도 하는데, 그의 다음과 같은 진술은 김기진의 대중화론이 사실은 어떠한 맥락에서 제출된 것인지를 분명하게 드러낸다.

> 지금이야말로 우리들의 문예운동은 극도의 곤란한 객관적 정세 하에서 자신을 발견하게 되었다. 온갖 조직적 집합적 활동을 우리들의 운동에서 거세하여 버린 ……[인용자: 검열을 의식하여 숨긴 부분]은 최후로 우리의 작품까지 질식하게 만들며 있다. 우리들은 소위 문예의 붓까지

---

3 김윤식, 『한국근대문예비평사연구』, 한얼문고, 1973, 82~85쪽.

4 김팔봉(김기진), 「예술운동에 대하여 (1)」, 『동아일보』, 1929.9.20.

꺾어 버리고 말아야 옳을 것인가? 저들로부터 던지어진 조건 안에서라도 우리들은 당면의 행동을 취하여야 옳을 것인가?

- 팔봉(김기진), 「문예시대관단편 (9) - 약간의 결어(結語)」, 『조선일보』, 1928.11.20. (강조는 인용자가 한 것이며, 이후로도 마찬가지임)

말하자면 김기진의 대중화론은 단지 카프 문학의 독자 대중을 어떻게 확대할 수 있을지에 대한 고민에서만 나오지는 않았다. 보다 직접적인 동기는 카프 문학에 대한 검열과 탄압이 심해진 상황에서 어떻게 하면 프롤레타리아 문학을 계속 쓸 수 있을지에 대한 고민이다.[5] 이때 그의 글이 논란을 일으킨 이유는 김기진이 이를 위해 카프 문학의 사상적·형식적 수준을 당대 대중 독자의 눈높이를 고려하여 낮추어야 한다고 주장한 데 있다. 이러한 생각은 다른 글에서는 "극도로 재미없는 정세에 있어서 우리들의 "연장으로서의 문학"은 그 정도를 수그려야 한다"[6]라는 식으로 보다 분명히 나타나기도 하는데, 김기진의 대중화론에 대한 무산자파의 반론은 바로 이 부분을 직접적인 공격의 대상으로 삼는다.

다른 한편, 카프 문학의 대중화론이 제기된 보다 근본적인 배경으로 당대 프롤레타리아 대중의 문해력과 문화 자본의 문제를 이야기할 수 있다. 프롤레타리아 문학을 표방하는 카프 문학이 그 독자로서 노동자·농민을 포함한 프롤레타리아 대중을 상정한다는 것은 너무나 당연한 일이

5 김기진의 대중화론이 당대 검열 문제와 가지는 관련성에 대해서는, 한기형, 「선전과 시장」, 『대동문화연구』 79호, 성균관대학교 대동문화연구원, 2012, 참조.

6 팔봉(김기진), 「변증적 사실주의 (1)」, 『동아일보』, 1929.2.25.

다. 하지만 문제는 충분한 교육을 받지 못해, 심지어 글을 아예 읽지 못하는 사람도 적지 않은 식민지 조선의 프롤레타리아가 실은 카프 문학을 읽지 못한다는 점이다. 김기진 스스로는 이 문제를 "농민과 노동자의 대다수는 어떤 사회에서든지 지금까지 그들이 문학 독자이었던 적이 없다"[7]라는 말로 제시하고 있지만, 물론 이는 김기진 혼자서 고민한 문제는 아니었다. 대중화론이 본격적으로 제기되기 이전의 시점에서도 이미 카프의 다른 비평가들 또한 다음과 같이 문학을 읽지 못하거나 이해하지 못하는 독자 대중을 문제 삼고 있었다.

> 우리의 XX의 예술은 XX에게 침투시키는 데 있어서는 먼저 그것이 노동자 농민의 자기 자신의 예술이 되지 않으면 안된다. 다시 말하면 그들이 이해할 수 있는 예술 또 그것이 노동자 농민에게 맞이하는 한에서만 그들의 예술이 될 수 있기 때문이다.
>
> - 장준석, 「왜 우리는 작품을 쉽게 쓰지 않으면 안되는가?」, 『조선지광』 78호, 1928.5, 78쪽)

> 우리 조선은 그것이 XXX인만큼 XXXX게 교양이 없다. 따라서 우리 조선XXXXX는 정치신문이나 XXX문 같은 것을 읽을 능력이 없는 것과 같이 소설, 희곡, 시 등을 읽힐 수는 없는 것이다. 따라서 아지의 유일 최선의 방법은 언어와 구체적 표현-그것도 아주 알기 쉽게해야 된

7 팔봉(김기진), 「감상을 그대로 (2)」, 『동아일보』, 1927.12.11.

다-을 빌려서 할 수밖에 없을 것이다. 그의 구체적 예를 2, 3 들 것 같으면 간단한 시를 읽는다든지 XXXXXX 알기 쉬운 포스터를 그려 붙인다든지 간단히 연극을 한다든지 할 수가 있을 것이다.

- 이북만, 「사이비 변증론의 배격」, 『조선지광』 79호, 1928.7, 71쪽

이렇게 본다면 카프의 대중화론은 단순히 카프 문학이 대중들의 호응을 받기 위해 어떤 형식으로 쓰여야 하는가 하는 기술적인 문제에 머무르지 않는다. 김기진은 이 문제를 계속해서 문학의 형식에 대한 기술적인 문제로 끌고 가려고 하고 있지만, 사실상 이 문제는 일차적으로 식민지의 정치적 억압과 검열에 대해 카프 문학이 어떻게 대응해야 하는지의 문제이며, 보다 근본적으로는 카프 문학을 포함한 근대 문학의 독자로서 철저하게 소외되고 있는 식민지 조선의 독자 대중들 그 자신의 문학을 어떻게 수립할 수 있을지의 문제이기도 하다.

특히 후자의 문제의 경우, 한국의 근대 문학 자체가 가진 중요한 한계로서, 엘리트 중심의 문학이라는 한계를 어떻게 넘을 수 있을지에 대한 고민을 포함하고 있기도 하다. 이를테면 우리는 이인직, 이광수, 김동인, 주요한, 염상섭과 같은 한국 근대 문학의 초창기 개척자들이 예외없이 일본 유학생 출신의 고학력 문화 엘리트라는 점, 이 점에서 이들의 문학이 식민지 대중들의 삶의 현장과 유리되어 있으며, 때때로 지적·문화적 위계에 근거하여 식민지 대중들에 대한 경멸적 시선을 드러내기도 한다는 점을 떠올릴 필요도 있겠다. 카프 문학이 프롤레타리아, 즉 식민지 조선의 무산자 대중들의 문학을 표방하며 한국문학의 엘리트 중심성을 넘

으려고 했다는 점은 어떻게 본다면 카프 문학 운동 전체가 가지는 가장 중요한 의미로서, 지금도 여전히 유효한 문제 제기일 수 있다.

흥미로운 점은 카프의 대중화 논쟁을 포함하여, 카프 문학의 대중화를 위한 여러 논의와 실천적 시도들이 한편으로는 대중들이 현재 향유하고 있는 엘리트 중심의 근대 문학과는 조금 다른 문학적·문화적 양식들을 새로운 관점에서 바라보며, 동시에 이를 통해 '문학'의 경계와 의미를 다시금 설정하려는 시도를 보여 준다는 점이다. 실제로 대중화 논쟁 이후 나타나는 카프 문학의 대중화를 위한 실제의 여러 시도는 김기진이 제기한 것과는 조금 다른 맥락에서 새로운 문학 미디어 혹은 문학의 새로운 생산과 유통의 구조를 상상하기도 한다. 이는 문화적 엘리트로서의 작가가 생산하는 근대 소설, 근대 시라는 전형적인 근대 문학을 넘어, 문학의 장에서 소외된 식민지 대중 '그 자신의 문학'을 새롭게 구성하려는 시도이기도 하다. 이 글은 바로 이러한 식민지 무산자 대중 '그 자신의 문학'을 상상하려는 시도들을 카프 문학의 가장 중요한 성과 중 하나로 평가하는 입장에서, 카프의 대중화 논쟁의 양편에 섰던 김기진과 무산자파의 논의의 의미와 한계를 검토하는 동시에, 카프 문학의 대중화를 위한 구체적인 실천들 속에서 나타난 새로운 문학 미디어에 대한 상상의 사례를 살펴보려 한다.

2. 프롤레타리아를 위한 통속·대중문학의 제안 – 김기진의 대중화론

앞에서 잠깐 이야기했지만, 김기진이 제안한 대중화론이란 정치적 탄압과 검열이라는 현실적 조건 속에서 프로 문학이 독자 대중을 획득할 수 있는 방안을 강구한 것으로서, 간단히 말한다면 독자 대중들의 큰 호응을 얻고 있는 대중문학의 형식이나 구조, 소재와 정서 같은 것을 연구하여 이를 카프 작가들이 창작하는 프롤레타리아 문학에 적용해야 한다는 것이다. 이를테면 프롤레타리아 소설 창작에 있어 김기진의 주문은 이미 독자 대중들에게 큰 인기를 얻고 있는 통속소설·대중소설의 형식과 내용을 적극적으로 참고하면서 그러한 형식과 내용 속에 마르크스주의적·프롤레타리아적인 이념과 제재를 넣어야 한다는 것인데, 이는 곧 대중들의 흥미에 부합하는 마르크스주의적 통속소설과 프롤레타리아적 대중소설을 창작해야 한다는 요구이다.

김기진은 이러한 카프 버전의 통속·대중소설이 만들어져야 할 필요성을 두 가지 점에서 찾는다. 하나는 독자들을 사로잡고 있는 통속소설·대중소설의 해악으로부터 독자들을 구하기 위해서이다. 지금의 관점에서 통속소설이라는 개념과 대중소설이라는 개념이 비슷하거나 상당히 겹쳐 보이는 것과 달리, 조금 뒤 더 자세히 이야기하겠지만, 이 시기의 김기진은 대중소설과 통속소설을 분명히 구분하였다. 하지만 김기진에게 있어 이 두 가지는 독자들의 의식을 마비시킨다는 점에서 비슷한 기능을 한다. 주로 인기 작가의 신문연재소설을 의미하는 통속소설이 기본적으로 부르주아 문학으로서 독자들을 부르주아적인 의식에 '감염'시킨다면, 소위 '딱지본' 단행본으로 유통되는 낡디 낡은 한글고전소설이나 신소설을 의미하는 대중소설은 독자들을 "봉건적 퇴영적 취미와 숙명론적 사상과 지배자에 대한 봉사의 책임과 노예근성과 몽환의 향락"[8]에 빠뜨리는 무시무시한 '마취제'와 같다. 이 점에서 프롤레타리아 문학은 독자 대중들을 통속소설로부터 격리하거나, 대중소설로부터 구출해야 한다. 김기진의 아래와 같은 설명들은 이러한 생각을 잘 보여 준다.

> 대중을 부르주아 문예 내지 프티부르주아문예의 감염으로부터 격리하고 예술의 형식을 통하여 현실의 모든 기만과 불합리를 폭로하고 그들의 불평과 불만을 추출, 응결하여 진실 프롤레타리아 의식의 전취(戰就)에 인도하며 나아가서는 조직XX에까지 앙양하기 위하여 있는 것이니 맑스주의 문예는 무엇보다 첫째 독자대중을붙잡지 않으면 안된다. 이 의미에 있어서 맑스주의문예가의 통속소설로의 진전은 필요하다.
>
> - 팔봉(김기진), 「문예시대관단편 (4) - 대중의 영합은 타락」, 『조선일보』, 1928.11.13

> 프롤레타리아 소설 뿐만 아니라 현단계에 있어서 프롤레타리아 예술운동의 당면임무가 대중을 모든 마취제로부터 구출하여 그들의 의식

8 팔봉(김기진), 「대중소설론 (2)」, 『동아일보』, 1929.4.15.

을 앙양, 결정케 함에 있음은 대중소설의 규정에서 말한 바와 같다.

- 팔봉(김기진), 「대중소설론 (3)」, 『동아일보』, 1929.4.16

한편 김기진의 대중화론에서 카프판 통속소설과 대중소설이 만들어져야 하는 또 하나의 이유는 카프의 프롤레타리아 문학이 대중의 호응을 얻기 위해서는 대중의 '기호'와 '흥미'를 만족시켜야 하기 때문이다. 그런데 현재 대중의 '기호'와 '흥미'를 만족시키고 있는 것은 독자 대중들에게 인기가 있는 통속소설과 대중소설 뿐이다. 그러므로 카프의 소설은 원래의 통속소설과 대중소설을 대체해야 하지만, 그러한 대체가 이루어지기 위해서는 다시 카프의 소설 자체가 통속소설·대중소설이 되어야만 한다는 것이다. 아래에 있는 김기진의 말을 참고해 보자.

이 임무를 수행하려면 독서대중에게 우리들의 작품이 들어가야만 할 것이 선행요건이다. 그렇게 하자면 작품의 보급 배부와 선전의 힘도 필요할 것은 물론이려니와 작품 그 자체가 그들을 끄는 힘이 있어야 할 것은 그보다 더 "물론"이어야 한다. 그러면 이 힘은 어떻게 하면 생길까? 여기서 비로소 현존 대중의 기호로 우리들의 작품을 가지고 강하하지 않으면 안될 직접 문제가 출발한다. 그들의 기호에 조금이라도 영합되는 점이 없으면 작품이 작품으로서 그들을 끄는 힘이란 있을 수 없다.

- 팔봉(김기진), 「문예시대관단편 (5) - 대중의 영합은 타락」, 『조선일보』, 1928.11.14

우리의 대중소설은 무엇보다도 그들의 약점=그 "흥미"를 붙잡지 않고서는 그들 속으로 들어가기 어렵다. … 아직 그들로 하여금 의식적으로 접근하여 오도록 되지 못한 현재에 있어서는 우리의 대중소설이 그들에게로 접근할 수 있는 길은 오직 그들의 얼마 안되는 『흥미』를 붙잡는 길 밖에 없다.

- 팔봉(김기진), 「대중소설론 (4)」, 『동아일보』, 1929.4.17

독자를 부르주아 의식(통속소설) 혹은 봉건적 의식(대중소설)에 감염시키는 통속소설, 대중소설을 대체하기 위해 카프의 통속소설, 대중소설이 필요하며, 다시 카프의 통속소설, 대중소설은 독자의 관심을 얻기 위해, 이미 독자의 관심을 얻고 있는 통속소설, 대중소설을 배워야 한다는 김기진의 논리를 어떻게 이해해야 할까? 이러한 논리는 일면 그럴듯해 보이기도 하지만, 생각해 보면 치명적인 위험성을 가지고 있기도 하다. 카프의 소설이 통속소설, 대중소설을 배우는 과정에서 다시 또 하나의 통속소설, 대중소설로 전락해버릴 가능성이 있기 때문이다. 이 점에서 김기진의 통속·대중소설론은 대단히 양가적이다. 그러니까 김기진에게 있어 식민지 조선의 독자들이 사랑하는 통속·대중소설은 한편으로는 극복의 대상이면서, 다른 한편으로는 배움의 대상이기도 하다. 그렇다면 이렇게 애매한 태도를 취하는 것보다 이러한 재래의 문학과의 관계를 재빨리 끊어버리고 식민지 조선의 독자를 사로잡을 수 있는 새로운 프롤레타리아 문학의 형태를 곧바로 상상하는 것이 훨씬 더 빠른 길일 수도 있다는 상상을 하는 것 또한 자연스러운 일이다.

하지만 김기진의 이러한 양가적이며 애매한 태도는 식민지 조선의 독자 대중에 대한 그 나름의 발견에서 출발하는 것이기도 하다. 그것은 식민지 조선의 대중 독자들에게도 그 나름의 확고한 취향과 정서가 있으며, 때문에 그러한 취향과 정서에 근거한 '대중들의 문학'이 존재한다는 것이다. 다시 말해 식민지 조선의 노동자·농민 대중 독자들은 비록 카프 작가들의 입장에서는 인정하기 힘든 문학이지만, 그들 나름의 문학을 가지고 있고, 그러한 문학이 그들의 문학이 되는 필연적인 이유가 존재한다는 것이다. 앞서 언급했던, 1927년 김기진의 "농민과 노동자의 대다수는" "문학 독자이었던 적이 없다"라는 발언을 기억한다면, 이러한 발견이 얼마나 중요한 발견인지 생각해 볼 수 있다. 그들에게는 그들 나름의 문학이 있고, 그러한 문학이 그들의 문학이 되는 필연성도 존재한다. 그렇다면 그러한 문학의 존재와 가치를 무시한 상태에서 카프 문학의 대중화는 쉽지 않다는 김기진의 판단을 다시 한 번 생각해 볼 수 있다.

이러한 점에서 본다면 특히 김기진의 '대중소설론'은 '통속소설론'보다 훨씬 더 멀리 나아간 것이기도 하다. 김기진이 말하는 대중문학이란 근대 문학의 전개 과정에서 통속문학보다 훨씬 더 멸시받았고, 근대 문학사의 전개 과정에서 아예 '문학'으로서 쉽게 인정되지 못했던 것이기 때문이다. 김기진이 말하는 통속소설이란 주로 이광수와 최독견과 같은 당대의 인기 작가들이 인기리에 연재했던 신문연재소설을 가리킨다. 이러한 신문연재소설들이란 그 대중적 인기와는 반대로 카프 쪽의 평론가들은 물론, 일반적인 근대 작가 및 평론가들에게 있어서도 상업적인 문학으로 취급받으며 그다지 높게 평가받지 못했던 작품들이다. 그럼에도 이러한 '통속소설'은 어디까지나 근대 작가에 의해 쓰이며, 신문이라는 근대 매체를 통해 발표된다는 점에서 근대 문학의 일원으로 인정받았다. 하지만 김기진이 말하는 '대중소설'은 "재래의 소위 "이야기"책이라는 옥루몽, 구운몽, 춘향전, 조웅전, 유충렬전, 심청전 가튼 것"에 "이것들 외에도 추월색이니 강상루니 재봉춘이니 하는 20전, 30전 하는 소설책"으로, "울긋불긋한 표지에 4호 활자로"(즉, 매우 큰 글씨로) 인쇄한 "백 매 내외의 소설"들을 이야기한다. 문제는 이러한 '대중소설'이 "고담책", "이야기책"이라는 이름으로 불리며 "문학의 권외에 멀리 쫓기어 온 것이 사실"이라는 점이다.[9] 즉, 한글고전소설을 중심으로 1910년대에 창작된 상업적 신소설을 포함하는 이러한 소설들은 '이야기책'이라는 이름으로 불리며 근대적인 '문학'의 범주에 포함되지 못했다.

김기진 스스로도 '통속소설론'에서는 이러한 "소위 신소설책이라는 유상무상의 졸작과 번안은 비록 많은 독자가 있는 모양이나 제외하고"[10] 논의하려는 태도를 취했다. 하지만 약 5개월 뒤 그는 '대중소설론'의 서두에서 바로 이러한 '이야기책'이 다름 아닌 노동자·농민을 사로잡고 있는 '대중소설'이라는 점을 공들여 서술한다. 이러한 소설들은 "신문지에서 길러낸 문학의 사도들의 통속소설보다도" "훨씬 더 놀라울만큼 비교할 수도 없게 대중 속에 전파되어" 있다. 이 부분에서 김기진은 바로 이러한 소설이 대중 독자들의 문학이라는 점을 인정해야 한다는 것, 즉 "이미 오

---

9 팔봉(김기진), 「대중소설론 (1)」, 『동아일보』, 1929.4.14.

10 팔봉(김기진), 「문예시대관단편 (1) - 통속소설소고(상)」, 『조선일보』, 1928.11.9.

래 전부터 대중소설이 존재하여 왔다는 것을 시인해야 한다"[11]는 것을 분명하게 말하고 있다.

이러한 점에서 김기진의 대중화론은 상이한 매체와 독자로 분리되어 있는 조선의 문학적 상황에 대한 예리한 관찰과 함께, 종래의 카프 문학을 포함하고 있는 근대 문학의 영역에서 배제되어 있지만, 사실은 근대 문학보다 훨씬 더 넓은 범위의 독자 대중을 확보하고 있는 '대중문학'의 영역에 대한 발견에 기초한다. 소설을 가지고 말한다면, 김기진이 파악하고 있는 바, 조선의 소설이란 크게 세 가지 정도로 나뉜다. 하나는 '예술소설'로서 이것은 "신문예운동이 발기한 뒤에 문예의 사도들"이 만들어 냈지만, 대체로 그 독자란 "문학청년이라는 이름으로 포괄할 수 있는 특수한 부분의 사회층"[12]에 그친다. 종래의 카프 문학이 주창한 프롤레타리아 문학 또한 근본적으로는 이 부류에 들어가겠지만, 이러한 문학의 독자 또한 사실은 "다소 학문이 있고 문학적 수양도 있고 사회의식 시대의식에 대한 각성도" 있는 소수의 "각성한 노동자, 진취적 학생, 실업 청년, 투쟁적 인텔리겐챠" 정도에 머문다.[13] 다음으로 주로 신문연재소설의 형태로 유통되는 '통속소설'이 있는 바, 이러한 소설은 "보통인의 견문과 지식의 범위"[14]를 넘지 않기 때문에 그 독자 또한 "보통인의 견문과 지식과 사상 감정 취미의 수준"에 머물고 있는 사람들로서, "부인, 소학생, 봉

---

11 팔봉(김기진), 「대중소설론 (1)」, 『동아일보』, 1929.4.14.
12 팔봉(김기진), 「대중소설론 (1)」, 『동아일보』, 1929.4.14.
13 팔봉(김기진), 「문예시대관단편 (9) - 약간의 결어」, 『조선일보』, 1928.11.20.
14 팔봉(김기진), 「문예시대관단편 (2) - 통속소설소고(중)」, 『조선일보』, 1928.11.10.

【그림 2】 구활자본 소설 표지 사례(『미인의 루』, 박문서관, 1921, 도야마대학 소장본). 이러한 울긋불긋한 표지 때문에 '딱지본'이라는 이름이 붙었다.

건적 이데올로기를 가지고 있는 노년, 청년, 농민 대중이 그 구성분자"에 해당한다.[15] 마지막이 바로 '대중소설'인데, 실은 이러한 대중소설이야말로 실은 대다수의 "노동자와 농민의 소설"이다.[16] 특히 김기진의 대중소설론은 울긋불긋한 표지로 발행되는, 그래서 소위 '딱지본'(【그림 2】)이라고 불렸던 이야기책들이 사실은 대중의 취향과 의식을 장악하고 있다는 점에 대한 위기감 속에서 전개된 것이기도 하다. 적어도 김기진이 보기에는 이러한 소설들이 이미 오래 전부터, 그리고 지금까지도 노동자와 농민, 즉 카프 문학이 그 이상적 독자로 삼고 있는 식민지 대중 독자들을 장악하고 있다는 점을 무시하고서는 카프 문학의 대중화는 불가능하다. 이 점을 김기진은 다음과 같이 분명히 선언하고 있다.

> 그들의 겨우 이만한 소설에 대한 흥미가 놀라지 마라! 춘향전, 심청전, 구운몽, 옥루몽 등의 이야기 책이 또는 이 외의 10여종의 이야기책이 각각 1년에 적어도 만여권씩 판매되는 출판계의 현상으로 나타나고

---

15 위의 글.

16 팔봉(김기진), 「대중소설론 (2)」, 『동아일보』, 1929.4.15.

있다. 이 사실을 무시하고서 우리들의 이론을 추출할 수 없다.

- 팔봉(김기진), 「대중소설론 (4)」, 『동아일보』, 1929.4.17.

바로 이러한 점에서 김기진의 대중화론은 카프 문학을 포함한 근대문학이 버려두었던 이러한 대중적인 문학의 영역을 발견하고, 이에 대한 실천적 개입을 요구한다. 그 구체적 방법은 지금까지 몇 차례 이야기했던 것과 같이 마르크스주의의 '이데올로기'를 통속소설, 대중소설의 형식에 담아낼 것을 요청하는 것으로, 이러한 점에서 김기진의 대중화론은 프롤레타리아 문학의 형식적·기술적 측면에 대한 논의의 형태로 전개된다. 김기진이 제안하는 카프 버전의 통속소설·대중소설은 생각보다 원래의 통속소설·대중소설과 훨씬 닮아있다. 이를테면 김기진은 '마르크스주의적 통속소설'의 요건으로 ①연설체를 피하고 객관적으로 표현하고, ②문장은 평이하고 간결하게 써야 하며, ③제재는 '보통인의 견문과 지식'에 호소할 수 있는 것, 즉 돈과 사랑 때문에 생기는 갈등 혹은 남녀와 고부와 부자 간의 갈등을 취하되 ④다만 갈등의 사회적 원인을 드러낼 것, 즉 사건을 "유물사관을 가지고서" 볼 것[17]을 제안한다. 이 중 ①~③은 김기진이 파악하고 있는 바, 종래의 통속소설의 성격을 그대로 가지고 온 것이며, 카프의 프롤레타리아 문학이 새롭게 고쳐야 하는 부분은 ④ 정도에 그친다.

대중소설에 있어서도 기본적으로 마찬가지이다. 김기진은 카프의 대

17 팔봉(김기진), 「문예시대관단편 (6) - 우리들의 견해(상)」, 『조선일보』, 1928.11.16.

중소설을 위해 ①문장은 평이하게 쓰되 운문으로 쓸 것, ②한 구절을 너무 길게 서술하지 말 것, ③묘사와 설명은 간결하게 하며, 성격 묘사보다 인물의 상황을, 심리 묘사보다 사건 설명을 중요시할 것, ④제재는 노동자와 농민들의 일상견문의 범위 내에서 취하되 ⑤"물질생활의 불공평과 제도의 불합리로 말미암아 생기는 비극을 주요소로" 삼고 ⑥남녀, 고부, 부자 간의 충돌을 다루되, "반드시 신사상의 승리"로 끝맺을 것[18]을 요구한다. 이 중 ①~④의 경우는 재래의 대중소설의 특징을 그대로 가져오자는 제안이며, 카프의 이념이 개입될 수 있는 부분은 사실상 ⑤와 ⑥의 일부에 그치는 정도이다.

김기진이 제안하는 카프 버전 통속소설·대중소설이 이처럼 당대 대중문학의 형식과 제재를 거의 그대로 수용하며 이에 대한 매우 소극적인 변개만을 주장한다는 점에서, 김기진의 제안이 실제로 카프 문학의 대중화를 위한 실질적인 제안이 될 수 있었는지는 미지수이다. 실제로 김기진에 대한 반론들은 이러한 김기진의 제안을 프롤레타리아 문학의 타락을 외치는 것에 불과하다고 본 측면이 있다. 그럼에도 불구하고 김기진의 대중화론은 나름대로의 의미를 가지고 있다.

무엇보다 먼저 김기진의 논의는 한국근대비평사에 있어 최초의 본격적인 대중문학론으로서, 근대적인 '문학'의 자리에서 배제된 대중의 '문학'을 새롭게 발견하고 있으며, 동시에 이렇게 새롭게 발견한 대중문학을 누구보다도 상세하게 분석하고 있다는 점에 그 의미가 있다. 통속·대

---

18 팔봉(김기진), 「대중소설론 (6)」, 『동아일보』, 1929.4.19.

중소설에 대한 김기진의 분석은 이러한 소설의 제재, 구성, 문체 등은 물론이고, 심지어 표지 디자인이나 활자 크기와 같이 책의 물질적 형태를 결정하는 조판의 문제까지도 다루고 있다. 뿐만 아니라 김기진은 이러한 대중문학 발생의 근거가 되는 사회적 상황 및 이와 조응하는 대중의 심리에 대한 인식에까지 이르고 있다. 이를테면 김기진은 이광수와 같은 작가의 '통속문학'이 보여 주는 감상주의(센티멘털리즘)에 독자들이 호응하는 이유를 다음과 같이 분석하는데, 이러한 분석은 곧 식민지 조선의 대중들이 통속소설 혹은 대중소설을 그 자신의 문학으로 삼는 필연성에 대한 인식으로 이어지기도 한다.

> 춘원의 소설의 최대의 무기는 사랑하고 탄식하고 감사하고 슬퍼하고 기도하고 원망하는 것의 연쇄인 센티멘털리즘에있다. 일반의 지식 수준이 얕고 일상생활의 외위(外圍)에서 불가항력의 초인간력(超人間力)을 부절히 느끼어오고 따라서 숙명적 배신적(拜神的) 사상에 감염을 오래 동안 당하여 온 특정한 사회의 보통인의 보통 감정은 일양(一樣)으로 센티멘털리즘 아닌 것이 없다. … 그리하여 센티멘털리즘은 현재의 조선 사람의 보통 감정이오 춘원의 소설은 이 조류에서 최대의 풍속을 가지고 항행을 하여왔다.
>
> - 팔봉(김기진), 「문예시대관단편 (1) - 통속소설소고(상)」, 『조선일보』, 1928.11.9

이러한 점에서 김기진의 대중화론은 단지 그 시대에 존재하던 대중문학의 형식을 파헤치는 데 그치지 않고 식민지 조선 대중이 향유했던 문화적 영역 및 그 기반이 되는 대중의 취향과 감정을 발견한다. 물론 통속소설과 대중소설을 비판하고 극복하려는 김기진의 입장에서 이는 그대로 인정될 수만은 없다. 그렇기에 김기진은 이러한 대중이 향유하는 문화적 영역을, 레이먼드 윌리엄스가 지적했듯이, 과거의 문화가 현재의 문화적 과정에서 여전히 능동적인 문화적 요소로 남아있는, 일종의 '잔여문화(the residual)'로서 발견하고 그러한 문화적 영역에 대한 카프의 능동적 개입을 요청한다. 특히 대중소설을 다루면서 김기진은 그것이 오늘의 대중소설이 아니고 과거의 대중소설임을[19] 분명히 한다. 이러한 인식은 한편으로 대중문학·문화의 영역에 대한 카프의 개입이 필요하거나 가능한 근거이기도 하며, 동시에 그러한 개입의 방법 자체를 암시하기도 한다. 문화는 현실의 변화와는 별개로 전승되고 반복되며, 따라서 어떠한 새로운 문화도 전시대의 문화와 관계를 맺으며 그것을 부분적으로 전승하게 된다는 다음과 같은 인식이 그것이다.

> 생활의 영역에서는 이미 형해도 찾아 보지 못하게 된 과거의 어떤 종류의 기구가 현실의 인간들의 뇌리에서는 오랫동안 죽지 않고 있는 사실을 우리들은 빈번히 볼 수 있다. 지금의 어린 사람들도 옛날의 암행어사 이야기 과거 보는 이야기를 들을 것 같으면 적지 아니한 흥미를 느끼는 것은 그 일례일 것이다. … 기록과 유산에 의하여 관념이 용이히 전승되어서 그것이 대대로 반복되고 또 반복되는 까닭이다. 그리

19 팔봉(김기진), 「대중소설론 (2)」, 『동아일보』, 1929.4.15.

하여 이러한 반복 작용은 사회적 평화가 착란되고 구생활양식이 완전히 사회로부터 소멸되고 새로운 생활의 지표가 성립되는 때에 비로소 자연 소멸되는 것이라고 보는 것이 가하다. 즉 다시 말하면 일반의 견문과 지식범위와 그 외의 모든 것은 항상 부절히 유동전변되는 일방으로는 또한 이러한 관념의 반복 작용이 있다는 것이다. 그럼으로 1에서 10까지 아주 새로운 것이란 있을 수 없다. 모든 신시대의 사물은 비록 적은 부분이나 … 전시대의 어떤 것을 전승하고 있는 것이다.

– 팔봉(김기진), 「문예시대관단편 (3) – 통속소설소고(하)」, 『조선일보』, 1928.11.11

김기진의 이러한 생각은 곧 문화의 자율성과 연속성에 대한 그의 새로운 인식을 명확히 보여 준다. 이를테면 식민지 조선의 자본주의적 질서의 강화와 그로 인한 계급투쟁의 발생이 그에 대응되는 자본주의 사회의 문화와 계급투쟁의 문화 형성과 곧바로 이어지지 않을 수 있으며, 그에 따라 계급 의식의 형성도 지체되거나 심지어 이루어지지 않을 수도 있다. 실제로 김기진이 말하는 '대중소설'들이 보여 주듯이 전대 사회의 문화적 산물들은 일종의 잔여문화로서 대중들의 취향과 밀착되어 여전한 영향력을 행사할 수도 있다. 때문에 이러한 자율적인 문화의 영역에 개입하기 위한 문화적 실천은 현존하는 문화적 형식들과의 연속성을 염두에 두며, 그것을 한편으로는 전승하며, 다른 한편으로는 개량하는 형태로 이루어져야 한다는 것이 김기진의 생각에 가깝다. 때문에 이러한 김기진의 사유는 프롤레타리아 문학 진영이 흔히 빠지기 쉬웠던 함정인 도식주의 –즉, 자본주의적 질서의 강화와 같은 사회적 변화가 곧 문화적 산물들의 형식과 내용을 그대로 결정한다는 생각- 를 넘는 실질적인 문학사 인식의 가능성의 단초를 제공하며, 동시에 이를 통해 프롤레타리아 문학의 형식 문제를 다시금 논의할 수 있는 계기를 제공한다. 즉, 김기진이 1927년의 내용-형식 논쟁에서 프롤레타리아 문학에 있어서도 형식과 기술의 문제가 중요하다는 원론적 입장에 서는 데 그치고 말았다면, 1928년 이후 대중화 논쟁 당시의 김기진은 전대의 문학사적 유산과 맺고 있는 관계를 바탕으로 프롤레타리아 문학의 형식 문제를 새롭게 논의할 수 있는 가능성을 바로 이러한 문화의 자율성과 연속성에 대한 인식을 바탕으로 도출할 수 있었다.

하지만 김기진의 대중화론은 몇 가지 중요하고 근본적인 한계를 가지고 있기도 하다. 먼저 김기진이 대중적인 문화의 영역을 발견하고 있음에도 불구하고, 이러한 대중문화를 향유하는 대중들의 문화적 수준에 대해 근본적인 불신을 보여 주고 있으며, 특히 이러한 불신이 교양과 지식의 수준 차이, 즉 대중들이 가지고 있는 문화자본에 근거한 문화적 위계화의 논리를 따르고 있다는 점이다. 간단히 말해, 김기진에게 있어 대중소설이란 근본적으로 무식하고 교양없는 대중들이 향유하는 저급한 문화적 양식일 뿐이다. 이를테면 대중소설의 필요성을 언급하고 있는 다음과 같은 진술에서 김기진은 '상층'의 대중과 '하층'의 대중을 명확히 구분하며, 대중소설이 교양이 부족한 사람들을 위한 문학이라는 점을 명백히 한다.

> 대중 중에는 일반적 교양의 차이(문자 급 기타 상식의 차이)와 특수적 교

> **양의 차이**(문예적 취미와 계급적 의식의 차이)로 말미암아 그 정도에 의하여서 **상층과 하층을 스스로 구별할 수 있다.** … 상층에 처하는 대중에게 적당하도록 짓는 것이면 그보다 더 수많은 하층에 처하는 대중이 도저히 가까이 오지 못한다. 종래의 프롤레타리아 소설이 즉 이 대중이 가까이 오지 못하던 소설이다. 그러므로 프롤레타리아 소설은 대중의 교양 정도의 층하에 의하여 필연적으로 두 개의 방법을 취하게 된다. 이것이 대중소설이 따로이 필요한 이유이다.
>
> - 팔봉(김기진), 「대중소설론 (3)」, 『동아일보』, 1929.4.16

이처럼 김기진에게 있어 대중소설은 결국 "무지하고 둔감하고 의지의 상실자이며 중독자인" 교양없는 대중들에게 "직접적 교양과 훈련"을 주기 위해 필요하다.[20] 말하자면 김기진은 대중소설이라는 식민지 대중문화의 영역을 새롭게 발견하기는 하지만, 정작 그 자신은 대중 및 대중문화에 대한 최소한의 신뢰도 가지고 있지 않다. 김기진에게 있어 대중소설은 마르크스주의 이데올로기, 즉 "프롤레타리아 이데올로기"[21]를 대중에게 주입하기 위한 도구에 머물며, 동시에 이러한 김기진의 구도에서 식민지 조선의 대중은 기본적으로 마르크스주의를 주입받아야 하는 계몽의 대상에 머문다.

그렇다면 문제가 되는 것은 김기진 자신이 실은 조금도 신뢰를 보이지

---

20 팔봉(김기진), 「대중소설론 (3)」, 『동아일보』, 1929.4.16.

21 위의 글.

않는 대중문학이 실제로 프롤레타리아 문학의 새로운 형식을 위한 중요한 문화적 자원이 될 수 있는지의 문제이다. 이 지점에서 김기진의 논의가 가진 근본적인 약점인 내용과 형식의 이분법이라는 문제는 더욱 도드라지게 노출된다. 김기진 자신은 통속소설과 대중소설의 형식에 마르크스주의의 이념을 교묘하게 집어넣으면 문제가 해결되는 것처럼 이야기하고 있지만, 정작 그 자신이 식민지 대중문학의 고유한 미학과 가치를 인정하지 않고 있는 상황에서 그것이 실제로 그렇게 간단히 실현 가능할까? 김기진이 자신이 주장한 대중화론을 몇몇 소설들을 통해 실제로 실험해보았다는 논의[22]가 없지 않지만, 이러한 김기진의 논의가 카프 작가들의 실제 작품 활동을 통해 실현되었다고 보기는 어렵다. 뒤에서 다루겠지만 실제 카프 문학의 대중화를 위한 시도가 김기진의 주장과는 전혀 다른 방향으로 이루어진 이유 중 하나는 이러한 김기진의 제안이 문학의 형식을 내용을 담는 그릇 정도로 편의적으로 바라본 관념적인 것에 가깝다는 점이었을 것이다.

마지막으로 이야기할 수 있는 것은 김기진이 대중들의 '문학'을 새롭게 발견하고 있음에도 불구하고, 결국 식민지 조선의 현실 속에 이미 존재하고 있는 재래의 문학 및 그 미디어에 안주해 버리고 있는 경향이다. 김기진은 대중화론을 전개하는 과정에서, 교양이 부족한 독자 대중을 위해 프롤레타리아 문학의 사상적 수준을 낮추어야 한다고 반복적으로 언

---

22 염창동, 「1920년대 말 대중화론에 관한 김기진의 문학적 실천 혹은 한 가능성」, 『한국문예비평연구』 69호, 한국현대문예비평학회, 2021.

급하는데, 이는 사실 김기진의 대중화론이 제기된 중요한 배경 중 한 가지인 "극도로 재미없는 정세", 즉 카프 문학에 대한 검열과 탄압을 고려한 것이기도 하다. 이 점에서 김기진의 대중화론은 실은 프롤레타리아 문학 운동이 현실적 탄압의 벽에 부딪친 상황에서 재래의 문학적 형식을 차용하여 사상적 표현의 정도를 낮추는 것에서 그 활로를 다시금 모색하는 것이기도 한데, 이것이 관점에 따라, 이미 주어져 있는 문학 미디어를 활용한 합법적 영역에 안주하려고 하는 것처럼 보일 수 있다는 것은 당연한 일이다. 그리고 바로 이 점이 대중화 논쟁에서 김기진의 반대편에 섰던 카프 도쿄 지부의 무산자파들이 집요하게 물고 늘어졌던 문제이기도 하다.

3. 정치 운동과 비합법적 미디어의 강조 – 무산자파의 반론

김기진의 대중화론이 카프 문학 운동에 대한 탄압과 검열에 대한 반응으로서, 실은 프롤레타리아 문학 운동을 합법성의 영역 안으로 제한할 수 있다는 점을 명확하게 파악하고 이를 가장 혹독하게 비판한 사람은 당시 카프 도쿄 지부에서 활동하던 임화였다. 임화는 김기진의 대중화론이 결국 "계급적 원칙을 매도하고라도 작품만을 내야 한다는" 것이라고 비판하면서, "표현 정도의 인하, 즉 계급적 기준, XX적 원칙의 철거"에도 불구하고 어떻든 작품 활동을 지속하기 위해 대중소설을 참조한 작품을 써야 한다는 김기진의 주장은 "개량주의", "예술주의"에 불과한 것이라고 비판한다.[23] 다시 말해 임화는 사상적 표현의 수준을 낮추는 한이 있더라도 우선 독자 대중들이 읽을 수 있는 문학을 창작해야 한다는 김기진의 입장을, 프롤레타리아 문학 운동의 원칙을 포기하는 한이 있더라도 작품 창작이 계속되어야만 한다는 '예술주의'로서, 그리고 식민 당국의 검열과 탄압에 대해 프롤레타리아 문학의 사상적 표현 수준을 낮추어야 한다는 타협적 '개량주의'로서 읽은 셈이다. 그러니까 임화에게 있어 김기진의 대중화론은 결국 조선 프롤레타리아 문학을 "춘향전식 문학"[24]으로 만드는 것에 불과했다.

물론 김기진은 이러한 임화의 견해에 "압수당할 소설, 금지당할 영화나 연극"으로 어떻게 프롤레타리아 문학 운동이 가능하겠냐고 항변한다.[25] 흥미로운 것은 이에 대한 임화의 대답이다. 즉, 임화는 이러한 김기진의 항변에 대해 아주 간단하게 '미디어', 즉 글을 쓰는 매체를 바꾸면 된다고 대답한다. 그리고 이러한 미디어로서 노동자·농민 조직과의 밀접한 제휴 관계를 통해, 프롤레타리아 운동 진영 자신이 가진 것을 활용하면 된다. 아이러니하게도 검열로 인해 복자로 가려져 알아보기가 쉽지 않은 임화의 다음과 같은 답변을 보자.

이것은 군이 동아일보나 중외일보로 예술운동을 하는 대신 우리는 견

23 임화, 「김기진 군에게 답함」, 『조선지광』 88호, 1929.11, 65~66쪽.

24 위의 글, 65쪽.

25 김팔봉(김기진), 「예술운동에 대하여 (2)」, 1929.9.21.

고한 …… 가졌다. 거기는 군이 기진할 맹렬한 문구로(그러나 노동자 농민은 어떻게 좋아하는지) 가득 찼다. 그리하여 군이 언제나 타협해가며 나아가라는 XXX ……

그러면 군은 물을 것이다. 동경은 일본이 아니냐고? 올타 동경도 일본이다. 그러나 동경이 고정지가 아니다. 정세에 의하여 이것은 XXXX 갈 수 있고 대판(大阪)으로도 갈 수 있다. … 우리가 과거에 가지고 있던 오견(誤見), 주로 부르 신문과 부르 잡지를 통하여서만 행하던 운동(주로 작품)하던 경향 즉 우리들 자신의 기관의 강대화보다도 다른 기관의 이용을 과중평가한 그것을 단연히 극복하여야 한다는 것이다.

- 임화, 「김기진 군에데 답함」, 『조선지광』 88호, 1929.11, 69쪽

김기진이 주로 글을 발표하던 『동아일보』, 『중외일보』와 같은 식민지 조선의 일간지들은 물론 식민 권력의 검열을 받아야 하는 미디어이다. 하지만 임화는, 김기진이 주로 글을 발표했던 이러한 재래의 미디어를 부르주아 신문과 잡지, 즉 '부르주아 기관'으로 치부하면서, 이와 다른 "우리들 자신의 기관", 즉 프롤레타리아 운동 진영 자체의 독자적인 미디어를 활용하여 글을 쓸 필요가 있다는 점을 강조한다. 물론 이러한 프롤레타리아 운동 진영 자신의 미디어가 확보될 수 있는지의 여부는 프롤레타리아 운동을 통한 노동자·농민 조직의 성장과 밀접한 관련을 맺고 있는 문제이기 때문에, 임화의 견해는 다른 한편으로 프롤레타리아 문학 운동이 '문학 운동'에 그치지 않고 프롤레타리아 운동 전체와 밀접한 관련을 맺어야 한다는 주장과 이어지기도 한다. 동시에 이러한 "우리들 자

신의 기관"의 미디어가 『동아일보』, 『중외일보』와 같이 검열이라는 문제에 신경을 쓰지 않아도 된다는 판단은, 이러한 미디어가 검열을 받지 않는 미디어, 즉 비합법적인 미디어라는 점을 암시하고 있기도 하며, 따라서 임화의 견해는 조선 프롤레타리아 문학 운동이 합법적인 영역 안에서 이루어지는 운동에 머물지 않고 비합법적인 영역으로 과감히 나갈 필요가 있다는 주장이기도 하다. 또한 임화는 이러한 새로운 미디어를 통해 이루어지는 프롤레타리아 문학 운동의 텍스트는 전통적인 문학과 그 형태가 전혀 다를 수도 있다는 점을, 부르주아 신문 잡지를 통해 "주로 작품"을 발표하는 형태로 이루어지던 프롤레타리아 문학 운동의 경향을 극복하고 비판해야 한다는 견해를 통해 간접적으로 이야기하고 있다.

임화의 이러한 견해는 프롤레타리아 문학의 형태, 기반, 그리고 무엇보다도 그것이 의존하는 미디어의 문제에 있어, 김기진의 경우와는 전혀 다른 매우 급진적인 상상을 제시한다. 이때 임화가 이렇게 과감한 이야기를 할 수 있었던 이유는 "동경은 일본이 아니냐고?"와 같은 말을 통해 아마도 스스로도 의식하고 있었을 것이라고 짐작되는 바, 이 시기 임화가 조선보다 정치·사상·노동 운동이 상대적으로 자유로웠던 도쿄에서 활동하고 있었던 상황과 관련된다. 때문에 임화의 이러한 상상이 어느 정도의 현실성을 가지고 있었던 것인지에 대해서는 아직 분명하게 밝혀지지 않은 도쿄에서의 임화의 활동과 체험이 조금 더 구체적으로 규명되지 않으면 안된다. 다만 확실하게 이야기할 수 있는 것은 임화의 이러한 상상이 단지 임화 혼자만의 개인적인 것은 아니었다는 점이다. 임화의 이러한 견해는 사회주의 잡지 『무산자』를 발행하는 등, 임화가 참여하고 있었던 무산자파의 집단적 실천 과정 속에서 나타난 것으로, 임화의 견해 또한 김두용, 권환 등 무산자파와 공유하고 있었던 것임에는 틀림없다. 이를테면 프롤레타리아 예술의 대중화란 문학적 형식의 문제가 아니고, 무엇보다 실제의 노동자·농민 운동에의 직접적 참여를 통해서만 확보될 수 있다는 견해는 다른 무산자파 멤버들의 글에서 보다 분명하게 드러난다. 이를테면 김두용의 다음과 같은 진술을 보자.

> 일. 참으로 프롤레타리아 예술의 생산이 없는 곳에 계급운동이가능하다는 환상은 단연 버리지 않으면 안된다. 이. 프로 예술이 생산되어도 지금의 정치적 부자유의 밑에서는 '공장의 중(中)', '농촌의 속'에 주입할 수 있다고 생각하는 환상은 버리지 않으면 안된다. 삼. 그러함으로 일반으로 '예술투쟁은 정치투쟁의 일부분이라'는 등의 오만은 버리지 않으면 안된다. 진실히 예술투쟁이 정치투쟁의 일부분으로 되려면 그는 정치투쟁의 한가운데에 서지 않으면 안된다. 고로 우리의 금일의 슬로건은 이러하다. '정치투쟁으로 들어가라!' 그래서 예술의 문을 나오는 것은 예술의 문으로 들어가는 것이다. 왜냐하면 거기에야 프롤레타리아트의 생활이 있으니까. 그리고 과거의 예술가의 말초신경은벗겨버리는 것은 참다운 프롤레타리아 예술을 생산하는 소이(所以)이다.
>
> - 김두용, 「정치적 시각에서 본 예술투쟁」, 『무산자』 3권 1호, 7E쪽

이러한 김두용의 견해는 정치적 부자유가 있는 곳에서는 프롤레타리아 예술 자체의 대중화가 불가능하다고 단언한다는 점에서 정치적인 탄

압과 검열이라는 조건 아래에서 가능한 카프 문학 운동의 영역을 탐색했던 김기진의 견해와는 그 문제 설정 자체가 다르다. 만일 김두용의 이러한 관점을 수용한다면, 결국 프롤레타리아 문학 운동의 대중화는 정치적 부자유를 극복하기 위한 실제 프롤레타리아 운동과의 완전한 동일화를 통해서만 달성할 수 있다. 때문에 프롤레타리아 예술 운동, 즉 "예술투쟁"은 정치적인 차원의 프롤레타리아 운동, 즉 "정치투쟁"과 같아져야만 한다. 그렇다면 예술이 곧 정치가 되어야 한다는 점에서 예술은 그 전통적인 형태, 이를테면 임화가 이야기한 것과 같이, 전통적인 '작품'이라는 형태와 달라질 수밖에 없다. 하지만 김두용에게 있어 이렇게 "예술의 문을 나오는 것은" 곧 새로운 예술의 형태를 배태하는 것, 즉 "예술의 문으로 들어가는 것"이다. 이러한 점에서 김두용의 견해는 사실상 임화의 견해와 일치한다.

권환의 경우라면 검열이라는 상황 및 프롤레타리아 문학 운동 주체의 역량을 고려하여 프롤레타리아 문학의 생산과 유통의 방식 및 프롤레타리아 문학 운동의 미디어에 대한 보다 실질적인 대안을 제시하는 경우이다. 그의 견해를 옮겨 보자.

> 우리가 예술품을 제작하여서 노농대중에게 읽히려면 첫째는 검열문제일 것이고 둘째는 방법문제일 것이다. 출판, 공연, 배포 등의 방법이 교묘치 못하면 현재의 검열 제도가 허락하는 범위내에서도 경비부족, 능력부족 급 기타 이유로 노농대중의 것이 되기는 불능할 것이다. 첫째 우리의 기관지, 창작집 같은 것을 출판할 때 부르주아의 그것과 같

이 반드시 훌륭한 표지, 미려한 지질, 선명한 인쇄, 풍부한 매수만으로 하여 된다고 하지 말고 5-6매로나 2-30매로나 또 등사로나 원고 초본 그냥 그대로나 하여 가성적(可成的) 무료로, 그렇지 못하면 지렴(至廉)한 책가(冊價)로 배포 혹은 회독을 시킬 것이다. … 그러나 형태, 양식이 그렇게 소박한 대신에 내용은 엄선주의로 하여 암만 세련된 기교이나 조금이라도 반동적 경향이 있는 것은 절대로 그들을 읽히지 말고…

- 권환, 「무산예술운동의 별고와 장래의 전개책 (5)」, 『중외일보』, 1930.1.19

이처럼 권환 또한 프롤레타리아 문학 운동이 '부르주아 문학', 즉 기성의 문학과는 다른 독자적인 미디어를 활용해야 한다고 주장하는데, 그의 경우 김두용이나 임화와 달리 검열 문제 등의 현실적인 문제를 조금 더 고민하고 있다는 점은 눈여겨 볼만하다. 그럼에도 불구하고 그의 주장은 김기진의 경우와 같이 사상적 표현의 수준을 낮추는 것은 아니다. 오히려 권환은 정반대로 "조금이라도 반동적 경향이 있는 것"은 노동자·농민 대중에게 읽히지 말아야 한다고 주장하고 있다. 그 대신 권환이 신경쓰는 것은 프롤레타리아 문학의 경우 부르주아 문학과는 달리 정식 출판을 거친 단행본이나 기타 인쇄 매체의 형태를 취할 필요가 없다는 것이다. 말하자면 프롤레타리아 문학은 수작업으로 원고를 복사하는 '등사본'이나 심하면 "원고 초본" 그대로를 사용해도 좋다고 이야기한다. 등사본이나 원고 초본은 정식 출판물이 아니기 때문에 검열을 거칠 필요가 없는 대신, 복제할 수 있는 수량에 한계가 생길 수밖에 없는 방식이다. 때문에 등사본이나 원고 초본을 배포 혹은 회독(돌려가며 읽기)하면 된다는 권환의 생각은 한정된 수의 인원을 가진 특정한 노동자·농민들의 회합을 염두에 두고 있는 견해이기도 하다. 다시 말하면 권환의 이러한 생각 또한 특정한 노동자·농민 조직이나, 집회 등을 염두에 두고 있어, 결국 프롤레타리아 문학의 존립 근거를 노동자·농민 조직이나 이들에 의한 구체적인 운동 현장과 관련지어 사고하고 있다는 점에서 임화, 김두용의 견해와 크게 다르지 않다. 또한 권환이 이렇게 프롤레타리아 문학이 활용할 수 있는 미디어를 기존과는 다른 형태로 생각하면서, 특히 분량 문제와 관련하여 문학의 양식이 크게 달라질 것이라고 -권환은 이를 '소박한 양식'이라고 생각하고 있지만- 생각한다는 점에서도, 그의 견해는 프롤레타리아 문학이 활용하는 미디어의 변화에 따라 프롤레타리아 문학의 형식이 부르주아 문학의 그것과는 크게 달라질 것이라고 보았던 임화, 김두용의 견해와 그 맥을 같이 한다.

이처럼 김기진의 견해에 대한 무산자파의 비판은 공통적으로 프롤레타리아 정치 운동과의 긴밀한 결합을 통해 프롤레타리아 문학의 미디어와 형식이 그 이전의 문학과는 완전히 달라질 것이라는 생각에 기반하여 이루어지고 있다. 이는 김기진의 경우와는 정반대로 새로운 비합법적인 미디어를 이루어질 수 있는 새로운 '대중적' 문학에 대한 적극적 모색을 보여준다는 점에서 매우 흥미롭다. 즉 이들은 '대중의 문학'이 매우 부정적인 형태이지만 이미 존재한다는 발견에서부터 출발하여, 대중들이 '이미 가지고 있는 문학'의 형식을 활용하여 프롤레타리아 문학의 대중화를 실현하려 했던 김기진의 경우와는 전혀 반대의 방향에서 대중들 스스로의 문학이 대중들 스스로에 의한 정치적 운동의 과정에서 전혀 새로운 형태로 나타날 수 있는 가능성을 적극적으로 상상했다.

또한 이러한 무산자파의 상상은 김기진의 경우와는 달리 대중 스스로의 자발성과 역량에 대한 믿음에 기반하고 있다는 점도 중요하다. 애초에 이들은 프롤레타리아 대중의 정치적 의식의 향상이 없이는 진정한 의미의 프롤레타리아 문학은 성립할 수 없다고 생각했으며, 당연히 이들이 생각한 프롤레타리아 문학은 자신의 계급적 위치와 역량에 대한 명확한 자각을 가진 프롤레타리아들의 등장과 이들이 이끄는 프롤레타리아 운동의 발전과 뗄레야 뗄 수 없는 관계를 갖는다. 이들은 더 나아가 결국 프롤레타리아 문학의 대중화는 프롤레타리아 문학이 프롤레타리아 운동과 일체화될 때에만 가능하다고 판단하였으며, 그 결과 이들이 강조했던 것은 소위 '볼셰비키화', 즉 프롤레타리아 문학은 창작의 주체인 지식인 작가의 시각을 통해서가 아니라, 계급적 각성을 이루어 내어 프롤레타리아 운동을 이끌게 된 '프롤레타리아 전위'의 시각을 통해서만 이루어질 수 있다는 주장이기도 했다. 실제로 이후 무산자파의 멤버들이 주축이 되어 일어난 카프의 '제2차 방향전환' 이후 이러한 '볼셰비키화'는 카프 문학 운동의 지도적 원리가 되는데, 앞서 언급했듯이, 대중화 논쟁은 이러한 무산자파의 급진적인 관점이 카프 진영 내부에 처음으로 대두되는 계기가 되기도 하였다.

하지만 관점에 따라, 이러한 무산자파의 급진적 견해는 결국 김기진의 비판과 같이 극단적인 관념론에 불과한 것이 아니었는지에 대한 의문을 제기할 수도 있다. 먼저 특히 김기진에 대한 임화의 혹독한 비판이 실은 임화가 일본에서 활동하고 있다는 유리한 조건을 이용한 것에 지나지 않는 것일 수도 있다는 점을 생각할 수 있다. 임화의 김기진에 대한 비판이 결국 발전적으로 전개되고 있는 합법적·비합법적 프롤레타리아 운동에 그 기초를 두었다면, 일본에서와 달리 이미 1928년에 2번의 공산당 재건 운동이 식민 권력의 탄압에 의해 참혹한 실패로 끝나고 말아 버린 식민지 조선에서도 이러한 프롤레타리아 운동의 공간이 열려 있었는지를 따져 보는 것은 매우 중요한 문제이다.

다음으로 이야기할 수 있는 것은 이들의 관점이 결국 프롤레타리아 문학 운동의 '볼셰비키화', 즉 문학 운동과 정치 운동이 일원화되어야 하며, 이를 통해 프롤레타리아 문학이 '프롤레타리아 전위'의 시각을 갖추어야 한다는 생각으로 귀결된다고 했을 때, 지금까지 숱한 비판이 있어 왔던 것처럼, 이러한 '프롤레타리아 전위'에 대한 믿음이 관념적이거나 독단적인 것은 아닌지에 대한 문제이다. 이 경우 프롤레타리아 전위라는 집단이 과연 실존하는지의 문제와 함께, 프롤레타리아 전위란 결국 마르크스 레닌주의의 이념을 독단적으로 투사하여 만들어 낸 관념적인 존재는 아닌지, 그리고 이러한 프롤레타리아 전위의 관점이 과연 노동자·농민 대중의 보편적인 관점으로 확대될 수 있는지 등이 문제가 된다. 그리고 볼셰비키가 실제 집권했던 소비에트 러시아의 사례에 있어서도, 그리고 볼셰비키적인 사회주의 운동이 대중의 광범위한 호응을 얻은 실제의 혁명적 대중 운동으로 전개되지 못했던 식민지 조선 사회의 사례에 있어서도, 이러한 질문에 대한 대답은 그렇게 낙관적이지 않다.

4. 새로운 문학 미디어의 창안과 활용

결국 김기진과 무산자파의 대중화론은 결국 양쪽 모두 일정한 의의와 한계를 동시에 보여준 것으로, 이후의 카프 문학 운동이 무산자파의 관점에 가까운 형태로 전개된다는 점과 관계 없이, 적어도 논리적인 차원에서는 어느 한 쪽이 결정적인 우위를 점했다고 보기는 어렵다. 하지만 그럼에도 불구하고 카프 문학의 대중화에 대한 이러한 일련의 논쟁은 적지 않은 의미를 가지고 있다. 대중화 논쟁은 카프 문학을 포함한 조선 근대문학의 영역에서 적지 않은 노동자·농민들이 소외되어 있다는 공통의 문제 제기와 함께, 대중들 그 자신을 위한 혹은 대중들 스스로에 의한 문학이 만들어져야 한다는 목표의 설정이 이루어졌으며, 또한 문학 '이하의' 것으로 치부되어 근대 문학의 영역에서 배제되었던 다양한 '문학'의 형태에 대한 발견과 상상이 이루어짐으로써 문학의 경계와 의미에 대한 새로운 상상들이 나타나기 때문이다.

실제로 대중화 논쟁의 이러한 성과에 기초하여, 1930년대로 접어들며 카프 문학 운동은 노동자·농민 대중 독자들에게 다가가기 위한 다채로운 미디어와 문학 형식을 실험한다. 노동자 집회 현장에서 낭송되기도 했던 임화의 단편서사시, 고정된 무대가 아닌 노동자·농민의 집회 현장을 찾아다니며 연극 공연을 했던 이동극장, 배우들의 간단한 율동과 노래로 선전의 효과를 극대화하려 했던 실험적 양식으로서의 슈프레히콜 등 다양한 사례를 이야기해 볼 수 있겠지만, 이 글에서 이야기하고 싶은 두 가지 사례는 '벽소설'과 '노동자 글쓰기'이다.

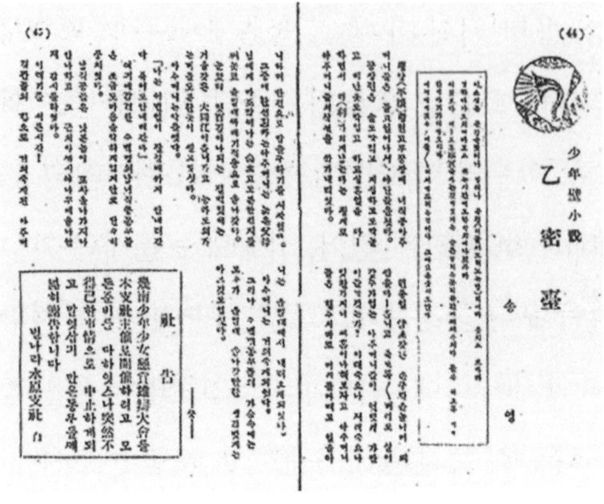
少年壁小說

乙密臺

송영

社告

【그림 3】 송영의 벽소설 「을밀대」(『별나라』 52호, 1931.8) 전문

먼저 '벽소설'은 노동자·농민 대중이 모이는 공적인 장소에 벽보의 형태로 부착하기 위해 쓰인 아주 짧은 소설을 이야기한다. 이러한 벽소설은 한편으로는 1920년대 사회운동에서 시도되었던, 벽보의 형태로 부착하는 신문이었던 '벽신문', 대중이 모인 곳에서 낭독자가 신문 원고를 읽는 형태로 소식을 전달했던 '생신문' 같은 양식들의 영향을 받기도 하고, 다른 한편으로는 소련과 일본에서 창작 및 부착되었던 '벽소설' 양식을 참조하기도 했다. 벽소설은 지금까지의 한국문학 연구에서 그다지 언급되지 않았지만, 최근의 연구에 의하면 식민지 조선에서도 28편 정도의 적지 않은 작품이 창작되었다.[26]

---

26 박정희, 「아지프로 텍스트 '벽소설' 연구」, 『한국현대문학연구』 60호, 한국현대문학회, 2020, 40쪽.

이러한 벽소설의 전형적인 특징을 잘 보여 주는 작품으로 송영(1903~??)의 「을밀대」(1931)를 들 수 있다. 불과 2면으로 된 짧은 소설인데, 작품의 이러한 짧은 분량과 함께 작품을 앞뒷면으로 편집하지 않고, 【그림 3】과 같이 마주보는 두 면으로 편집한 것은 이 작품은 잡지의 지면 위에서 뿐만 아니라, 해당 면을 자르거나 베껴내어 벽에 붙여 보는 상황을 가정했음을 잘 보여 준다. 실제로 이 작품은 작품 서두에 배치된 작가의 말에 "공장 문 밖이나 일터나 공청(시골서 모여 노는 방) 벽에다 붙이고 보아라"[27]라는 직접적인 권고가 붙어 있기도 하다.

작품은 '평양 평원고무공장'에서 일어난 파업 이야기와 함께 여직공으로 일하던 '한선희'라는 인물이 파업 요구의 관철을 위해 '을밀대 꼭대기 지붕'에 올라간 이야기를 짧게 서술하고 있다. 아는 사람이 많겠지만, 이 이야기는 사실 1931년 5월에 실제로 일어났었던 평양 평원고무공장 파업을 소재로 하였고, 주인공 '한선희'는 평양 평원고무공장 파업 당시 평양 을밀대 지붕 위로 올라가 고공농성을 벌인 사건으로 유명한 여성 노동자 '강주룡'을 이름만 바꾸어 등장시킨 것에 가깝다. 이처럼 이 작품은 작품을 이해하기 위한 직접적인 컨텍스트로 현실의 노동 운동을 환기하면서 허구적인 텍스트를 실제의 노동자 대중 운동과 지속적으로 연결시키며 읽어 나가기를 요구하고 있다. 동시에 작품의 작가 송영은 다시 작품 서두에 포함된 작가의 말을 통해 "이것보다 더 좋은 사실을 아는 것이 있거든 글은 잘되든 못되든 간에 써서 부쳐라"라는 말을 통해 이 작품과

---

27 송영, 「을밀대」, 『별나라』, 1931.8, 44쪽.

유사한 작품을 독자들에게 직접 창작해 보기를 권유하고 있다. 즉, 논픽션에 가까운 소재를 짧고 간단한 구성으로 처리한 벽소설 작품을 독자에게 제시하며, 이러한 형식이 독자 대중 스스로의 문학 창작으로 이어질 수 있는 가능성을 염두에 두고 있다.

또한 이 작품은 낭독에 적합한 형태로 문장을 구성[28]하면서, 실제로 작품이 벽에 게시되었을 때 글을 읽지 못하는 독자들 또한 누군가 낭독해 주는 텍스트를 듣는 형태로 작품의 내용을 공유할 수 있도록 한 흔적도 보인다. 이를테면 "공장권은 술도 막 먹고 계집하고도 막 놀고 비단옷도 막 입고 하고 싶은 일을 다 하면서 리(利)가 적게 남는다는 핑계로"[29]와 같은 표현은 대구적인 표현의 반복을 통해 낭송했을 때의 정서적 효과가 극대화되도록 교묘하게 꾸며진 문장이다.

이처럼 「을밀대」와 같은 벽소설은 문해력의 부족, 독서를 위한 시공간적 제약의 문제, 작품을 구매 및 습득하는 데 드는 비용의 문제와 같은 문학 독자로서의 대중이 겪는 여러 제약 요소들을 고려하면서, 노동자·농민들이 회합하는 물리적 공간으로서의 '벽'을 새로운 문학의 미디어로 상상하고 이러한 미디어를 통해 집단적으로 수용되는 새로운 '대중적 문학'의 형태를 상상하고 있다. 동시에 「을밀대」의 경우를 본다면, 이 작품이 이러한 새로운 미디어를 통해 제시되는 문학 작품을 통해 독자 대중이 현실의 사건들을 노동자·농민 대중들의 삶을 구성하는 공통의 현실

---

28 박정희, 앞의 글, 37~38쪽.

29 송영, 앞의 글, 44쪽.

적 맥락으로 공유하는 한편, 이러한 새로운 미디어와 양식에 기초한 대중들 스스로 창작하는 문학에 대한 상상으로까지 나아가고 있다는 점은 흥미롭다. 이처럼 이 작품은 대중화 논쟁이 막 지나간 1930년대 초반의 상황에서 노동자·농민 대중의 문학을 만들어나가려는 새로운 시도가 새로운 문학 미디어와 문학 양식에 대한 적극적인 상상을 통해 이루어지고 있음을 보여주는 흥미로운 사례 중 하나이다.

「을밀대」의 작가 서문에서도 보이지만, 1930년 이후의 카프 문학 운동은 단순히 프롤레타리아 대중을 '위한' 문학을 넘어, 프롤레타리아 대중 자신들에 의해 스스로 창작되는 문학을 상상하는 모습도 보여 준다. 김남천(1911~??)이 쓴 「문예구락부」(1934)와 같은 작품이 그 대표적인 사례이다. 이 작품은 어느 한 공장에 '문예클럽'(문예구락부)이 결성되어 활동해 나가는 모습을 그린 단편 소설인데, 작중 주인공 '인호'를 비롯한 문예클럽의 여러 노동자는 자신의 체험을 바탕으로 한 '문학 작품'을 스스로 창작하고, 이를 클럽 모임을 통해 다른 노동자들과 공유하면서 노동자들의 집단적인 의식을 스스로 성장시켜 나간다. 흥미로운 점은 이 작품에서 노동자들이 쓰는 것은 근대 문학의 허구적 양식으로서의 '시'와 '소설'이 아니라 '노래'와 '감상'이라는 것이다. 이때 '노래'는 유행가의 가사를 마음대로 고쳐서 부르는 것을 의미하며, '감상'은 실제 생활에 바탕한 체험적 산문을 의미한다. 여기서 김남천이 '문예구락부'의 멤버들이 창작하는 문학을 '노래'와 '감상'으로 상상하는 것은 허구적인 '시'와 '소설'을 이해하고 창작하는 데 필요한 교육과 교양이라는 근대 문학의 진입 장벽을 다분히 염두에 두면서, 노동자들 스스로에 의한 창작과 그 창작물의 공유라는 노동자들 스스로에 의한 새로운 생산과 유통의 구조에 적합한 문학적 형식을 제시하려고 한 시도로 보인다. 실제로 김남천은 작품의 끝에 "이것은 「속 문예구락부」라는 제목으로든지 또 딴 이름으로든지 어쨌든 인호와 동무들의 인물에 의하여 더욱 발전될 이야기"[30]라는 작가 부기를 포함시켜, 이 작품에서 상상적으로 제기한 노동자들 스스로에 의한 문학 창작이 실현될 가능성 혹은 필요성을 암시하고 있기도 하다.

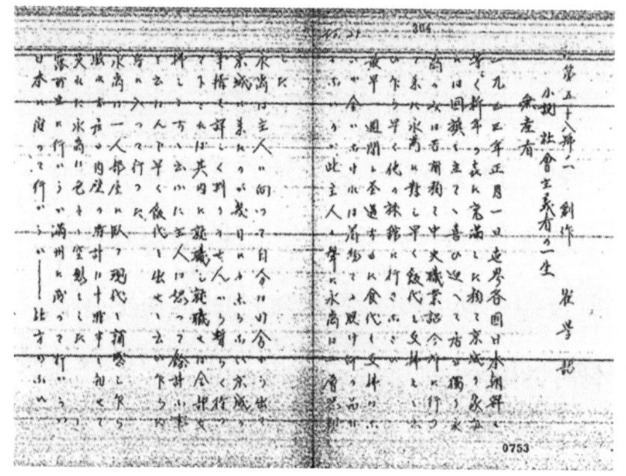

【그림 4】 노동자 글쓰기의 실제 사례(최학소, 「(소설) 사회주의자의 일생」, 울진 적색농민조합 사건 관련 경찰 자료에 수록된 압수 원고의 일본어 번역문, 「江保司」 393, 『思想犯罪綴』, 警務局 警務課, 1935)

이처럼 「문예구락부」는 프롤레타리아 대중운동의 전개 과정에서 프롤레타리아 대중 스스로의 독자적인 미디어와 네트워크에 의한 새로운 형태의 '문학'에 대한 꿈을 담고 있다. 이러한 상상이 단지 김남천의 상상에 그치지 않고, 당대 노동자·농민 운동의 전개 과정에서 실제로 실현된 사례들의 흔적이 나타난다는 점이 흥미롭다. 대표적으로 1930년대 전반기

30 김남천, 「문예구락부 (8)」, 『조선중앙일보』, 1934.2.2.

에 활동했던 울진 적색농민조합 운동의 사례를 들 수 있다. 울진 적색농민조합은 1931년부터 1934년까지 활동하다 경찰의 대규모 검거에 의해 결국 와해된 농민 운동 조직으로, 이 조직에서 1933년에 두 차례 기관지를 발행했으며, 경찰 수사자료에 기관지 관련 압수 원고가 【그림 4】와 같이 일본어로 번역되어 수록되어 있다는 점이 주목할만하다. 수사 기록에 의하면 이들의 기관지는 수합된 기관지 원고를 골필로 베껴 내어 겨우 2부의 기관지로 만드는 방식으로 만들어진 것으로 보이는데, 이러한 번거로운 방식은 이들 적색농민조합의 조직원들이 가진 글쓰기에 대한 강렬한 욕망과 의지를 그 자체로서 인상적으로 드러낸다.

압수된 기관지 원고에 문학 작품, 즉 시와 소설이 각각 2편씩 포함되어 있다는 점은 보다 흥미롭다. 특히 최학소(1915-??)가 쓴 것으로 추정되는 2편의 소설인 「사회주의자의 일생」과 「주의자의 일생」은 비록 완결된 소설은 아니지만, 사회주의자의 삶에 대한 허구적 상상을 바탕으로 하여 세계 및 세계 내의 다른 존재들과 주인공과의 관계를 설정하고, 이에 대한 사유를 바탕으로 하여 산출되는 새로운 삶의 전망을 제시하려는 시도, 그러니까 다른 허구적 소설들에서 감행되는 시도들과 조금도 다르지 않은 시도들이 노동자 글쓰기를 통해 감행되고 있기 때문이다.[31] 즉, 이러한 울진 적색농민조합의 기관지 발행 시도 및 그 구성원들의 문학 작품 쓰기의 시도들은 김남천이 상상했던 프롤레타리아 대중 스스로에 의

31 이상 울진 적색농민조합의 읽기와 쓰기에 대해서는 졸고, 「적색농민의 글쓰기」, 『한국근대문학연구』 37호, 한국근대문학회, 2018, 참조.

한 글쓰기와 문학 창작이 식민지 조선 사회에서 실존했을 가능성을 보여 주는 흥미로운 사례가 된다.

5. 나가며

이상 김기진을 중심으로 하여 전개된 카프의 대중화 논쟁의 의의와 한계와 함께, 1930년 이후 프롤레타리아 문학의 대중화를 위한 구체적인 실천들이 새로운 문학 미디어에 대한 상상을 바탕으로 전개되고 있는 양상의 사례들을 간단하게 살펴보았다. 지금까지 살펴본 내용을 더욱 간단하게 다시 한 번 정리해 본다면 다음과 같다. 1928~1930년에 펼쳐졌던 카프의 대중화 논쟁은 경성 중심의 카프 지도부와 도쿄 지부의 무산자파 사이의 운동 노선 차이가 표면화되며, 이후 카프의 제2차 방향전환, 즉 소위 '볼셰비키화'에 영향을 미친 사건으로 설명되는 경향이 강하며, 이는 틀림없는 사실이기도 하다. 하지만 동시에 이 논쟁은 혹독한 정치적 검열과 탄압 속에서 한국 근대 문학의 엘리트주의를 넘어, 당대 가장 소외된 자들로서의 노동자·농민 대중 자신의 문학이 어떻게 만들어질 수 있는지에 대한 당대 카프 문학의 치열한 고민을 보여 주기도 하였다. 대중화 논쟁의 두 축이라고 할 수 있는 김기진과 무산자파의 견해는 어느 쪽이 옳다고 쉽게 말하기 어렵지만, 각기 다른 방향에서 대중적 프롤레타리아 문학의 가능성을 보여 준다.

먼저 김기진의 경우, 그 견해는 이미 존재하고 있던 식민지 대중문학의 형식을 연구하여, 그러한 형식에 마르크스주의의 이념을 담아내자는 주장으로 요약할 수 있는데, 이러한 김기진의 논의는 종래 무가치한 문학 '이하의 것'으로 폄하되던 대중문학 및 문화의 영역이 존재한다는 엄연한 사실과 함께 그러한 대중문학·문화 영역의 의미와 가치, 그리고 대중문학·문화와 긴밀하게 연결된 대중적 취향과 정서를 처음으로 본격적으로 탐구했다는 점에서 중요한 의미를 지닌다. 또한 김기진의 이러한 탐구는 사회경제적 구조와 문화적 구조 사이의 도식적인 일치를 넘어 문화 영역의 자율성과 연속성에 대한 인식으로 이어졌으며, 다시 이러한 인식은 그간 카프 문학이 무시해왔던 문학사적 전통에 대한 인식 및 이러한 문학사적 전통과의 관계를 중심으로 프롤레타리아 문학의 형식 문제에 대한 새로운 논의의 가능성을 촉발시켰다는 점에 있어서도 중요한 의미를 가진다.

이와 달리 무산자파의 경우, 노동자·농민 대중운동과의 밀접한 관련을 중심으로, 노동자·농민 조직 스스로가 보유한 새로운 미디어를 통해 새로운 문학을 창출하는 것만이 프롤레타리아 문학의 대중화를 가능하게 하는 유일한 방법이라는 입장을 취했다. 이러한 무산자파의 논의는 실천적인 대중운동의 전개 과정에서 문학과 그 미디어의 경계를 매우 대담하게 해체하고 갱신하려 했다는 점과 함께, 대중 스스로의 자발성과 역량에 기초한 대중 스스로의 문학의 가능성을 상상했다는 점에 그 중요한 의미가 있다.

결국 이 시기 대중화 논쟁에 있어 두 축인 김기진과 무산자파의 논의는 모두 일정한 의미와 한계를 동시에 가지지만, 그럼에도 엘리트 중심의 근대 문학이 상정한 '문학'이라는 개념에 문제를 제기하고, 대중들 자신을 위한 혹은 대중들 자신에 의한 문학의 필요성이라는 공통의 목표를 설정했으며, 이러한 목표를 위해 문학 이하의 것으로 배제된 문화적 양식들을 대중문학의 새로운 미디어와 텍스트로서 새롭게 발견 혹은 상상했다는 점에서 공통점을 지닌다. 실제로 1930년 이후 카프 문학은 다양한 문학적 미디어와 함께 이를 통한 새로운 문학적 형식을 다채롭게 실험하고 상상하며 카프 문학의 대중화를 위한 구체적인 실천을 전개한다. 다양한 실험을 염두에 둘 수 있겠지만, 이 글의 경우는 특히 벽소설의 실험과 노동자 글쓰기에 대한 상상 및 그 실제 사례를 이 시기 카프 문학의 대중화를 위한 실제적 노력에 있어 중요한 의미를 가지고 있는 사례로서 이야기해 보았다.

결국 카프의 대중화 논쟁 및 카프 문학의 대중화를 위한 여러 흥미로운 시도들은 카프 문학을 포함하는 한국 근대 문학이 문화적 교양과 자본을 가진 특정한 사람들 소수를 위한 문학이 아니라, 대중들의, 즉 충분한 문화 자본을 가지지 못한 보다 폭넓은 범위의 사람들을 위한 문학이 될 수 있는지의 문제, 다시 말해 문화적 민주주의의 실현 가능성에 대한 문제를 한국 근대 문학사에서 최초로 진지하게 고민하고 실험해 본, 의미있는 문학사적 장면을 보여 준다고 할 수 있다. 동시에 카프의 대중화 문제는 한국 근대 문학이 이러한 문화적 민주주의로 이어지기 위해서는 근대 문학이 가지고 있는 '문학'이라는 협소한 범주가 주변적 문화 양식의 발견과 상상을 통해 극적으로 확대되는 동시에 문학의 생산과 유통의 구조 및 문학의 미디어에 대한 새로운 상상이 이루어질 필요가 있음을 보여 주었다. 이러한 관점에 선다면 문학이 여전히 '어려운 것'으로 생각되며, 또한 스스로를 위한, 스스로를 대표하고 재현할 문학을 가지지 못한 사람이 여전히 적지 않은 현재의 시점에서 카프 문학의 대중화 문제는 여전히 현재적인 의미를 가지고 있기도 하다. 카프 문학의 대중화 문제가 논의되고 실천되는 과정에서 새롭게 나타난 발견과 상상들이 지금 현재 우리의 문학과 문화를 논의하는 데 있어 어떻게 다시 이해되고 활용될 수 있을지를 한 번 각자 생각해 보기를 마지막으로 부탁하며, 이 글은 일단 여기서 마무리하려고 한다.

카프(KAPF)와 '여성' 이라는 화두

손유경
서울대학교 국어국문학과 교수

1. 들어가기

이 글에서는 카프의 주요 작가들이 여성 인물을 어떻게 형상화하였는지, 그리고 이 문제와 관련하여 식민지시기 사회주의 페미니즘은 어떤 양상으로 전개되었는지를 다루어 보고자 한다. 이를 위해 첫째, 사회주의 페미니즘에 관해 간략히 살펴본 후 이 관점에서 카프의 운동과 문학을 관찰함으로써, 우리가 기존에 정전으로 이해해 왔던 작품을 어떻게 상대화해서 평가할 수 있을지 알아본다. 둘째, 카프의 주류는 아니었지만 지금의 관점에서 살펴보면 새로운 의미를 발견할 수 있는 작가와 작품에 관해 살펴보고자 한다. 셋째, 여성 작가의 문학적 성취에 관해 알아본다. 첫 번째가 기왕의 문학사와 '거리 두기'하는 작업이며 두 번째가 새로운 가능성을 '엿보는' 일이라면, 마지막인 '마주하기'에서는 강경애의 작품에 나타난 사회주의 페미니즘의 현재적 의의를 살펴볼 예정이다.

사회주의 페미니즘은 마르크스주의 페미니즘과 래디컬 페미니즘이 결합한 사상으로 요약할 수 있다. 마르크스주의 페미니즘에 의하면 계급해방은 곧 여성해방을 가져오므로 둘은 서로 다르지 않은 과업이다. 래디컬 페미니즘은 이와 달리 계급 문제로 환원할 수 없는 여성 고유의 문제가 있다는 인식을 기반으로 한다. 여성 억압에 관해 훨씬 더 근본적인 문제 제기를 했다는 점에서 '래디컬'이라는 수식어가 붙었다. 예를 들어 가정에서 발생하는 아내폭력이라든가 여성의 출산 및 육아를 포함하는 재생산 관련 이슈들은 계급이나 민족이라는 사고 단위로서는 풀 수 없는 난제들이다. 즉 우리가 흔히 '사적'이라고 이해했던 영역과 가치들에 대해 근본적으로 다시 사유하는 것이 래디컬 페미니즘이라 할 수 있다.

사회주의 페미니즘은 이처럼 계급해방을 중시하는 마르크스주의 페미니즘과 여성의 사적 영역에서의 해방을 주장하는 래디컬 페미니즘이 만나 이루어진 사상으로, 현재까지도 우리에게 지대한 영향을 미치고 있다. 여성 차별의 문제를 자본주의의 기능으로 환원하지 않고, 계급 차별의 문제를 가부장제의 기능으로 환원하지 않는 사회주의 페미니즘에 관해 여성학자 정희진은 이렇게 정리한 바 있다. "사회주의 페미니즘의 목적은 섹슈얼리티를 정치경제화하는 것, 마르크스주의를 젠더화하는 것이다."[1]

일제 식민지시기 카프의 문학적 실천을 여성이라는 화두에 비추어 재평가하려는 이 글의 관점이 바로 사회주의 페미니즘이다. 이 관점은 여성에게 자본주의와 가부장제가 어떻게 상호작용하면서 이중 억압을 행사하는지를 보여 주기 때문에 중요하다. 사회주의 페미니즘은 100여 년

---

1 정희진, "프레시안 books: 페미니즘, 파도에서 파문으로-낸시 홈스트롬의 『페미니즘, 왼쪽 날개를 펴다』", 프레시안, 2012.6.22. (https://www.pressian.com/pages/articles/67814)

전의 식민지시기 텍스트를 관찰하는 데에도 유효하지만, 현재 우리 삶의 문제를 다룰 때도 매우 중요한 이론적 자원이라 할 수 있다.

2. 거리 두기

위에서 서술된 내용을 바탕으로, 우리에게 잘 알려진 카프의 대표작, 즉 정전으로 일컬어지는 작품을 상대화해서 살펴보자. 비판적인 거리 두기를 통해 다시 읽어 볼 만한 텍스트로 이기영의 『고향』(조선일보, 1933.11.15.~1934.9.21)을 꼽을 수 있다.

카프에 관심 있는 사람이라면 이기영이라는 작가의 이름을 어디에선가 한 번쯤은 들어 보았을 것이다. 이기영은 한설야와 더불어 카프의 대표적 리얼리즘 작가로 손꼽히는 인물이다. 이기영이 1933년부터 34년 사이에 『조선일보』에 연재한 『고향』은 일제 식민지시기 최고의 리얼리즘 소설이자 농민문학의 수작으로 평가되어 왔다. 춘궁과 수재, 풍년 공황 등으로 허덕이는 조선 농민의 비참한 삶을 생생하게 그려 냈을 뿐만 아니라, 김희준이라는 문제적 인물이 등장해 노농동맹의 가능성을 고취시켰다는 점에서 『고향』은 1930년대 리얼리즘 문학의 최고봉이라는 문학사적 영광을 누려 왔다. 이처럼 카프 비평가들이 이기영의 고향을 카프 리얼리즘 소설의 대표작으로 상찬한 이래, 1980-90년대뿐 아니라 최근에 이르기까지 많은 연구자가 이기영의 『고향』이 갖는 문학사적 의의와 중요성에 주목해 왔다.

이 글에서는 이기영의 『고향』에 나타난 여성 인물의 형상화 문제를 다루고자 한다. 『고향』을 비롯한 이기영의 대표작들이 여성 인물을 비중 있게 다룬다는 점은 널리 알려졌다. 이기영 소설에 등장하는 여성 인물의 형상화를 사회주의 페미니즘이라는 관점에서 다시 읽을 때 우리는 이기영 소설의 어떤 특징들을 새롭게 발견할 수 있을까?

위의 질문에 바로 답하기 전에, 우선 이기영이 카프 작가로서 지녔던 공식적 입장이 무엇이었는지 살펴보자. 이기영은 카프의 주요 비평가는 아니었지만 여러 지면에서 사회주의 문인으로서 자신의 입장을 종종 밝히곤 했는데 「부인의 문학적 지위」(『근우』 창간호, 1929. 5)도 여기 해당되는 글이다. 이 글에서 이기영은 '술=여자=문학'이라는 봉건적 도덕관을 비판하면서 술과 같은 '마성'을 지닌 것으로 여자를 취급하는 구래의 인습을 "악마의 삼위일체"라고 혹평한다. 여자를 술과 같은 마취제나 유혹자 정도로만 취급하는 봉건사상의 잔재와, 여성의 세계사적 패배를 야기한 사유재산제를 비판한 것이다. 이기영의 글은 이처럼 기본적으로는 당대 마르크스주의 여성해방론의 흐름에 놓여 있으나, 여성의 생산능력과 공적 노동의 참여를 강조하기보다는 오히려 전통적인 가치관에 기대어 여성도 남성과 같은 인간이라는 사실을 호소하는 데로 나아갔다는 점에서 문제적이다. 즉, 봉건 시대 여성에 대한 이해와 존중이 너무 낮았다는 이기영의 주장 자체가 잘못되지는 않았으나, 마르크스주의 여성해방론에 입각하여 여성의 경제활동과 경제적 독립의 중요성을 주장하는 대신 모든 남성은 여성이 아니라면 태어나지도 길러지지도 못했을 것이라는 다분히 전통적인 여성의 이미지를 끌어들인 점은 한계로 지적될 수 있다.

여성이라는 타자에 대한 작가 이기영의 공식적·이론적 입장이 위와 같았다면, 과연 소설 작품에서 그는 여성 인물을 어떻게 창조했을까? 사실 소설은 작가의 사상을 그대로 반복하는 역할을 하지 않는다. 오히려 소설에는 작가의 공식적 입장으로 환원되지 않는 어떤 잉여 영역이 많이 존재하는데, 『고향』의 경우도 마찬가지라 할 수 있다. 따라서 작품을 읽을 때 우리는 자연이나 땅, 유토피아, 여성, 본성 등에 관한 작가 이기영의 무의식적 지향 및 의존 양상과 그것에 대한 의식적 반발 및 거부 양상을 동시에 고찰할 필요가 있다. 즉, 여성이라는 타자에 대한 작가의 이론적 입각점을 고려하면서도 그것으로 환원되지 않는 작가의 욕망을 아울러 살펴보아야 한다.

여성 인물의 창조라는 측면에서 가장 주목할 만한 성과를 보인 카프 작가 이기영에게 여성의 위치에 대한 '과학적 인식'과 여성 인물의 '문학적 형상화' 간에는 어떠한 접점들이 형성되어 있었을까? 가장 먼저 눈에 띄는 사실은, 『고향』에서는 남성 주인공 김희준이 거의 유일한 시선의 주체로 등장한다는 점이다. 그리고 여성 인물을 관찰하는 김희준의 시선에서 두드러지는 점은 여성이 자연처럼, 자연이 여성처럼 그려진다는 사실이다. 음전이나 방개 등 농촌 여성들에 대해 주인공 김희준은 매번 유혹을 느낀다. 김희준이 문득 음전이를 떠올리는 장면에서 음전은 석류 열매에 비유되고 있으며, 그는 집에만 오면 송충이같이 혐오스러운 아내 때문에 화를 내다가도 어두운 달밤 밖으로 나오면 '딴 세계'에 온 듯한 황홀경에 취한다.

이런 관점에서 우리는 『고향』의 작가를 탐미적 리얼리스트라고 부를 수 있다. 리얼리스트란 현실을 있는 그대로 보여 주는 자유로운 심미적 정직성을 지닌 작가를 뜻한다. 그런데 여기에 '탐미적'이라는 수식어를 붙인 이유는, 여성 인물을 바라보는 남성 주인공의 시선 자체에 향토적인 에로티시즘의 요소가 스며들어 있기 때문이다.

『고향』의 여성 인물들은 남성과 동등한 위치에서 사랑을 나누는 인간 주체로 그리지 않는다. 그들은 남성들이 본능적으로 이끌리는 어떤 자연-대상처럼 보인다. 김희준은 여성 인물들에게 수없이 유혹되고 홀린다. 그럴 때마다 자책이 뒤따르지만 같은 일이 반복된다는 점에서 반성이나 각성으로서의 의미는 거의 없어 보인다. 앞서 살펴보았듯이, 이기영은 「부인의 문학적 지위」에서 여성=술=문학이라는 봉건적인 '악마의 삼위일체' 공식을 깨뜨려야 한다고 역설했지만, 정작 『고향』의 젊은 여성들은 한결같이 남성을 매혹하는 역할을 떠맡고 있다.

이와 함께 『고향』은 주인공 김희준의 불가사의한 금욕주의를 내세운다. 작중에서 그는 여러 여성 인물들에게 번갈아 가면서 매혹되지만 끝내 그 유혹에 굴복하지 않는 장면들이 반복된다. 김희준은 노농동맹을 통해 자신의 고향인 원터를 갱생시키고자 노력하는 과정에서 여러 자연적인 유혹을 극복해 나가는 인물로 그려지고 있다.

위와 관련된 또 하나의 중요한 문제는, 생산과 재생산에 관한 위계적 상상력이다. 즉 『고향』에서 생산은 쾌락의 영역으로, 재생산은 공포의 영역으로 그려진다는 점에 주목할 필요가 있다. 『고향』에는 출산을 하는 여성 인물들이 없다. 출산 시기를 놓쳤거나, 자연재해를 만나 유산을 한다든가, 아예 자녀 계획이 없는 가족들이 원터를 구성하고 있다. 출산하는 여성 인물이 없다는 것이 원터라는 공동체의 가장 큰 특징이다. 김희준이 고향에 돌아온 지 삼 년이 되도록, 땅에서는 곡물이 수확되고 공장에서는 물건이 생산되지만 새 생명은 좀처럼 태어나지 않는다. 원터 마을의 재생산 노동은 멈추다시피 한 것이다.

그렇다면 작가는 왜 원터를 이렇게 그렸을까? 여성은 언제나 재생산자임과 동시에 생산자였으나, 산업사회만이 생산과 재생산의 성별 배당을 통해 여성의 재생산 노동을 극대화하고 남성의 재생산 노동을 극소화했다.[2] 전통적 마르크스주의에 따르면 인간의 본성은 생식 노동이 아닌 생산 노동에 의해 변형되는데, 생식은 인간적 실천이라기보다는 동물적 행위에 가까우므로 여성은 남성에 비해 '덜' 인간적인 것으로 간주됐다. 즉 여성은 재생산 노동으로 인해 생물학에 더 많은 영향을 받는 것으로 인식됐던 것이다.[3] 이처럼 마르크스주의는 기본적으로 인간의 재생산 문제에 대해 면밀하게 고찰하지 않았다는 점에서 이후 다각도로 비판을 받는다. 계급해방이 곧 여성해방을 가져온다는 고전적 마르크스주의 이론은 섹슈얼리티와 사랑, 그리고 출산 자체에 내재된 권력관계를 간과하고 그것을 비정치적·비역사적 영역으로 간주했다는 것이 이후 제기된 가장 핵심적인 비판이었다.

『고향』을 생명과 노동력의 재생산이라는 관점에서 바라볼 때 우선 주

---

2 우에노 치즈코, 이승희 옮김, 『가부장제와 자본주의』, 녹두, 1994, 93~99쪽

3 앨리슨 재거, 공미혜·이한옥 옮김, 『여성해방론과 인간본성』, 이론과 실천, 1994, 86~88쪽

목되는 점은 이 작품이 재생산 문제를 남성의 본능적 정욕이라는 불가지한 변수에 맡겨 버렸다는 사실이다.[4] 자연 경관과 자연화한 여성의 몸 관찰에 탐닉하는 『고향』의 작가-서술자는, 작중 여성 인물들이 수행하는 강도 높은 가내 노동, 즉 생명과 노동력의 재생산 과정을 중시하지 않는다. 삶의 재생산이 의존하고 있는 고된 가내 노동은 원터의 생산 현장에서 벌어지는 계급 갈등이나 모순과 무관한 자연의 일부로 처리된 것이다. 재생산 영역을 비가시화하거나 남성의 본능과 관련된 문제로 협소화한 것이 『고향』의 한계이다.

『고향』은 자연화한 재생산 영역의 여성들이 문화적 존재로 변신할 수 있는 유일한 기회를 열어 놓는데 그것은 바로 이들이 여성 노동자가 되는 길이다. 후반부로 갈수록 『고향』은 "생산의 위대한 힘"과 노동의 거룩함을 예찬하는 방향으로 나아간다. 예컨대 작중에서 갑숙(이후 옥희로 개명함)은 "물질을 생산하는 노동의 위대한 힘"에 감격하는 반면 임신과 출산이라는 재생산의 회로에 갇히게 될까봐 몹시 두려워한다. 여기에는 재생산 노동에 관한 작가-서술자의 무의식적 공포가 작용하는 것처럼 보입니다. 음전의 유산이나 방개의 지연된 출산, 인순의 결혼 거부 등도 크게 다르지 않아 보인다.

마지막으로, 갑숙이 왜 희준과 같은 반열에 선 공동체의 지도자가 되지 못했는가 하는 점도 의문이다. 작가는 갑숙을 최고의 엘리트로 설정

---

4 우에노 치즈코에 따르면 마르크스는 노동력의 재생산을 본능이라는 정의내릴 수 없는 불가지한 변수에 맡김으로써 노동력 재생산의 조건을 시장 외부의 블랙박스로 내몰고 말았다. 우에노 치즈코, 앞의 책, 29쪽.

하고도, 결국 그녀를 가정과 마을에서 횡포를 일삼는 아버지 안승학과 대결하는 주체로 갱생시키지 않은 채 아버지의 죄를 대속하는 희생양으로 처리하고 만다. 갑숙이라는 인물이 차지하고 있는 높은 사상적 비중에도 불구하고 희준만을 마을의 리더로 남겨 놓는다는 점은 매우 문제적이라고 할 수 있다.

3. 엿보기

지금까지 카프의 대표적 리얼리즘 소설 『고향』에 관한 비판적 읽기를 시도했다면, 여기서는 카프 조직에서 비주류에 속해 있었던 작가 송영의 작품을 다시 읽으면서 그 안에 담긴 새로운 가능성을 엿보고 그로부터 작품의 현재적 의의를 도출해 보고자 한다. 카프의 비주류에 속했던 작가를 오늘의 관점에서 새롭게 자원화해 보려는 것이다.

앞서 논의했던 작가 이기영에 비해 송영은 카프의 주변부 인물이라 할 수 있다. 그는 팔봉 김기진과 같은 해인 1903년도에 출생했고 회월 박영희나 팔봉 김기진처럼 잘 알려진 카프의 주역들이 일본에서 유학 생활을 할 때 유리 공장의 견습공 노릇을 했었던 매우 독특한 이력의 소유자이다. 김기진이나 박영희가 문단 안에서 자신들의 영향력을 발휘하고자 했다면 송영은 현장에서, 즉 학교나 공장 같은 곳에서 문화 운동가, 현장 활동가로서의 삶을 살고자 했던 인물이다. 그래서 송영은 벽소설도 많이 남겼고 극작가로서 많은 희곡을 창작하기도 했다.

송영의 작품에 관한 본격적 논의에 앞서서 송영에 대한 당대 비평가들의 상반된 평가 내용을 먼저 살펴볼 필요가 있다. 한설야는 연애를 다룬 송영의 소설을 "사랑에 의한 의식의 결정이라는 말류 유심론의 밀수입"이라 혹평했고 민병휘는 "실패한 작품, 낭만적 작품, 비현실적 작품"이라고 평가절하했다. 그러나 이와 다른 평가도 존재한다. 특히 임화는 "형이 우리 조선의 진보적인 문학, 예술운동의 역사 가운데서도 반드시 차지해야 할 영예 있는 지위가 있"으나 "불행히도 형[송영-인용자]과 이호를 중심으로 한 염군사 그룹의 임무와 위치는 아무 데서도 정당한 평가를 받지 못했"다고 역설한 바 있다.

사실 카프는 파스큘라 계열과 염군사 계열의 경쟁 구도 하에 창설된 조직이다. 이 중 염군사는 현장 활동가, 사회운동가로 이루어진 사회주의자 집단인데, 거기서 핵심 역할을 한 것이 바로 송영이었다. 염군사 계열의 인물들은 박영희나 김기진 등이 주축이 된 파스큘라 계열의 문단적 자원과 그 영향력을 중요하게 생각했고, 마침내 두 그룹이 같이 만나 하나의 조직을 이루게 된 것이다.

송영의 「석탄 속의 부부들」(『조선지광』, 1928.5)과 「우리들의 사랑」(『조선지광』, 1929.1)은 카프의 작품 중에서 노동자 연인 또는 노동자 부부를 등장시킨 매우 희귀한 사례이다. 송영의 1920~30년대 소설은 혁명과 사랑, 또는 운동과 연애를 근거리에 배치했다는 점에서 각별한 의미를 지닌다. 특히 이들 소설에서 송영은 지식인 남성 주인공의 내면 묘사에 별 관심을 기울이지 않는다는 특징을 보인다.

지식인 남성 주인공의 내면 묘사에 관심이 없다는 것이 왜 중요할까?

카프의 주요 작가들은 지식인 남성 주인공의 내면 묘사에 보통 큰 관심을 기울였다. 혁명과 사랑의 문제를 다룰 경우에도 다르지 않았다. 카프의 여타 소설에서는 남성 주인공이 혁명과 사랑 사이에서 고뇌하는 문제가 서사의 흐름을 장악했다면, 송영은 그런 식으로 사랑과 연애의 이야기를 다루지 않는다.

물론 송영 소설에서도 남성 주인공들은 노동자 조직을 위해 기꺼이 일신을 바치겠다는 비장한 결심을 하는 투사로 그려진다. 그러나 그것이 아내와 가족의 일방적 희생을 강요하는 영웅심을 본뜨고 있지 않다는 점이 특징적이다. 무엇보다도 이들은 '사랑 따위는 무가치하다'가 아니라 '우리들의 사랑은 부르주아의 연애(사랑)와는 다르다'라는 자각과 자부심을 갖추고 있어 주목된다. '운동'을 위해 강제로 아이를 유산시키는 남편(김남천의 「처를 때리고」)이나 연애 대신 민중적 큰일을 도모해 인류애를 실현해 보겠다고 다짐하는 인물(최서해의 「해돋이」, 「전아사」)들과 이들은 다르다. 사랑(연애)이냐 혁명이냐의 갈림길에서 갈등하는 주인공을 내세우는 서사의 클리셰를 동시대 프로 문인과 공유하면서도, 송영은 조금 독특한 방식으로 이 갈등을 해소한다. 즉, 혁명을 위해 사랑을 포기하는 것이 아니라, 제 삼의 길에서 부르주아와는 다른 방식으로 사랑하고 혁명하는 노동자의 길을 보여 주려 했다. 따라서 송영 소설에서 생활은 남성 지식인의 황폐한 내면을 상징하는 것이 아니라 노동자 특히 여성 노동자의 생생한 고민과 희망을 담고 있는 살아 있는 현장임을 알 수 있다.

이런 논의를 바탕으로 「석탄 속의 부부들」과 「우리들의 사랑」을 다시 읽어 볼 필요가 있다. 먼저 「우리들의 사랑」에서 눈에 띄는 것은 출소 후 동경에서 노동자로 살고 있는 영노와 그의 첫사랑 용희가 애정과 신뢰를 바탕으로 앞날을 개척하는 모습입니다. 온갖 역경을 거쳐 어렵게 재회한 이들은 “서로 붙어서 일을 하려는 것”을 ‘우리들 사랑’의 목표로 여기면서도 “장차 닥쳐올 거룩한 그러나 비참한 전도를 눈앞에 그리면서” 괴로워한다. 동경에서 어렵게 재회하는 과정에서 주동적 역할을 맡는 것은 다름 아닌 용희이다. 용희는 헤어진 영노를 직접 찾아 나서기 위해 엿장수가 되어 헤매고, 영노가 느끼는 불안과 공포를 잘 잠재워 주는 능동적 주체로 그려진다. 용희의 적극성과 능동성은 “나도요 실상은 당신만큼은 해요”라는 대사에서 두드러지게 나타난다.

이처럼 송영의 단편소설에서는 여성 노동자의 시선과 욕망이 초점화되어 있음을 알 수 있다. 앞서 살펴본 이기영의 『고향』에서 시선의 유일한 주체가 김희준이었다는 사실을 떠올려 보면 왜 이러한 특징이 중요한지 이해할 수 있다. 『고향』에는 주변에서 발생하는 사건들이나 여성 인물을 객체화하여 관찰하는 남성적 시선만이 존재했다면, 송영의 소설에서는 여성 노동자의 시선, 그러니까 여성 노동자가 사랑하는 대상이나 주변 사건들을 어떻게 바라보고 있는지가 잘 드러나 있고, 여성 인물이 어떤 욕망을 가졌는지도 비교적 잘 묘사되어 있음을 알 수 있다.

「석탄 속의 부부들」도 비슷한 맥락에서 주목되는 소설이다. 여기서도 주동 인물은 아내들이다. 두 커플이 등장하는데 모두 노동자 부부이다. 검거된 남편들과 남은 아내들의 상호 신뢰와 사랑을 스케치한 이 소설에서 송영은 동지인 아내들의 연대 가능성이라는 독특한 전망을 제시한다. 남편들이 동경의 노동자 집회 현장에서 검거되자 남은 아내들은 애써 씩

씩하고 명랑한 체하며 서로를 위로하고 배려한다.

그런데 이 소설에서 가장 흥미로운 대목은, 동지인 B와 자기 자신 사이를 의심하는 남편 A에게 아내가 직언하는 부분이다. A라는 노동자는 조금 소심하고 자기 아내가 자기 동지인 B와 가깝게 지내는 것을 매우 불쾌하게 여기면서 의심을 하는데, 그런 모습을 보면서 아내가 이렇게 말을 한다. "운동을 전력을 들여 하시든지 살림을 당분간 전문으로 하시든지 둘 중에 하나를 하라." 그녀는 남편을 향해 "당신은 공연히 중간에서 어정쩡하기 때문에 운동에서도 큰 성적을 못 나타내고 집안도 이 꼴을 만들어 놓은 것이 아니냐"라고 묻는다.

카프 작가들이 남긴 소설 중에서 아내가 남편을 향해 운동을 하든지 살림을 하든지 둘 중 하나라도 정확히 하라는 말을 한 경우는 거의 찾아보기 어렵다. 작중 인물 중 아내가 차지하는 비중은 따라서 상당히 크다고 할 수 있다. 동지들 사이에서 방황하는 남편을 붙들어 주는 사람도 아내이고 동지와 아내 사이를 의심하는 남편을 제대로 각성시키는 것도 아내라는 점이 중요하다.

송영 소설의 현재적 의의는 이렇게 정리해 볼 수 있다. 당시 카프 비평가들에 의해 생활이라는 말은 혁명에 투신한 지식인 남성에 의해서 버려진 비루하고 남루한 공간이라는 의미로 사용되었다. 그렇지만 송영 소설 속의 노동자 인물들은 생활을 버리지 않고 혁명을 하는 방법을 찾아 내어 생활과 운동이 결코 먼 거리에 있지 않음을 입증하고 운동을 생활화한 인물들이다. 특히 여성 노동자들의 활약이 대단히 인상적이라고 할 수 있다. 또한 송영 소설에는 설령 운동에서 패배할지라도 철저히 패배자의 심리에 매몰되지 않을 수 있는 길이 암시되어 있는데, 이것은 남자 주인공들이 스스로를 영웅으로 자처하지 않기 때문에 가능한 일이다. 설령 혁명을 하지 못하더라도, 사회적으로 유명해지지 못하더라도, 자기가 사적 영역에서 꾀할 수 있는 변화는 얼마든지 있다는 깨달음이 이러한 새로운 자부심의 근거로 작용하고 있었다.

4. 마주하기

앞에서는 이기영 소설을 중심으로 카프의 대표작을 거리 두기 하거나, 카프의 비주류 작가 송영의 작품에서 새로운 가능성을 엿보는 작업을 시도했다면, 지금부터는 여성 작가 강경애의 문학적 성취를 마주 보는 작업을 해 보자. 강경애의 『인간문제』에 나타나는 사회주의 페미니즘의 양상을 살펴보고 이 작품이 지금 이곳의 우리에게 던지는 메시지가 무엇일지 고민해 보고자 한다.

강경애는 1906년에 태어나서 1944년에 세상을 뜬 식민지시기의 대표적인 여성 작가이다. 강경애의 『인간문제』(『동아일보』, 1934.8.1.1934.12.22)는 주인공인 선비와 첫째라는 두 인물이 서로 다른 계기로 농촌을 떠나 도시에서 노동자로 거듭나는 과정을 그린 소설이다. 선비는 지주인 정덕호로부터 성폭력을 겪게 되고 첫째는 그에 의해 소작하던 밭을 떼이게 되는 등의 성적 · 경제적 착취를 겪는데, 두 인물은 고향을 떠나면서 조금씩 성장을 해 나간다.

특히 『인간문제』는 여자 주인공 선비가 겪는 성차별과 성폭력, 그리고 계급 차별이 자본주의와 가부장제 속에서 어떻게 맞물려 돌아가는지를 보여 주어 강렬한 사회주의 페미니즘 지향성을 나타낸다. 강경애가 특히 역점을 두어 그려 낸 문제는, 자본주의 사회의 계급 차별이 가부장제에 의해 강화되고 가부장제 특유의 여성 차별 혹은 여성 착취가 자본주의 시스템에 의해 심화되는 과정이었다. 실제로 지주인 정덕호와 공장 감독은 선비에게 성폭력과 계급 차별을 동시에 자행하는 인물들로 그려진다.

선비는 죽음을 맞이하기 전에 첫째와 재회한다. 첫째와 재회를 하는 과정에서 '삐라'라는 매우 중요한 소재가 등장한다. 읽을 줄도 모르는 삐라를 돌리면서 첫째는 "선비도 자기가 넣어 주는 그 삐라를 보고 똑똑한 선비가 되었으면" 하는 희망을 품는데, 이처럼 들여보내는 첫째도 받아 드는 선비도 읽지 못할 삐라이지만 그것은 부르주아 남녀가 주고받는 연애편지 이상의 가슴 두근거림과 불안감을 수반한다. 공개되어서는 안 될 순정과 발각되어선 안 될 진실은 본성상 서로 통하기 때문이다. '밖'에서 온 삐라는 외부성과 불온성이라는 '형식'으로 선비와 노동자들을 동요시킨다. 노동자들은 정작 삐라를 받고도 그 '내용'을 읽을 줄 모르지만 공장 감독들이 내놓으라고 다그치자 비로소 노동자들은 그것이 위험한 물건임을 직감한다. 이처럼 서로가 서로에게 계급의식을 전해 주고 싶어 안달하고 삐라를 받아 볼 수 있길 기대하면서 첫째와 선비는 서로에 대한 사랑과 계급적 분노를 함께 키워 나간다. 삐라는 내용 없이도 진실과 진심을 전달한 것이다.

선비는 끝내 매우 비극적인 죽음을 맞이한다. 그러나 이러한 결말을 여자 주인공의 수난으로 읽을 수만은 없다는 점이 중요하다. 핵심은, 선비에게 가부장제의 억압과 경제적인 억압이 동시에 가해지고 있고 전자가 후자를 그리고 후자가 전자를 훨씬 더 강화했다는 점이다. 『인간문제』는 선비의 비극적 삶을 통해 여성에게 자본주의와 가부장제가 어떻게 상호작용하면서 이중 억압을 행사했는지를 리얼하게 그려 냈다는 점에서 현재성을 띤다.

과연 강경애가 포착한 식민지시기 현실과 21세기 대한민국의 현실이 본질적으로 다르다고 할 수 있을까? 지금도 언론에서 심심찮게 보도되고 있는 직장 내 성폭력 문제라든가 가정에서 끊임없이 발생하는 성폭력 및 노동력 착취 문제는 현재 진행형이다. 『인간문제』에 반영된 강경애의 사회주의 페미니즘 사상이 지금 우리에게도 여전히, 그리고 절실하게 필요한 방법론인 이유는 여기 있다.

참고자료

손유경,「삐라와 연애편지: 일제 하 노동자소설에 나타난 노동조합의 의미」,『현대문학의 연구』, 2011, 7-34쪽

______,「재생산 없는 '고향'의 유토피아」,『한국문학연구』, 2013, 179-208쪽

임화,
혁명과 로맨티시즘

고봉준
경희대학교 후마니타스칼리지 교수

1. 임화는 누구인가?

임화(본명 임인식, 1908~1953)는 근대 문학사에서 가장 극적인 삶을 살다가 사라진 인물이다. 그는 시인이자 비평가였다. 또한 1920~30년대 진보적 예술단체인 카프(KAPF)(조선프롤레타리아예술가동맹)의 실질적 리더이자 혁명가였다. 진보적 민족 문학과 사회주의 사상을 바탕으로 일본 제국주의에 맞섰던 그가 한국전쟁이 끝나고 북한 당국에 의해 '스파이'라는 누명을 쓰고 처형당한 사건은 역사의 아이러니가 아닐 수 없다. 한국 근대 문학은 근대성에 대한 이중적 관계, 그러니까 한편으로는 봉건적 체제를 극복하고 근대성을 확립해야 했고, 다른 한편으로는 자본주의와 제국주의로 대표되는 근대성을 극복해야 하는 조건에서 출발했다. 1920년대 후반에 등장한 카프는 이러한 근대 문학의 정신사를 대표하는 조직이었고, 그 중심에는 바로 임화가 있었다.

임화는 한국 근대 문학을 대표하는 작가이자 비평가이다. 하지만 그의 삶에 대해 알려진 내용은 놀라울 정도로 적다. 이것은 그가 좌익활동을 하다가 월북했기에 생긴 문제이다. 식민지 시기 일본 제국주의는 좌익활동을 탄압했고, 좌익의 사상·표현에 대한 탄압은 해방기에는 미군정에 의해, 한국전쟁 이후에는 독재 권력에 의해 유지·계승되었다. 대중에게 카프와 임화라는 이름이 알려진 것은 1987년 6·29 선언의 후속 조치로 취해진 두 차례의 해금(解禁) 이후의 일이다. 이러한 사상적 탄압으로 인해 그의 작품을 정리하고 생애를 복원하는 기초적인 작업조차 제대로 이루어진 적이 없었다.

임화는 1938년 1월 당시 김동환이 주재한 『삼천리문학』에 실린 「작가단편 자서전」에서 자신이 서울 낙산 밑에서 출생했고, 10살 무렵에는 자상한 부모 슬하에서 행복한 소년 시절을 보냈다고 회고했다. 그리고 20세 전후의 청년 시절에는 중학교를 중퇴하고 경성 거리를 정신 나간 사람처럼 헤맸다고 고백했다. 한편 1953년 임화가 북한에서 간첩 혐의를 받고 재판받을 당시 그가 남긴 진술서에도 임화의 생애에 관한 정보가 들어 있다. 거기에서 임화는 자신이 "빈농의 집안"에서 태어났고 아버지가 소기업을 경영해서 17~18세까지 "소시민의 가정환경" 속에서 성장했다고 진술한다. 그리고 1921년 보성중학교 재학 당시부터 문학에 흥미를 느껴 시를 쓰기 시작했고, 1926년 12월에는 한설야, 이기영 등과 함께 '카프'에 가입했다고 밝힌다. 알려진 바에 따르면 임화는 보성중학교에 재학하면서 이상, 김기림, 윤기정 등과 사귀었고, 1925년 보성중학교를 중퇴하고 한동안 다다이즘 경향의 시에 매료되어 있었다. 이상과 임화는 1921년 보성중학교에 함께 입학한 동기였다. 이 무렵의 보성중학교는 이상, 김기림 외에도 염상섭, 현진건, 현상윤, 김환대, 김상용, 조영출, 고유섭, 윤곤강, 마해송 등 한국 근대 문학을 대표하는 작가들이 거쳐 간

창작의 산실이었다. 또한 그곳은 3·1운동 당시 교내 인쇄실에서 「기미독립선언서」를 인쇄한 장소이었고, 민족 대표 33인의 한 사람인 천도교주 손병희가 운영하던 민족주의 교육의 보루였다. 임화는 청년기의 한때 보성중학교에서 이러한 문학적·사상적 영향을 받았다.

임화는 1926년부터 본격적인 창작을 시작했는데 이 시기에 쓴 작품들은 대개 『매일신보』와 『조선일보』 등에 발표되었다. 이 당시의 임화는 성아(星兒)라는 필명을 사용했다. 그가 '임화(林和)'라는 필명을 쓴 것은 1927년 카프 가입 이후의 일이다. 그에게 '카프' 가입은 이름, 즉 필명을 바꾸어야 할 정도로 특별한 사건이었다. 하지만 문학적으로 임화에게 가장 중요한 해는 1929년이었다. 이 해에 임화는 「네거리의 순이」와 「우리 오빠와 화로」 등을 잇달아 발표하면서 일약 카프의 가장 중요한 시인으로 부상했다. 하지만 그는 1929년 가을 홀연히 일본 유학길에 올랐다. 당시 카프 내에서는 임화의 작품이 '단편서사시'라고 높게 평가되었으나 정작 그의 관심은 영화와 연극에 있었다. 그가 일본 유학을 선택한 이유도 영화와 연극을 공부하기 위해서였다. 하지만 일본에서 임화가 얻은 것은 영화와 연극에 대한 전문적 지식이 아니라 공산주의 이념이었다. 이 시기 일본에서 임화에서 결정적인 영향을 끼친 사람은 이북만이었다. 당시 그는 '카프'의 동경지부 책임자로서 누이동생 이귀례와 함께 공산주의 운동에 관여했다. 일본에 건너간 임화는 그곳에서 제삼전선파(第三戰線派)가 발행하던 잡지 《무산자》의 편집을 도와주면서 김남천·안막 등과 함께 사회주의 사상과 문예이론을 학습했다. 얼마 후 이들은 조선으로 건너와 예술운동의 볼셰비키화를 주장하면서 조직의 주도권을 장악하기 시작했다. 1930년 4월 무렵에 있었던 이 사건을 오늘날 사람들은 '제2차 방향 전환'이라고 부른다.

하지만 카프는 이때부터 위기를 맞이하게 된다. 일본 당국의 본격적인 탄압이 시작되었고, 그것은 카프 구성원을 대상으로 한 두 번의 대규모 검거 사건으로 현실화되었다. 1931년 임화를 비롯한 카프 구성원들이 재건 공산당 사건에 연루되어 체포되거나 구속되는 사건이 발생했다. 사건의 발단은 1930년에 촬영된 강호 감독의 영화 〈지하촌〉이었다. 이 영화는 임화가 주연을 맡고 카프의 영화부가 설립한 '청복키노'가 제작했으나 당국의 탄압으로 인해 상영되지 못했다. 당시 임화도 체포되어 투옥되었으나 불기소 처분을 받고 석방되었다. 이러한 탄압의 시기에 임화는 카프에서 중심적인 역할을 맡았다. 1932년 4월 25세의 나이로 카프의 서기장이 되었다. 하지만 1934년 8월 카프의 산하단체인 극단 '신건설'이 전주 공연을 준비하면서 제작한 전단이 빌미가 되어 카프 구성원에 대한 제2차 검거 사건이 발생했고, 이 사건으로 인해 카프는 사실상 해체기를 맞이하게 된다. 이때 임화도 체포되었으나 폐결핵을 이유로 풀려났다. 하지만 1935년 5월 그는 김남천 등과 함께 경기도 경찰부에 카프 해산계를 제출한다.

임화는 카프 해산 이후인 1935년 8월 폐결핵을 다스리기 위해 경남 마산으로 내려갔다가 그곳에서 소설가 지하련(본명 이현욱)을 만나 결혼한다. 1935년 7월 『조선중앙일보』에 발표된 「다시 네거리에서」는 이 무렵 임화의 내면 상태를 잘 보여 준다. 1937년 중일전쟁이 발발하자 사상과 표현에 대한 일제의 탄압한 한층 폭력적으로 바뀌기 시작했다. 이 무렵 임화는 '혁명'이라는 문제에서 한 발짝 떨어져 수많은 시와 비평을 썼다. 그의 대표작으로 평가되는 「바다의 찬가」를 비롯하여 첫 시집 『현해탄』(1938)에 수록된 상당수의 작품도 이 무렵에 창작되었다. 1938년 가을 임화는 학예사(學藝社)라는 출판사를 설립하기도 했다. 임화는 출판사를 설립한 후 《조선문고》를 기획하여 조선의 전통을 정리하는 작업을 진행했고, 김기림의 『태양의 풍속』, 자신의 비평집인 『문학의 논리』를 출간했다. 또한 그는 신(新)문학사에 관한 글을 집필하기 시작했다. 이 일련의 행위는 '정치'의 영역에서 잠시 벗어나 창작, 출판, 학술의 영역에서 조선의 미래를 고민하기 시작했다는 것을 의미한다.

하지만 그가 '정치'의 영역으로 재소환되는 사건은 생각보다 일찍 왔다. 일본이 2차 세계대전에서 패배함으로써 식민지였던 조선이 해방된 것이다. '해방'이라는 역사적 사건은 다시 한 번 임화를 '정치'의 전선으로 불러들였다. "해방이 도둑처럼 왔다"(함석헌)라는 표현처럼 해방은 예고 없이 찾아왔으나, 그 사태에 대해 임화는 놀랍도록 신속하게 대응했다. 일본의 패배 소식을 들은 임화는 8월 15일 저녁 김남천, 이원조 등 카프계 문인들과의 접촉을 시작했다. 그리고 다음 날 오전에는 유진오와 이태준 등 자신과 문학적 지향이 다른 문인들을 만나 계파를 초월한 단체 결성을 논의했다. 종로구 원남동에서 개최된 이 모임은 '조선문학건설본부'라는 문예 단체로 귀결되었고 8월 16일 임화는 과거 조선문인보국회가 있던 종로의 한청빌딩에 '조선문학건설본부' 간판을 내걸었다. 하지만 이기영, 한설야, 송영 등은 계파를 초월한 단체의 결성에 반대하여 9월 17일 독자적으로 '조선프롤레타리아 문학동맹'을 결성했다. 결국 두 단체는 조선공산당의 방침에 따라 12월 13일 '조선문학가동맹'으로 통합되었고, 임화는 이 단체의 중앙집행위원으로 핵심적인 역할을 했다. 하지만 해방기에 임화는 남북한을 오가면서 문화와 정치 분야에서도 활동했다. 그는 문학인보다는 문화계의 핵심 인사에 가까웠다. 하지만 남한에서의 이런 활동은 오래 지속되지 못했다. 1947년을 분기점으로 좌익 세력에 대한 미군정의 탄압이 극심해지자 임화는 아내인 지하련과 함께 월북하였다. 북한에서 임화는 1948년 9월 북한 정부 수립에 참여했다. 하지만 1953년 한국전쟁 직후 그는 박헌영 등의 남로당계 인사들과 함께 체포되어 총살되었다.

2. 감상적 낭만주의에서 다다이즘으로: 초기 시세계

임화는 1926년 무렵부터 대중적인 지면에 글을 발표했다. 이 무렵 임화는 『매일신보』와 『조선일보』에 시, 산문, 비평 등을 다수 발표한 것으로 알려져 있다. 이때 그가 발표한 비평은 "청소년 수준의 독서 체험을 정리한 수준"(김윤식)을 벗어나지 못했다. 예전에는 임화의 첫 작품이 1926년에 발표된 「무얼 찾니」로 알려져 있었다. 하지만 최근 밝혀진 바에 따르면 임화의 첫 시는 「연주대」(『동아일보』, 1924.12.8)이다.[1] 임화의 작품과 생애에 관한 실증적 연구가 지극히 미진한 상태에서 내려진 판단이

1 「카프시인 임화 초기시 6편 찾았다」, 『동아일보』, 2009.09.28.

므로 임화의 첫 작품이 무엇이냐는 문제는 향후 언제든지 바뀔 가능성이 있다. 그리고 임화가 처음 발표한 작품이 무엇이냐는 문제는 학문적인 관심사는 될 수 있어도 그의 초기 시 세계를 이해하는 데는 그다지 중요한 사항이 아니라. 임화가 임화(林和)라는 필명으로 발표한 첫 작품은 「화가의 서(書)」(『조선일보』, 1927.5.8)이다. 이 시에서 임화는 자신을 "회화에서 도망한 예술가"라고 규정하면서 "이후로부터는 총(銃)과 마차(馬車)로 그림을 그리"는 화가가 되겠다고 다짐한다. 이처럼 '필명'은 작가가 자신에게 부여하는 정체성이라는 점에서 중요하며, 자신에게 새로운 필명을 부여한다는 것은 곧 새로운 정체성을 부여한다는 의미이다. 필명을 기준으로 살펴보면 '성아(星兒)'에서 '임화(林和)'에 이르기까지 그는 약 18편의 시를 발표했다.

죽은 듯한 밤은 땅과 하늘에
가만히 덮였고
음울한 대기는 갈수록 컴컴한
저 하늘 끝에서 땅 위를 헤매는데
소리 없이 자취를 감추고 나리는 가는 비는
고요히 졸고 있는 나무 잎에
구슬 같은 눈물을 지워
어둔 밤에 헤매면서 우는
두견의 슬픈 눈물같이 울며 내려진다.
남모르게 홀로 뛰는 영혼아

이 어둔 비오는 밤에도 쉬지 않고 날뛰며

무엇을 너는 찾느냐?

-「무얼 찾니」 전문

1926년 『매일신보』(1926.4.16)에 발표된 이 작품은 임화의 초기 시 세계를 잘 보여 준다. 이 시의 전반부는 화자의 세계 경험이 지배하고 있다. 즉 화자에게 현실 세계는 "죽은 듯한 밤"과 "음울한 대지"로 인식된다. 이러한 세계 인식은 1920년대에 유행한 감상적 낭만주의의 영향으로 평가된다. 한 마디로 당대의 유행을 모방한 아류라는 평가이다. 이러한 평가는 그의 초기작이 감상적 낭만주의 단계에서 다다이즘으로 이동했다는 문학사적 평가를 정당화하기는 하지만 엄밀한 의미의 평가라고 말하기는 어렵다. 이 시기 임화의 작품이 유행을 따른 것은 분명해 보이지만 반복적으로 등장하는 이미지나 모티프에서 시인의 문제의식을 찾아볼 수도 있기 때문이다. 이 시의 전반부가 암울한 현실을 감상적인 이미지를 통해 표현한 것이라면 후반부는 그 부정적 현실에 대한 화자의 주관적 반응을 표현한 것이라고 말할 수 있다. 화자는 어두운 밤하늘에서 소리 없이 떨어지는 빗방울이 "고요히 졸고 있는 나무 잎"에 부딪혔다가 "두견의 슬픈 눈물같이 굴러 떨어"지는 장면을 응시하고 있다. 여기에서 주목할 점은 화자가 무심히 내리는 비에 "구슬 같은 눈물"이나 "두견의 슬픈 눈물"처럼 정서적인 의미를 부여하고 있다는 사실이다. 당대적인 맥락에서 보면 이러한 정서적 의미는 1920년대, 그러니까 식민지 현실을 환기하는 기능을 한다. 음울한 대기가 세상을 뒤덮고 있는 어두운 밤, 추적

추적 떨어지는 빗방울이 나뭇잎에 맺혔다 떨어지는 장면을 바라보면서 시인은 현실의 무게와 절망감을 느낀다. 그리고 그 장면을 바라보는 자신을 향해 "이 어둔 비오는 밤에도 쉬지 않고 날뛰며/무엇을 너는 찾느냐?"라는 실존적인 물음을 던진다. 이것은 부정적 현실과 대면하고 있는 자신을 향한 물음이면서 식민지라는 현실에 대해 어떻게 반응해야 할지 고민하는 청년의 내면을 드러내는 질문이라고 읽을 수 있다.

기압이 저하하였다고 돌아가는 철필을
도수가 틀린 안경을 쓴 관측소원은
깃대에다 쾌청(快晴)이란 백색기를 내걸었다

그러나 제 눈을 가진 급사란 놈은
이삼 분이 지난 뒤 비가 쏟아지면 바꾸어 달 붉은 기를 찾느라고 비행
기가 되어 날아다닌다
▶
아까— 그 사무원이 페스트로 즉사하였다는 소식은 벌써
관측소를 새어나가
—거리로
▶ 우주로 뚫고
—산야(山野)로
질주한다— 확대된다
그러나 아직도 급사란 놈은 기(旗)에다 목을 걸고 귓짝 속에서 난무한다

비 ● 바람

쏴—

그것은 여지없이 급사를 사무실로 갖다 붙였다.

페스트— 그것은 위대한 것인 줄 급사는 알았다

▶

저기압과 페스트—

충실한 자 사무원은 창백한 관(棺) 속에서도 … 를

반드시 생각뿐만 아니라 반드시 찾을 것이다

그럼 그는 기를 달지 않을 수가 없었다

대신 그는 백색기를 관(棺) 속에 누운 그의 가슴에다 놓아주었다

—가는 자에게 한줄기 안위를 주기 위하여

○

하아! 사십년 동안에 최초로 한 실수는

저기압과 '페스트'라고 급사란 놈은 창 밖에서 웃었다

박테리아 박테리아

—그 힘은 위대하다

—그 힘은 위대하다

○

일분간에 한 마리씩 잡아 삼키니

십육억분이면—시간 환산은 성가시다

=지구는 한(寒)이다

=지구는 한(寒)이다

'박테리아'는 지구를 포옹하고 홍소(哄笑)한다

크게—

크게—

(그 웃음은 흑색 사변형에 배류(倍類)로 증대한다)—

-「지구와 박테리아」 전문

이 시는 1927년 8월 『조선지광』에 발표된 작품으로 임화가 한때 다다이즘에 경도되어 있었음을 보여 주는 사례이다. 알다시피 조선에서 근대 문학은 '신(新)문학'으로 표현되었고, 그것은 재래의 문학에서 벗어난 새로운 문학이 요구된다는 문제의식으로 압축되었다. 따라서 근대 문학으로서의 시는 새로운 시, 즉 신시(新詩)에 관한 논의로 나아갈 수밖에 없었다. 근대 초기의 시인들이 일본을 통해 소개된 상징주의에 관심을 가졌던 이유도 그것에서 새로운 시의 구체적 사례를 발견하려 했기 때문이다. 20세기 초 조선에서 근대 문학을 고민하던 작가들 가운데 이 새로움에 대한 압박에서 자유로운 사람은 거의 없었다. 바로 이러한 조건이 조선의 작가들이 전통이 아니라 서양의 새로운 사조에 예민하게 반응한 이유의 하나였다.

1920년대 초반에 등장한 다다이즘이 바로 그랬다. 1차 세계대전이 끝난 이후 유럽에는 엄청난 변화가 생겼다. 과거 500년간 유지되던 질서가 전쟁으로 인해 파괴되었고, 이러한 전통의 해체는 모든 분야에서 새로운 흐름을 낳았다. 예술 분야에서 그것은 '예술'에 대한 전통적인 관념의 급속한 해체로 나타났다. 다다이즘과 초현실주의로 대표되는 전후 유럽의 예술은 비합리성에 기초하여 전통적인 미학을 거부하는 방향으로 나아갔다. 표현주의, 미래주의 등을 비롯하여 이 시기에 새롭게 등장한 예술적 경향은 모두 전통을 부정한다는 공통점을 갖고 있었다. 이러한 예술적 사조가 조선에 처음 상륙한 것은 1920년대 초였다. 1924년 9월 『개벽』에 고한용이 '고따따'라는 이름으로 발표한 「다다이슴」이 최초의 사례이다. 다다이즘은 매우 짧은 기간 동안 유행했으나 많은 조선의 예술가들에게 깊은 영향을 끼쳤다. 그 가운데에는 임화도 있었다.

임화는 다다이즘의 영향을 받고 「지구와 박테리아」를 썼다. 임화가 다다이즘의 어떤 점에 매력을 느꼈는지 알 수는 없다. 하지만 다다이즘이 지닌 전통과 현실에 대한 부정적 태도와 카프에 가입할 무렵 임화가 갖고 있던 현실 비판적 시각 사이에 공통점이 많은 것은 사실이다. 이 시의 내용은 명확하게 정리하기 어렵다. 기압이 낮아지고 있는데 관측소원이 쾌청하다는 깃발을 걸었다가 페스트에 걸려 죽었고, 비가 쏟아지면 바꾸어 달 붉은 깃발을 뛰어다니는 급사는 박테리아가 지구를 포옹하고 홍소(哄笑)하는 모습을 지켜본다는 것이 대략적인 내용이다. 이러한 내용이 지시하는 바는 명확하지 않다. 대신 이 시에 등장하는 각종 부호와 시형의 파괴 등이 다다이즘의 영향임은 비교적 명확하다. 이 시에 등장하는 흰색 깃발과 붉은색 깃발을 계급적 관점으로 해석하는 사람도 있지만 설득력이 높지는 않다.

3. 단편서사시의 발명

임화는 1926년 12월경 카프에 가입했고, 1928년 7월부터 카프의 중앙위원으로 활동했다. 연구자들이 「지구와 박테리아」를 다다이즘과 사회주의적 계급성을 결합한 작품으로 해석하려는 이유 가운데 하나가 이 작품이 발표된 1927년 8월 무렵 임화가 이미 마르크스주의적인 입장을 분명하게 드러내고 있기 때문이다. 카프에 가입한 직후인 1927년 당시 임화의 생각을 비교적 분명하게 보여 주는 글은 1927년 5월 『조선일보』에 발표된 평론 「분화와 전개: 목적의식 문예론의 서론적 도입」(1927.5.16~21)이다. 이 글에서 임화는 "분화 이후에, 즉 이 공동전선이 붕괴된 후 우리의 진영은 전부가 단순한 목적의식적 비약을 강조하는 모든 선구적 능력을 가져 공산주의의 투쟁적 인테리겐차로 성립된 완전한 무산계급의 문예 전선이 될 것이고 거기에서 벌써 무산계급으로서의 미적 완성의 추구를 할 것이라고 또한 나는 믿는 바이다"라는 진술처럼 예술에 대한 공산주의적 관점을 주장하고 있다. 그 주장의 핵심은 자신들의 예술이 "비본격적이고 포스터적이오 선적적이라도 하등의 관계가 없다"라는 것이다. 1929년에에 발표된 소위 '단편서사시'는 임화가 마르크스주의를 명확하게 표방한 이후에 창작되었다는 점에서 중요하다.

그러나 이 가장 귀중한 너 나의 사이에서
한 청년은 대체 어디로 갔느냐?

어찌된 일이냐?
순이야, 이것은…
너도 잘 알고 나도 잘 아는 멀쩡한 사실이 아니냐?
보아라! 어느 누가 참말로 도적놈이냐?
이 눈물 나는 가난한 젊은 날이 가진
불쌍한 즐거움을 노리는 마음하고,
그 조그만 참말로 풍선보다 엷은 숨을 안 깨치려는 간지런 마음하고,
말하여보아라, 이곳에 가득 찬 고마운 젊은이들아!

순이야, 누이야!
근로하는 청년, 용감한 사내의 연인아!
생각해보아라, 오늘은 네 귀중한 청년인 용감한 사내가
젊은 날을 부지런할 일에 보내던 그 여윈 손가락으로
지금은 굳은 벽돌담에다 달력을 그리겠구나!
또 이거 봐라, 어서.
이 사내도 네 커다란 오빠를…
남은 것이라고는 때 묻은 넥타이 하나뿐이 아니냐!
오오, 눈보라는 '트럭'처럼 길거리를 휘몰아간다.

자 좋다, 바로 종로 네거리가 예 아니냐!
어서 너와 나는 번개처럼 두 손을 잡고,
내일을 위하여 저 골목으로 들어가자,

네 사내를 위하여,

또 근로하는 모든 여자의 연인을 위하여….

이것이 너와 나의 행복된 청춘이 아니냐?

- 임화, 「네거리의 순이」 부분

임화는 1929년에 '단편서사시'라고 평가되는 두 작품을 잇달아 발표했다. 1929년 1월과 2월 『조선지광』에 발표한 「네거리의 순이」와 「우리 오빠와 화로」가 그것이다. 이 작품들은 편지 형식으로 쓰였는데, 전자가 누이동생에게 보내는 오빠의 편지 형식이고, 후자가 오빠에게 보내는 누이동생의 편지 형식이다. 「네거리의 순이」는 "너의 사랑하는 그 귀중한 사내"이자 "내 사랑하는 동무"인 "근로하는 청년, 용감한 사내"가 모종의 이유로 체포되어 "굳은 벽돌담에다 달력을 그리"고 있는 상황을 알리는 내용이다. 임화는 1929년 1월에 잡지에 발표한 후 시집에 수록하는 과정에서 상당히 많은 부분을 수정했다. 가령 잡지에 발표된 작품의 마지막 행은 "그리하야 끄니지 안는 새롭은 用意와 계획으로 젊은 날을 보내라"이다. 위에 인용한 시는 시집에 수록된 것으로서 잡지에 발표된 원문보다 상당히 세련된 형태를 띠고 있다. 위의 시에서 강조점은 "어서 너와 나는 번개처럼 두 손을 잡고,/내일을 위하여 저 골목으로 들어가자,"라는 진술에 맞춰져 있다. "귀중한 사내"를 잃은 "근로하는 모든 여자의 연인"인 누이동생과 "사랑하는 동무"를 잃은 화자가 손을 맞잡고 '내일'을 위해 발걸음을 옮긴다는 설정에는 투옥된 젊은이의 투쟁 정신을 계승한다는 의미가 내포되어 있다. 표면적으로는 누이동생과 오빠라는 일상적인 관계를 중심으로 이야기가 전개되지만, 그 이면에서는 이들을 '청년'으로 호명함으로써 억압적 현실에 맞서는 것이 "행복된 청춘"의 소임이라는 사실을 강조하고 있다.

오빠—그러나 염려는 마세요
저는 용감한 이 나라 청년인 우리 오빠와 핏줄을 같이한 계집애이고
영남이도 오빠도 늘 칭찬하던 쇠 같은 거북무늬 화로를 사온 오빠의
동생이 아니에요
그러고 참 오빠 아까 그 젊은 나머지 오빠의 친구들이 왔다갔습니다
눈물 나는 우리 오빠 동무의 소식을 전해주고 갔어요
사랑스런 용감한 청년들이었습니다
세상에 가장 위대한 청년들이었습니다
화로는 깨어져도 화젓갈은 깃대처럼 남지 않었어요
우리 오빠는 가셨어도 귀여운 '피오닐' 영남이가 있고
그리고 모든 어린 '피오닐'의 따듯한 누이 품 제 가슴이 아직도 더웁습
니다

그리고 오빠…
저뿐이 사랑하는 오빠를 잃고 영남이뿐이 굳세인 형님을 보낸 것이겠
습니까
슬지도 않고 외롭지도 않습니다

세상에 고마운 청년 오빠의 무수한 위대한 친구가 있고 오빠와 형님을
잃은 수 없는 계집아이와 동생
저희들의 귀한 동무가 있습니다

그리하여 이 다음 일은 지금 섭섭한 분한 사건을 안고 있는 우리 동무
손에서 싸워질 것입니다

오빠 오늘밤을 새어 이만 장을 붙이면 사흘 뒤엔 새 솜옷이 오빠의 떨
리는 몸에 입혀질 것입니다

이렇게 세상의 누이동생과 아우는 건강히 오늘 날마다를 싸움에서 보
냅니다

영남이는 여태 잡니다 밤이 늦었어요

—누이동생

-「우리 오빠와 화로」 부분

1929년 2월 『조선지광』에 발표된 이 시는 「네거리의 순이」와 대칭적 관계를 이룬다. 「네거리의 순이」에서는 화자-청자가 '오빠-순이'이고, 이 시에서는 '순이-오빠'이다. 또한 「네거리의 순이」에서 감옥에 투옥된 사람은 순이의 애인인 반면, 이 시에서는 '오빠'가 감옥에 갇혀 있다. 이

시는 누이동생 순이가 감옥에 갇혀 있는 오빠에게 보내는 편지 형식을 취한다. 이 작품 역시 「네거리의 순이」와 마찬가지로 감옥 밖의 인물들이 연대하여 싸움을 이어간다는 것이 핵심적인 내용이다. 1연에서 화자는 오빠가 아끼던 거북무늬 질화를 어린 동생 영남이가 깨뜨렸다는 일상적 사실을 알리는 것으로 편지를 시작한다. 2연에서는 영남이와 화자가 화로가 깨어지고 남은 회젓가락처럼 외로운 상태임을 표현하고, 3~4연에서는 체포되기 전날 밤 평소와 달랐던 오빠의 태도를 회고한다. 5연에서는 남겨진 남매가 "백장의 일전짜리 봉투"를 접어 생활하고 있음을 알린다. 6연에서는 "마루를 밟은 거치른 구두소리"를 등장시켜 오빠의 체포가 폭력적이고 부당하게 이루어졌다는 사실을 환기한다. 7연부터는 오빠의 뜻을 이어받아 투쟁 전선에 나서는 연대의 태도가 부각된다. 7연에서 화자는 자신을 "용감한 이 나라 청년인 우리 오빠와 핏줄을 같이한 계집애"라고 규정하면서 오빠의 체포 소식을 듣고 달려온 동료들이 "세상에 가장 위대한 청년들"이었다는 사실을 강조한다. 여기에서 "화로는 깨어져도 화젓갈은 깃대처럼 남지 않았어요"라는 표현은 '오빠'가 구금되었어도 그것으로 사태가 끝나지는 않을 것임을 암시한다. 오빠가 사라졌어도 "귀여운 '피오닐' 영남아"와 "모든 어린 '피오닐'의 따뜻한 누이"가 남았다는 사실을 명시적으로 밝히는 장면이 바로 그것이다. 화자는 이러한 연대의 정신으로 인해 자신들은 "슬지도 않고 외롭지도 않"으며, "지금 섭섭한 분한 사건"은 "우리 동무 손에서 싸워질 것"임을 예언한다. 이 시에는 오빠의 행동에 대한 구체적 설명이 제시되지 않는다. "오빠 몸에서 신문지 냄새가 난다"라는 화자의 진술을 통해 오빠가 유인물을 인쇄

하는 일을 했다는 사실을 추론할 수 있을 뿐이다.

이상에서 살폈듯이 1929년에 발표된 임화의 단편서사시는 계급적 현실을 서사화시킴으로써 부르주아 계급에 비해 상대적으로 예술적 소양이 부족한 노동자 계급이 쉽게 문학에 접근할 수 있는 방법을 모색하는 과정에서 고안되었다. 특히 이러한 이야기의 구체성에 기반한 계급적 정서의 표현은 1929년 이전 추상적인 표현과 분노의 언어로 점철된 프로시의 한계를 극복했다는 점에서 문학사적 의미를 지닌다. 김기진은 사건과 정서가 조화를 이룬 이 작품들을 가리켜 "성장하는 프롤레타리아의 시로서 근래에 보기 드문 가작"이라고 고평했다. 임화는 김기진의 이런 평가에 동의하지 않고 자신의 시들이 "감상주의 비계급적 현실의 예술화"를 초래했다고 비판하기도 했다. 하지만 시에 이야기를 도입함으로써 프로시의 추상성을 극복한 임화의 이 시도는 카프 문학의 중요한 성취였다고 평가할 수 있다.

4. 카프 이후, 해협의 로맨티시즘

지금도 거리는
수많은 사람들을 맞고 보내며,
전차도 자동차도
이루 어디를 가고 어디서 오는지
심히 분주하다.

네거리 복판엔 문명의 신식 기계가
붉고 푸른 예전 깃발 대신에
이리 저리 고개를 돌린다.
스톱—주의—고—
사람, 차, 동물이 똑 기예(教練) 배우듯 한다.
거리엔 이것밖에 변함이 없는가?

낯선 건물들이 보신각을 저 위에서 굽어본다.
옛날의 점잖은 간판들은 다 어디로 갔는지?
그다지도 몹시 바람은 거리를 씻어갔는가?
붉고 푸른 '네온'이 지렁이처럼,
지붕 위 벽돌담에 기고 있구나.

…

간판이 죽 매어 달렸던 낯익은 저 이계(二階)
지금은 신문사의 흰 기(旗)가 죽지를 늘인 너른 마당에,
장꾼같이 웅성대며 확 불처럼 흩어지던 네 옛 친구들도
아마 대부분은 멀리 가버렸을지도 모를 것이다.
그리고 순이의 어린 딸이 죽어간 것처럼 쓰러져 갔을지도 모를 것이다.
하나, 일찍이 우리가 안 몇 사람의 위대한 청년들과 같이,
진실로 용감한 영웅의 단(熱)한 발자국이 네 위에 끓인 적이 있었는가?

나는 이들 모든 새 세대의 얼굴을 하나도 모른다.
그러나 "정말 건재하라! 그대들의 쓰라린 앞길에 광영이 있으라"고.
원컨대 거리여! 그들 모두에게 전하여다오!
잘 있거라! 고향의 거리여!
그리고 그들 청년들에게 은혜로우라.
지금 돌아가 내 다시 일어나지를 못한 채 죽어가도
불쌍한 도시! 종로 네거리여! 사랑하는 내 순이야!
나는 뉘우침도 부탁도 아무것도 유언장 위에 적지 않으리라.

-「다시 네거리에서」 부분

이 시는 1935년 7월 27일자 『조선중앙일보』에 발표된 작품이다. 이 시는 1935년 『조선중앙일보』에 처음 발표되었고, 이후 임화의 첫 시집 『현해탄』(동광당서점, 1938)과 해방 직후에 출간된 『현해탄』의 재판인 『회상시집』(건설출판사, 1947)에도 모두 수록되었다. 하지만 발표 당시의 원문과 『현해탄』에 수록된 작품 사이에는 차이가 있다. 시집에 수록하는 과정에서 검열로 인해 7행으로 이루어진 한 연이 송두리째 빠진 것이다. 시집에 수록된 작품에서 부정적 현실에 대한 저항 감정이 약하게 느껴지는 까닭이 여기에 있다.

이 시를 「네거리의 순이」(1929)와 나란히 놓고 읽어 보자. 앞에서 살폈듯이 「네거리의 순이」에서 '종로'는 "자 좋다, 바로 종로 네거리가 예 아니냐!/어서 너와 나는 번개처럼 두 손을 잡고,/내일을 위하여 저 골목으로 들어가자,"처럼 투쟁과 연대의 정신이 살아있는 장소였다. 하지만 이 시에서 '종로'의 상황은 전혀 다르다. "지금도 거리는/수많은 사람들을 맞고 보내며,"라는 표현처럼 1935년의 '종로'는 여전히 수많은 행인이 오고 가는 서울의 중심이다. 추측건대 시인은 오랜만에 '종로'를 찾은 듯하다. "여기는 종로 네거리,/나는 왔다, 멀리 낙산 밑 오막살이를 나와 오직/네가 네가 보고 싶은 마음에…"라는 구절에서는 '종로'에 대한 임화의 마음이 고스란히 드러난다. 1930년대의 서울, 특히 종로는 왕조의 수도에서 식민지 자본주의의 중심으로 빠르게 변해 가고 있었다. 이제 종로 네거리에는 "문명의 신식 기계"인 신호등이 달려 있고, "사람, 차, 동물이 똑 기예 배우듯" 그 아래를 지나다닌다. 보신각 주변에는 예전에 없던 "낯선 건물들"이 들어섰고, "붉고 푸른 '네온'이 지렁이처럼,/지붕 위 벽돌담"을 뒤덮고 있다. 그런데 종로의 이러한 풍경은 화자가 기대하던 것이 아니다. "웬일인가? 너는 죽었는가, 모르는 사람에게 팔렸는가?/그렇지 않으면 다 잊었는가?"라는 진술처럼 불과 얼마 전까지 화자에게 '고향'처럼 느껴지던 종로가 지금은 낯선 곳이 되었다. 이제 화자에게 종로는 "낯익은 행인"을 발견할 수 없는 낯선 세계가 되었고, 그곳을 지나는 사람들에게 "단지 피로와 슬픔과 검은 절망만"을 안겨 주는 근대적인 도시가 된 것이다. '종로'에 대한 이러한 심리적 변화가 "문명의 신식 기계"와 "낯선 건물들"이 표상하는 근대 문명의 발전에 따른 것은 아닐 것이다.

1929년과 1935년 사이에 무슨 일이 있었던 것일까? 이 변화의 원인을 주체, 즉 시인에게서 찾는다면, 우리는 두 달 전에 그가 카프 해산계를 제출했다는 사실을 주목하지 않을 수 없다. 임화에게, 아니 1920~30년대 진보적 예술인들에게 카프는 단순한 단체가 아니었다. 그것은 진보적인 예술, 즉 프롤레타리아 예술의 동의어였고, 자본주의적 근대가 지배하는 조선을 변혁할 사상적·실천적 근거지였다. 따라서 카프가 해산했다는 것은 그 혁명의 비전을 상실했다는 의미였다.

(1) 아마 그는
일본 열도의 긴 그림자를 바라보는 게다.
흰 얼굴에는 분명히
가슴의 '로맨티시즘'이 물결치고 있다.

예술, 학문, 움직일 수 없는 진리…
그의 꿈꾸는 사상이 높다랗게 굽이치는 동경(東京)
모든 것을 배워 모든 것을 익혀
다시 이 바다 물결 위에 올랐을 때,
나는 슬픈 고향의 한 밤,
홰보다도 밝게 타는 별이 되리라.
청년의 가슴은 바다보다 더 설레었다.

-「해협의 로맨티시즘」 부분 (『중앙』, 1936.3)

(2) 청년들은 늘
희망을 안고 건너가,
결의를 가지고 돌아왔다.
그들은 느티나무 아래 전설과,

그윽한 시골 냇가 자장가 속에,
장다리 오르듯 자라났다.

그러나 인제
낯선 물과 바람과 빗발에
흰 얼굴은 찌들고,
무거운 임무는
곧은 잔등을 농군처럼 굽혔다.

나는 이 바다 위
꽃잎처럼 흩어진
몇 사람의 가벼운 이름을 안다.

어떤 사람은 건너간 채 돌아오지 않았다.
어떤 사람은 돌아오자 죽어갔다.
어떤 사람은 영영 생사도 모른다.
어떤 사람은 아픈 패배에 울었다.
- 그 중엔 희망과 결의와 자랑을 욕되게도 내어 판 이가 있다면,
나는 그것을 지금 기억코 싶지는 않다.

오로지
바다보다도 모진

대륙의 삭풍 가운데
한결같이 사내다웁던
모든 청년들의 명예와 더불어
이 바다를 노래하고 싶다.

비록 청춘이 즐거움과 희망을
모두 다 땅속 깊이 파묻는
비통한 매장의 날일지라도,
한 번 현해탄은 청년들의 눈 앞에.
검은 상장(喪帳)을 내린 일은 없었다.

-「현해탄」 부분

임화는 「현해탄」이라는 제목의 시를 두 편 썼다. 그 가운데 하나는 1936년 3월 『중앙』에 발표했고, 다른 하나는 첫 시집 『현해탄』에 실었다. 『중앙』에 발표된 「현해탄」은 시집에 수록되는 과정에서 제목이 「해협의 로맨티시즘」으로 바뀌었다. 그래서 시집 『현해탄』에는 「해협의 로맨티시즘」과 「현해탄」이 함께 실려 있다. 임화는 시집 후서(後書)에서 "현해탄이란 제(題) 아래 근대 조선의 역사적 생활과 인연(因緣) 깊은 그 바다를 중심으로 한 생각, 느낌 등을 약 이삼십 편 되는 작품으로 써서 한 책을 만들어볼까 하였다"라고 기획 취지를 밝히고 있다. 임화는 시집의 마지막 페이지에 「바다의 찬가」라는 작품을 배치했는데 "장하게/날뛰는 것을 위하여,/찬가를 부르자"라고 시작되는 이 시는 바다, 즉 현해탄에 대한 임화의 태도를 집약적으로 보여 준다.

그런데 식민지 시기 현해탄에 대한 조선인의 태도는 단순할 수가 없었다. 조선인에게 일본은 국토를 강탈한 침략자이면서 동시에 조선이 지향하는 근대 그 자체를 상징했기 때문이다. 특히 지식인들에게는 더욱 그랬다. 최남선의 「해에게서 소년에게」가 증명하듯이 20세기 초반 조선인들에게 '바다'는 새로운 문명이 도래하는 기원이었으나, 그 바다는 한반도를 침략하려는 외세가 출현하는 곳이기도 했다. 따라서 '바다' 너머에 '일본'이 존재한다는 사실을 잊을 수 없었다. 이러한 현실적 조건 때문에 일본에 대한 조선의 관계는 이중적일 수밖에 없었는데, 이것은 카프와 임화에게도 마찬가지였다. 일본을 통해 수입된 이론으로 일본 제국주의에 맞서야 하고, 서구적 근대를 지향하면서도 '일본=근대'를 극복해야 했다는 이 역사적 조건이야말로 식민지 시기를 살았던 문학인들에게는 딜레마가 아닐 수 없었다.

「해협의 로맨티시즘」에 등장하는 화자의 태도를 살펴보자. 그는 지금 바다 건너편에서 나타난 "일본 열도의 긴 그림자"를 바라보면서 '로맨티시즘'을 경험하고 있다. 그것은 자신이 일본에서 "예술, 학문, 움직일 수 없는 진리"의 "모든 것을 배워 모든 것을 익"히고 돌아와 "홰보다도 밝게 타는 별"이 될 것을 의심하지 않는 마음이다. 「현해탄」은 일본에 대한 청년들의 '로맨티시즘'을 역사적으로 맥락화하고 있다. "청년들은 늘/희망을 안고 건너가,/결의를 가지고 돌아왔다."라는 진술이 바로 그것이다. 물론 시인은 현해탄을 건너간 모든 청년이 뜻을 이룬 것이 아니라고 쓰고 있다. 그 가운데는 돌아오지 않은 사람도 있고, 생사를 알지 못하는 사람도 있고, 아프게 패배한 사람도 있기 때문이다. 하지만 시인은 "먼 먼 앞의 어느 날", 즉 미래의 언젠가 "우리들의 괴로운 역사와 더불어/그대들의 불행한 생애와 숨은 이름이/커다랗게 기록될 것"임을 믿는다. 시의 후반부에 등장하는 "1890년대의/1920년대의/1930년대의/1940년대의/19××년대의"라는 진술은 미래에 대한 낙관적 기대를 표현한 것이라고 이해된다. 임화는 '현해탄=바다'를 대하는 이러한 태도를 '로맨티시즘'이라고 명명했다. 하지만 정확히 말하자면 그것은 혁명적 낭만주의, 즉 현재는 고통스럽지만 미래는 "아름다운 전설"로 기억될 것이라는 낙관적인 믿음의 산물이다. "그러나 우리는 아직도/이 바다 높은 물결 위에 있다"라는 마지막 진술이 이러한 낭만적 태도에 제한을 가하고 있지만 전체적으로 로맨티시즘이 현실을 제압하고 있는 것은 분명하다.

5. 또다시 네거리에서

해방 직후 임화는 다시 한번 '네거리'에 관한 시를 썼다. 또다시 '네거리'로 돌아온 것이다. '1945년, 또다시 네거리에서'라는 부제(副題)가 붙어 있는 이 작품의 제목은 「9월 12일」이다. 이 시는 "조선 근로자의/위대한 수령의 연설이/유행가처럼 흘러나오는/'마이크'를 높이 달고"라는 진술로 시작된다. 여기에서 "조선 근로자의/위대한 수령"으로 지칭되는 사람은 박헌영이다. 1945년 8월 20일 조선공산당재건위원회가 결성되었다. 그리고 9월 11일에는 재건위원회를 기반으로 조선공산당이 재건되었고,

서열 1위의 중앙위원인 박헌영에게는 '총비서'라는 직함이 부여되었다. 이 당시 서열 2위의 중앙위원이 김일성이었다. 이 시는 박헌영의 연설이 흘러나오는 '마이크'를 향해 "위대한 수령의 만세 부르며/개아미 마냥 모여드는/천만의 사람"을 부각시키고 있다. 9월 11일이 조선공산당 재건일이었으므로 다음날인 9월 12일은 조선공산당의 재건을 축하하는 집회나 시가행진이 있었던 것으로 보인다. 그렇다면 '네거리'의 주인공이라고 말할 수 있는 '순이'는 어디에 있을까? "어데선가/외로이 죽은/나의 누이의 얼굴/찬 옥방에 숨지운/그리운 동무의 얼굴"이라는 표현에서 드러나듯이 그들은 이미 숨을 거두었다. 즉 「네거리의 순이」에 등장한 누이동생 순이와 그녀의 연인이자 "내 사랑하는 동무"인 청년은 감옥에서 숨을 거두었다. 해방, 그리고 조선공산당의 재건을 축하하는 행렬과 해방의 기쁨을 누리지 못하는 죽은 누이동생과 동지의 대비, "자랑도 재물도 없는/두 아이와/가난한 아내"의 등장은 해방이 마냥 기쁨으로만 도래한 것은 아님을 보여 준다.

해방기에 임화는 박헌영과 함께 활동했다. 이승만의 남한 단독정부 수립이 확실시되자 박헌영은 1947년 10월경 3·8선을 넘었다. 그리고 이때 임화도 아내 지하련과 함께 월북했다. 그리고 한국전쟁 직후 김일성이 박헌영을 비롯한 남로당 출신들에게 패전의 책임을 물어 숙청할 때 임화도 함께 처형되었다. 임화는 '로맨티시즘'과 '혁명'이라는 조화를 이룰 수 없는 두 개의 깃발을 들고 평생을 살았다. 그는 카프라는 조직의 지도자였고 박헌영과 함께 남로당 활동을 한 정치가였다. 하지만 그는 '로맨티시즘'을 포기하지 못한 시인이기도 했다. '이념'이 유일한 잣대인

시대에는 '로맨티시즘'이 설 자리가 없다. 그의 비극적 죽음은 이것을 입증하는 역사적 사건이었다.

김남천과 리얼리즘의 도정

황지영
충북대학교 국어교육과 부교수

1. 카프와 김남천

카프의 맹원으로 활동하였던 김남천은 1911년 3월 평안남도 성천군에서 중농의 아들로 태어났다. 그의 본명은 '김효식'이며 비교적 경제적 여유가 있는 가정에서 2남 4녀 중 장남으로 성장하였다. 그는 90여 편에 달하는 비평과 40여 편의 소설, 그리고 2편의 희곡을 창작하였고, 꽤 많은 분량의 수필도 창작하였다. 다수의 작품을 성실하게 써 나간 것도 김남천의 장점이지만, 김남천의 특장은 조선적인 '리얼리즘' 문학의 정립을 위해 '비평'으로서의 '창작방법론'과 실제 '소설 창작'을 연결해서 사유하고 실천한 점이다. 그는 당대의 조선 문학이 나아갈 길을 제시하고 자신이 직접 그 길을 앞장서서 만들어 나간다. 그가 자신만의 문학 세계를 만들어 가는 사상적이고 실천적인 저변에는 '카프(KAPF)'가 놓여 있다.

'조선프롤레타리아예술가동맹'을 뜻하는 '카프(KAPF)'는 1925년 8월에 결성되었다. 이 조직은 1922년에 결성된 '염군사'와 1923년에 결성된 '파스큘라'가 함께 하기로 결의하면서 만들어졌다. 결성된 이후 10년 동안 그 구성원들이 활발히 활동하였지만 1931년 만주사변을 필두로 일본이 본격적인 전시국가 체제를 유지하면서 식민지 조선에 대한 감시와 검열이 강화되었고, 이 과정에서 카프 역시 강도 높은 탄압을 받았다. 결국 1935년 5월 김기진, 김남천, 임화 등이 상의하여 경기도 경찰국에 카프 해산계를 제출하고, 그로 인해 10년 동안 유지되었던 카프의 활동은 막을 내린다.

결성 이후 해산 때까지 카프는 조선 문단에서 가장 큰 영향력을 행사하는 단체였다. 내부적으로는 '내용·형식 논쟁', '목적의식 논쟁', '아나키즘 논쟁', '대중화 논쟁' 등을 거치면서 카프가 추구해야 할 방향성을 지속적으로 모색하였고, 1·2차 방향전환을 통해서 프로문학에 대한 지향을 분명히 하기도 하였다. 정치 우위의 문학을 추구하는 카프는 계급문학 혹은 프로문학을 추구하는 과정에서 긍정적인 영향들을 만들어 내기도 했지만, '문학성'이 담보되지 못했다는 평가를 피해 가기는 어려웠다.

그렇다고 해서 이들의 분투가 아무 의미가 없는 것은 아니었다. 문학이란 무엇인지 고민하고, 조선 문학이 나아갈 방향을 치열하게 탐구하고, 문학을 매개로 변혁될 세상을 꿈꾸었던 이들의 활동은 한국문학사 속에서 투쟁과 저항의 정신으로 이어져 역사적이고 정치적인 고난의 순간마다 다채로운 방식으로 그 형태를 바꿔 부상하였다.

카프의 발기인에는 한국 계급문학 최고의 성취로 평가받는 『고향』의 저자인 '이기영'을 비롯하여, 월북 후 김일성 체제하에서 문화선전상을 지낸 '한설야', 「낙동강」의 저자 '조명희', 희곡과 소설을 함께 창작한 '송영', 내용·형식 논쟁을 이끌었던 '박영희'와 '김기진' 등이 포함되었다. 이들은 식민지 조선의 현실을 핍진하게 그려 내면서 동시에 계급투쟁을 통한 사회변혁의 소망을 다수의 작품에서 그려 내었다.

그리고 카프 창립 후 5년쯤 지난 1930년 이들과는 결이 조금 다른 신세대들이 등장한다. 「무산자」를 발간하던 '임화', '안막', '권환', 그리고 '김남천' 등이 바로 그들인데, 이들은 카프의 '소장파(少壯派)'라고 불린다. 이때 '소장(少壯)'은 '젊고 기운찬'이라는 뜻의 단어로, 젊고 씩씩한 이 그룹은 카프의 '볼셰비키화'를 주도한다. 프롤레타리아 문학이 나아갈 바를 명확한 계급투쟁에 기반을 둔 것으로 규정했다. 이 시도는 카프가 마르크스 레닌주의에 더 다가가게 했고, 카프의 정치주의적 성격을 더욱 심화시켰다.

이중 김남천은 카프에서의 활동들을 기반으로 리얼리즘 문학론을 정초하기 위해 노력하면서, 문학은 생산관계 및 경제적인 토대의 변천에 따라 건설되는 의식과 관계를 맺으면서 분화되었고, 철학 및 정치와의 상호작용 속에서 형성되었다고 보았다.[1] 그는 '정치'란 통제와 억압만을 의미하지 않고 인류가 생활하기 시작했을 때부터 모든 사람들과 연결된 것이라고 주장하면서 정치와 분리되지 않으며 생활 속에서 이루어지는 문학을 지향하였다.[2] 더불어 비참한 조선의 현실 속에서 조선 작가들이 자신을 '속물'의 하천에서 건질 수 있는 유일한 길은 건전한 사실주의의 길을 완강히 걸어가는 것이라고 역설하였다. 건전한 세계관으로 무장한 리얼

---

1 김남천, 「문학의 본질」, 『조선중앙일보』, 1936.9.1~4.; 정호웅 편, 『김남천 전집1』, 박이정, 2000a, 191-192쪽.

2 김남천, 「최근 평단에서 느낀 바 몇 가지」, 『조선일보』, 1937.9.14.; 정호웅 편(2000a), 위의 책, 257-258쪽.

리스트적 정신이 현실 생활의 혼란을 향해 나아갈 때, '정치적 암흑'은 문제가 되지 않으며[3] 사실주의는 한 걸음 더 실현될 것이기 때문이다.[4]

2. 김남천의 문학과 삶

1926년 평양고등보통학교에 재학 중인 16살의 김남천은 이 시기에 커다란 영향을 준 한재덕과 함께 동인지 『월역』을 만들고, 1928년부터 프로문학에 관심을 갖기 시작한다. 그리고 그다음 해에는 도쿄 호세이대학에 입학하고 한재덕의 권유로 카프 도쿄지부에도 가입한다. 그 후 1930년 조선에 입국하여 임화, 안막과 카프 개혁 및 신간회 해소를 주장하면서 카프에서 활동을 시작한다. 또한 고향에 가서는 성천청년동맹을 조직하고, 평양고무공장 노동자 총파업에도 관여하면서 사회주의 활동을 이어간다. 김남천은 문인이자 실천가로서의 삶을 꾸준히 구성해 나간다. 그리고 이러한 활동들에서 얻은 경험을 바탕으로 작품 창작을 이어간다. 김남천은 평양고무공장 파업에서 취재한 내용을 바탕으로 소설 「공제생산조합」과 희곡 「조정안」을 발표하는데, 이 부분은 김남천의 사회주의자로서의 활동과 창작이 깊이 연관되어 있음을 보여 준다.

---

3 김남천, 「건전한 사실주의(寫實主義)의 길-작가여 나파륜(奈巴崙)의 칼을 들라」, 『조선문단』, 1936.1.; 정호웅 편(2000a), 위의 책, 149쪽.

4 황지영, 「테크노-파시즘의 문학적 형상화 연구- 일제 말기 소설에 나타난 기술-주체의 윤리를 중심으로」, 『현대소설연구』 제73호, 2019, 255-259쪽.

1931년 1월부터 김남천은 본명이 아니라 필명으로 활동을 시작한다. 좌익단체 가입이 문제가 되어 대학에서 제적을 당한 후, 귀국하여 본격적으로 카프 활동에 참여한다. 그리고 김남천 이력에서 아주 주요한 사건인 카프 1차 검거 사건, 일명 '조선공산주의자협의회사건'에 연루되어 카프 맹원으로는 유일하게 2년 동안 실형을 살게 된다. 1933년에 병보석으로 출소를 하고 낙향을 하지만, 이 경험은 김남천의 의식 속에 강렬하게 남는다. 그래서 옥중 체험을 담은 「물!」이라는 단편소설을 창작하였고 이 작품을 혹평한 임화와 '「물!」 논쟁'을 벌이기도 한다. 이 시기 김남천은 카프 활동에 적극적으로 참여하면서 동시에 공장 노동자들의 삶을 다룬 소설들을 발표하기도 하였다. 그중 1931년에 발표된 「공장신문」과 1932년에 발표된 「공우회」, 그리고 1934년에 발표된 「문예구락부」가 주요 작품이다.

조선에 대한 검열과 감시가 강화되면서 1934년부터는 김남천에게 많은 변화가 발생한다. 1934년 제2차 카프 검거가 시작되고 김남천도 검거가 되었으나 1931년 1차 검거 때 투옥되었단 이유로 석방된다. 그래서 김남천은 기자로서 이 조사과정을 취재하여 보도한다. 그리고 1935년 5월에 임화, 김기진과 협의하여 카프 해산계를 경기도 경찰국에 제출하고, 조선중앙일보 기자가 되지만 신문이 정간되면서 퇴사하게 된다. 여기까지가 카프와 직접적인 연관성을 가지고 있었던 김남천의 개략적인 삶이다. 김남천은 카프 해산 후 2년여 동안 비평은 계속 발표하였지만 소설 창작에서는 공백기를 갖는다.

그러다가 1937년 3월부터 창작방법론과 연동되는 작품들을 왕성하게 발표하기 시작한다. 카프가 해산되고 공식적으로 사회주의를 표방할 수 없었던 시기에 김남천의 마음이 어땠을지에 대해서는 그가 이 시기에 발표한 소설들을 따라 읽어 가면 조금은 짐작할 수 있다. 외압에 의해 삶의 구심점이었던 이념을 상실한 자의 내면이 그의 작품 곳곳에서 핍진하게 그려진다. 구체적으로는 「처를 때리고」(1937)와 「춤추는 남편」(1937), 그리고 「제퇴선」(1937)과 「요지경」(1938) 등에서 이를 확인할 수 있다. 더 이상 사회주의자일 수 없음에서 오는 허무함, 우호적이지 않은 타인들의 시선, 생활에 안주하고 싶은 분열적인 욕망 등이 주인공들의 내면을 파고들면서 이들의 삶은 균형감각을 상실한다. 그래서 이 시기의 김남천은 인격 상실을 겪는 어른들의 대항마로 소년들의 서사를 쓰기도 하고, 가치중립을 추구하는 기술자를 주인공으로 내세우기도 한다.

그리고 드디어 1945년 8월 15일 기다리고 기다리던 해방이 찾아왔다. 해방 직후 김남천은 임화와 함께 조선문학건설본부 설립을 주도한다. 그리고 다음 해에는 조선문학가동맹의 중앙집행위원회 서기국 서기장이 된다. 일제의 탄압으로 드러낼 수 없었던 자신의 이념을 다시 한번 펼칠 수 있는 기회를 만난 것이다. 하지만 남한에 미국의 영향력이 강화되면서 그는 1947년 남로당 계열 문인들과 함께 월북을 한다. 그리고 1951년에 소설 「꿀」을 발표한 이후 행적이 불분명한 상태이다. 김남천의 사망과 관련해서는 세 가지 설이 존재한다. 하나는 임화, 이원조와 함께 1953년에 숙청되었을 것이라는 설이고, 다른 하나는 1955년 박헌영 숙청 때 함께 숙청되었을 것이라는 설이다. 마지막은 1978년까지 생존해 있었다는 설이지만 이 셋 다 명확한 근거가 있는 주장은 아니다. 확실한 것은 월북 후 김남천의 삶이 녹록지 않았고 그가 꿈꾸던 이념 세상은 실현되지 않았다는 것이다.

3. 김남천과 비평 세계 – 조선문학이 나아갈 방향성 제시

'비평이란 무엇인가?' 혹은 '어떤 비평이 좋은 비평인가?' 이 질문들에 대한 대답은 시대마다 그리고 논자마다 다를 수 있다. 최근의 비평 경향과 김남천이 주로 활동하던 시기의 비평은 성격이 많이 다르다. 최근의 비평들이 작품들의 의미를 함께 만들어 가는 상호적인 경향이 강하다면, 식민지 시기의 많은 비평가는 창작자들이 나아갈 방향성을 제시하는 것이 자신들의 사명이라고 생각하였다. 이런 생각은 김남천이 발표한 창작 방법론들을 보면 더욱 명확해진다. 카프 해산 이후 사회주의자들의 소시민성을 폭로하는 '고발문학론'에서 시작하여 '모랄론'과 '풍속론'을 거쳐 '로만 개조론'에 이르고, 다시 '관찰문학론'으로 나아가기까지의 과정에는 조선문단을 위한 비평가 김남천의 분투가 담겨 있다.

이러한 김남천의 비평 이력 중에서 가장 먼저 주목할 사건은 1933년에 있었던 임화와의 '「물!」 논쟁'이다. 「물!」에는 김남천이 실제로 감옥에서 생활한 경험이 녹아 있는 만큼 수감자들의 일상에 대한 사실적인 묘사가 담겨 있다. 소설은 감옥 안에서 수감자들이 먹기에 턱없이 부족한 양의 물이 제공되고, 이로 인해 갈등이 발생하고, 결국 간수가 차가운 수

돗물을 받아 와서 다들 물을 마시지만 주인공은 찬물을 먹고 배탈이 난다는 내용을 담고 있다. 이 소설의 서사는 복잡하지 않고 단순하며, 미학적 측면에서 문학적 형상화가 잘 이루어진 작품이라고 보기는 어렵다.

하지만 작품에서의 '물'이 사전적 의미와 더불어 확장적 의미까지를 지닌다는 것을 생각하면서 소설을 살펴볼 필요가 있다. 소설 속에서 '물'은 인간의 생존을 유지시키는 필수재이자 수감자들이 간절히 소망하는 대상이다. 그래서 1차적으로 '물'에 대한 갈망은 '육체적 목마름의 해소'를 위한 것이다. 하지만 의미는 여기에서 멈추지 않고 수감자들의 '자유를 향한 갈망'으로까지 확장된다. 또한 이 작품에는 카프 1차 검거 사건으로 감옥에 다녀온 실천가 김남천의 자부심도 담겨 있다.

그래서 임화가 유물변증법에 기반한 창작방법론의 한계를 지적하고, 작품과 문학가의 실천을 등치시키는 것은 경험주의적 오류가 담길 수 있다며 이 작품을 비판하자 김남천은 이에 반대한다. 이 소설에 대한 임화의 의견은 타당하다. 그리고 김남천 역시 이것을 모르지 않았을 것이다. 그럼에도 그가 임화와의 대립에서 물러설 수 없었던 이유는 사회주의 활동을 하다가 감옥에 다녀온 자신의 삶과 경험을 긍정하는 마음이 컸기 때문이라고 추측할 수 있다. 그래서 그는 주관성에 갇혔다는 평가를 들으면서도 물러서지 않는다. 비평사의 관점에서 본다면 이 논쟁은 작가의 세계관과 창작 방법, 비평의 객관성과 작가의 실천 문제 등을 제기했다는 점에서 의의가 있다. 그리고 논쟁이 진행되는 동안 김남천의 진솔한 내면을 읽어 낼 수 있다는 점에서도 주목할 만하다.

이제 김남천의 창작방법론에 대해 이야기해 보자. 카프 해산 이후 김남천은 계속해서 리얼리즘 문학, 특히 소설이 나아가야 할 방향에 대해서 고민한다. 그래서 고발문학론, 모랄론, 풍속론, 로만개조론, 관찰문학론에 이르기까지 다양한 창작 방법들을 고안하고 그 방법들에 기대어 작품 활동을 이어간다. 이 과정은 리얼리즘 이론을 정립하기 위한 김남천의 노력이 소설 창작과 더불어 본격적으로 이루어졌음을 보여 준다.

여러 창작방법론 중 가장 먼저 등장한 것은 혼란스러운 문학적 현상을 타개하기 위해 고안된 '고발문학론'이다. 김남천은 창작의 혼란이 발생한 이유는 문학을 정치로부터 결별시켜 인간이나 문학 자체로 귀환시키려는 회귀론 때문이라고 보고, 이를 타개하기 위해 사회주의 리얼리즘에 기반하여 일체의 모든 생활과 대상을 무자비하게 고발할 것을 주장한다.[5] 그러면서 주로 사회주의자인 작가 및 작중 인물의 소시민성을 폭로하고 자기를 고발하는 내용을 중심으로 작품을 창작한다. 이렇게 창작된 작품들은 카프 해산 이후 많은 사회주의자가 느꼈을 상실감에 대한 이야기이며, 대표작으로는 「처를 때리고」와 「춤추는 남편」 등이 있다.

> 그놈이 돈을 낸다구 출판사를 하겠다구. 출판사를 하야 문화사업을 한다구. 너두 양심이 있는 놈이면 잡지책이나 내고 신문소설이나 시 나부랭이를 출판하면서 그것이 다른 장사보다 양심적이라고 말은 안 나올 게다. 새로 난 법률이 무섭지 직업이 필요했지. …
>
> 야 사회주의가 참 훌륭하구나. 이십 년간 사회주의나 했기에 그 모양인

---

5 김남천, 「고발의 정신과 작가」, 『조선일보』, 1937.6.1.~5., 정호웅 편(2000a), 앞의 책, 220-232쪽.

줄 안다. 질투심 시기심. 파벌심리. 허영심. 굴욕. 허세. 비겁. 인찌끼[いんちき, 협잡과 부정(인용자)]. 브로커. 네 몸을 흐르는 혈관 속에 민중을 위하는 피가 한 방울이라도 남아서 흘러있다면 내 목을 바치리라.[6]

이 작품의 주인공은 사회주의의 거두로 활동했지만 지금은 친구이자 변호사인 '허창훈'에게 지원금을 받아서 출판사를 차리려고 하는 '차남수(나)'라고 하는 인물이다. 나는 신문기자인 '김준호'와도 동업을 하려고 하는데 아내 '정숙'과 준호 사이를 의심하면서 문제가 발생한다. 이 오해로 인해 아내와 다투던 중 사상적 동지이기도 했던 아내의 신랄한 폭로를 통해서 자신의 치부를 확인하게 된다. 남수가 과거에 신봉했던 '사회주의'와 현재에 치중하고 있는 '문화사업'의 허구성, 그리고 남수의 무의식 속에서 은연중에 자부심을 불러일으켰던 '징역살이'가 사실은 자신의 치졸함을 은폐하기 위한 위선적인 장치였음이 폭로된 것이다.[7]

이처럼 전향 이후 사회주의자의 삶을 부부싸움 중 분노가 극에 달한 아내의 입을 빌려 고발하는 전략은 꽤 효과적이다. 본인도 이미 느끼고 있지만 아무도 몰랐으면 했던 자신의 비루한 모습이 만천하에 공개되자 나는 자조에 빠진다. 그리고 삶을 이어가기 위한 자기합리화의 과정을 겪는다. 이 작품에 사용된 창작 방법으로서의 자기고발론은 주요 인물의 참담한 내면을 적나라하게 드러내어 사실성을 확보할 수 있는 장점이 있

---

6 김남천, 「처를 때리고」, 권영민 편, 『韓國近代短篇小說大系 3』, 태학사, 1988c, 162-164쪽.

7 황지영, 『식민지 말기 소설의 권력담론: 이기영, 한설야, 김남천을 중심으로』, 소명출판, 2020, 69쪽.

긴 했지만, 변명이나 자조 등 신변잡사의 영역을 벗어나기 어려웠다. 그래서 김남천은 이를 넘어서기 위해 객관성의 추구가 더해진 창작방법론을 다시 고민한다.

그래서 등장한 것이 바로 '모랄'과 '풍속' 개념을 매개로 한 새로운 단계이다. "모든 현상을 그것 자체로서 파악하려고 하는 하나의 인식"을 뜻하는 '모랄'은 개인의 도덕적 차원과는 구별된다. 사회와 역사에 대한 합리적이고 과학적 인식을 추구하는 모랄은 풍속과도 밀접한 관련성을 지닌다. 그리고 '풍속'은 인간 생활의 각종 양식에 의해 결정되는 것으로 일반 대중과의 객관적 현실을 인식할 수 있게 돕는다. 객관적 현실에 대한 전체성을 파악하는 것, 다시 말해 주체의 현실 인식이 바로 모랄론과 풍속론의 핵심이다.

> 이제 내가 이상의 논술을 거쳐서 '로만' 개조의 단초적 출발까지를 합쳐서 생각할 수 있는 방향으로 무엇보다 풍속개념의 재인식과 가족사와 연대기에의 길을 제시하는 것은 가장 적절한 장소일까 생각한다. 다시 말하면 풍속이라는 개념을 문학적 관념으로서 정착시키고 그것을 들고 가족사로 들어가되 그 가운데 연대기를 현현시켜 보자는 것이다. … '모랄'의 확립, 정황의 전형적 묘사, 생기발랄한 인물의 창조, 지적 관심의 앙양— 이것은 족히 '로만'개조의 기본적인 내용이 될 수 있으며 동시에 상실한 소설성을 작히 탈환할 수 있을 것이라고 생각하였다.[8]

8 김남천, 「현대 조선소설의 이념-로만 개조에 대한 일(一)작가의 각서(覺書)」, 『조선일보』,

그리고 여기에서 한 걸음 더 나아간 '로만개조론'이 등장한다. 형상화의 매개체로서 모랄과 풍속을 끌어안으면서 장편소설을 중심으로 조선적 리얼리즘의 성취를 추구하려고 한 것이 바로 로만개조론이다. 위의 인용문에서도 확인할 수 있듯이 김남천은 "모랄의 확립, 정황의 전형적 묘사, 생기발랄한 인물의 창조, 지적 관심의 앙양"을 로만개조의 핵심으로 보았다. 하지만 당대적 상황에서 적극성을 담아 '시련의 정신'을 구현하는 인물 창조는 어려운 일이었기 때문에 과거로 거슬러 올라갈 수밖에 없었다.

그래서 등장한 것이 바로 개화기를 배경으로 하는 가족사 연대기 소설 『대하』이다. 『대하』는 1939년 인문사 장편소설전집 기획의 하나로 출판되었다. 당대로부터 30년 전인 '개화기'를 무대로 설정하여 '현재의 전사(前史)'를 그려 낸 진정한 역사소설을 표방하고 있다. '돈'이 더욱 지배적인 가치가 되어가는 세계 속에서 서자인 '형걸'이 삶을 개척해 나가는 내용이 주를 이룬다. 하지만 이 작품에서 로만개조론이 제대로 녹아들었는지를 묻는다면 그에 대한 대답은 '부족하다'에 가깝다. 이상을 추구하는 이론을 실제 창작에 직접 대입하여 문학적 성취를 이루기는 어렵다는 것을 이 작품 역시 보여 준다.

김남천이 실험한 마지막 창작방법론은 '관찰문학론'이다. 김남천은 발자크 문학에서 영감을 받은 후 더 철저한 '객관성'을 추구한다. 그래서 작가의 주관을 압도하는 객관에 대한 추구가 '관찰문학론' 속에 녹아 있다.

1938.9.10.~18.; 정호웅 편(2000a), 앞의 책, 403-405쪽.

김남천은 발자크를 인용해 '리얼리즘의 정칙'은 "속물성을 비웃는 인간이 아니라 속물 그 자체를 강렬성에서 구현하고 있는 인물을 창조하는 것"이라고 말하면서, 객관성의 눈을 가지고 사상 대신 현실을 담는 문학을 추구한다.

> 여기에서 나는 전형적 성격 창조에 있어서의 리얼리스트의 최대의 교훈을 다음과 같이 정식화하련다. 자본주의 사회의 화폐의 위력과 그의 법칙을 폭로하는 데 소설가는 청빈주의(淸貧主義)와 빈궁문학(貧窮文學)을 택하지는 않었다고! … (이것은 속물세계의 속물성을 묘파(描破)한다고, 속물을 비웃고 경멸하는 신경질적인 고고한 결벽성만을 따라다니는 우리 문단의 작금의 소설가와, 그것을 시대사상의 반영이라고 극구 찬양하고 있는 비평의 유행에 대하여도 커다란 교훈이 될 것이라고 생각한다. 그러나 발자크의 수법에 의하면 작가는 속물성을 비웃는 인간이 아니라, 속물 그 자체를 강렬성에서 구현하고 있는 인물을 창조하는 것이 리얼리즘의 정칙(定則)이었다.)[9]

김남천은 1940년 5월 「체험적인 것과 관찰적인 것」으로 관찰문학론의 연재를 끝내면서 자신이 전개한 일련의 창작방법론이라는 '문학적 행정(行程)'이 필연적이었고, "체험의 양기(揚棄)된 것으로 관찰을 상정"하고 있다는 것을 밝힌다. 이것은 그의 창작방법론이 연속성을 지니고 있으며

---

9 김남천, 「성격과 편집광의 문제(발자크 연구 노트 2)-『으제니·그랑데』에 대한 일고찰」, 『인문평론』 제3호, 1939.12.; 정호웅 편(2000a), 위의 책, 550쪽.

연속성을 만들어 내는 속성이 작가적 체험과 관계가 있음을 짐작게 한다. 그의 리얼리즘 논의 속에서 체험과 관찰, 주관과 객관은 다르지 않으며 작품 속 '생활의 반영'을 위해 변증법적 통일을 지향해 나가는 과정에서 나타난 산물로 볼 수 있다.[10]

지금까지 김남천의 비평 세계에 대해서 살펴보았다. '어떤 문학이 좋은 문학인가?', '소설은 어떻게 창작해야 하는가?', '작가는 어떤 태도를 지녀야 하는가' 등 김남천의 창작방법론에는 문학의 방향성과 문학자로서의 실천에 대한 고민이 많이 담겨 있다. 이런 고민들에 대한 답을 찾아가는 과정에서 김남천은 리얼리즘에 대한 시각을 벼리고, 다양한 인물들이 주인공으로 등장하는 소설들을 창작하여 리얼리즘 문학이 나아갈 길을 구체적으로 만들어 나간다.

4. 김남천의 소설 세계 – 리얼리즘의 완성을 위한 다채로운 시도들

창작방법론과 연동하는 김남천의 소설 세계를 한 문장으로 정리하면 리얼리즘의 완성을 위한 다채로운 시도들이라고 말할 수 있다. 끝없는 모색의 산물인 창작방법론들에서도 확인할 수 있듯이 김남천은 리얼리

10 김민정, 「전략의 기표, 응전의 기의- 김남천 창작방법론의 비평적 성격과 리얼리즘론의 의미 고찰」, 『泮橋語文硏究』 제45집, 2017, 124-125쪽.

즘 문학을 정립하기 위해 탐구를 거듭하였다. 그리고 그 탐구의 결과가 바로 다양한 인물군이 주인공으로 등장하는 그의 소설들이다.

실제로 김남천 소설의 주인공들은 훨씬 더 다양하지만 이 글에서는 노동자와 소년, 기술자, 전향 사회주의자와 생활인 등 크게 다섯 종류의 주인공이 등장하는 소설들을 중점적으로 살펴보고자 한다. 김남천은 노동자와 소년에게서 미래를 개혁할 수 있는 희망을 보고 이들의 긍정성에 대해 서술해 나간다. 그리고 가치중립을 표방하는 기술자 주인공에 대해서는 판단을 유보하면서 거리를 두고 관찰하는, 즉 중립적인 태도를 보인다. 마지막으로 자신의 모습과 겹쳐지는 전향 사회주의자이자 생활인이 된 주인공들을 바라보는 시선에는 자조와 안타까움이 묻어 있다.

첫 번째로 살펴볼 것은 '노동자'가 주인공으로 등장하는 소설들이다. 주요 작품으로는 「공장신문」과 「공우회」, 「문예구락부」 등이 있다. 이 소설들에는 공장에서 벌어지는 부당한 대우에 분노하는 노동자들의 모습과 이를 타개하기 위해 함께 투쟁하는 모습 등이 담겨 있다. 이중 노동자들의 분노를 조직하기 위한 수단으로 신문과 벽보 등이 활용되는 모습과 공장 내 문화 활동에 초점을 맞춘 모습은 눈여겨 볼만 한다.

> ㈎ "우린 주인에게 리를 보게 하기 위하여 아침 일곱 시부터 밤 열두 시까지 일한다. 그동안 쉬는 시간은 점심 식사 삼십 분, 저녁 식사 사십 분이다! 그리고 우린 얼마나 받나? 양말 한 타스에 팔 전 받는다. 우린 매일 먼지만 먹구 산다! 매일 기계소리만 듣구 산다. 그래 우리가 간간이 창가나 한다구 그게 뭐이 잘못이란 말인가?" …

"창가를 못 부르게 하려면 작업시간을 변경하는 게 당연하다. 점심 시간두 한 시간쯤 하구 밤 일두 단축해라!"[11]

㈏ 나는 우리들이 일하는 것 같은 공장 안에두 도서관 같은 것이 설비된 곳이 땅 위에 있다는 것을 알았다.
나는 그런 때를 꿈꾸었다. 얼마나 좋으랴! 마음대로 일하고 자미난 책을 읽고 휴게실에 가 이야기하고 우렁찬 노래를 부르고 우리끼리 연극두 하고 뽈두 차고.
나는 지금 밥도 못 먹을 형편이다. 그러나 내가 생각하는 건 결코 꿈이 아닌 줄 안다. 그러기에 나는 비관하지 않는다. 울지도 않는다.[12]

창성 양말공장의 직공들이 등장하는 「문예구락부」에는 창가를 직접 지어서 부르기 좋아하는 원찬이 등장한다. 유행가도 마음대로 고쳐서 부르고 기계 소리보다 크게 노래를 부르는 원찬을 직공들은 좋아하지만, 공장 감독은 가사가 상스럽고 일의 능률을 저해한다는 이유로 그가 창가를 부르지 못하게 한다. 원찬이 이러한 경고를 무시하자 감독은 원찬에게 해고를 통보하고 이 일로 인해서 원찬뿐 아니라 전체 직공들이 분노에 싸여서 파업을 준비한다.[13]

---

11 김남천, 「문예구락부」, 권영민 편, 『韓國近代短篇小說大系 4』, 태학사, 권영민 편(1988d), 51쪽.
12 김남천, 위의 글, 권영민 편(1988d), 위의 책, 49쪽.
13 황지영, 「기술의 역학과 여공의 정동- 1930년대 공장소설을 중심으로」, 『현대소설연구』 제77호, 2020, 539쪽.

이 소설에서는 기계적 리듬에 맞춰 일만 할 것을 강요하는 사측에 대항하여 인간적인 리듬을 담고 있는 노래를 부르고, 책을 읽을 수 있는 공간이 마련되어 있는 노동 현장을 원하는 노동자들의 모습이 담겨 있다. 이러한 생각은 당대 현실에서는 너무 선진적인 것이어서 현실성이 떨어지는 것처럼 보이기도 하지만, 작품 속에서 주요인물들은 자신들의 요구를 하나씩 관철해 나가면서 노동 환경을 개선해 나간다. 그리고 자신이 원하는 노동 환경이 결코 공상이 아님을 확신한다.

두 번째 유형은 '소년' 주인공들이 등장하는 소설이다. 김남천은 소설 속에서 인격을 상실한 성인들 대신에 가능성의 주체로서 '소년'들을 호명한다. 소년들을 주인공으로 내세운 소설들은 무기력한 주인공들이 등장하는 세태소설이나 내성소설과 달리, 소년들의 건강함을 바탕으로 김남천이 창작방법으로서의 모랄론과 풍속론에서 내세웠던 논리들을 실현하기에 좋은 구도를 갖고 있다. 이 소설들에서는 소년의 성장을, 다시 말해 주체화 과정을 그리면서 모럴과 풍속을 녹일 수 있고 주체의 재건 역시 추구할 수 있다. 이 유형에 해당하는 주요 작품은 「남매」(1937)와 「소년행」(1937), 「누나의 사건」(1938)과 「무자리」(1938) 등이다.

김남천은 이 소설들에서 아직 자기분열을 경험하지 않은 생기발랄한 소년들의 시선을 사용해 타락한 사회를 비판하고 이를 넘어설 수 있는 방안을 모색한다. 소년들은 아직 행동력과 지적 능력이 부족하기 때문에 소설 속에서 현실에 대한 구체적인 인식이나 대립적 행동을 뚜렷이 드러내지는 못한다. 대신에 이들의 이야기는 모순된 현실의 단면을 소년의 경험 속에 집약시켜 현실의 부정성을 더욱 극명하게 드러낼 수 있는 장

점이 있다.[14]

> "학구형이 나, 형이 댕기는 기계깐에 넣어다우."
>
> 그대로 웃는 낯으로 졸라보았다.
>
> "머? 네가? 학곤 어떻가구. 내년에 졸업인데 학곤 어떻가구."
>
> 그러나 운봉이가 이 말에 대답하지 않으매 학구도 재처 묻지 않는다. 학교에 다니다가 그만두고 광산으로 가게 되든 육칠 년 전의 자기의 사정이 지금 운봉이를 찾아온 것이라고 그는 이해한다. 묵이 올려왔다. 상귀퉁이로 마늘장을 밀어놓으며,
>
> "어서 묵이나 머."
>
> 하고 운봉이에게 권한다.
>
> 묵을 먹고 학구를 따라 행길에 나서니 가을 아침의 햇발이 몸에 상쾌하다. 완일네 자전거포 앞을 지났으나 완일이는 껏득 인사만 하고 아무 말이 없다. 놀려댄다고 하여도 운봉이에겐 부끄러울 것이 없을 것 같었다. 이제부터는 아무것도 부끄럽고 무서울 것이 없을 것 같었다.[15]

위의 인용문은 「무자리」의 마지막 장면이다. 상급학교로 진학하기를 원했던 '운봉'은 가정 형편 때문에 결국 노동자가 되는 길을 선택한다. 그래서 '학구 형'을 찾아가 학구가 다니는 '기계깐'에 자신도 넣어 달라고 부

---

14 나병철, 「김남천의 소년 주인공 소설연구」, 『비평문학』 제3호, 1989, 368-369쪽.

15 김남천, 「무자리」, 권영민 편(1988c), 앞의 책, 129-130쪽.

탁한다. 운봉의 미래가 학구의 삶 속에 담겨 있다면, 학구의 과거는 운봉의 삶 속에 담겨 있다. 운봉과 같은 과정을 거쳐서 노동자가 된 학구는 운봉이 노동자가 되는 것을 도와줄 것이고, 노동의 현장에 발을 디뎌 놓을 운봉이는 더 이상 부끄러움과 무서움을 느끼지 않고 변혁의 주체가 되기 위한 길을 꿋꿋이 걸어갈 것이다.

세 번째는 '기술자'가 주인공인 소설들이다. 주요 작품으로는 「철령까지」(1938), 「길 우에서」(1939), 『사랑의 수족관』(1939-40) 등이 있다. 김남천의 여러 소설들에서 반복해서 등장하는 기술자는 '토목기사'이다. 「길 우에서」의 'K기사'는 공사장을 떠나는 인부의 아이에게 과자를 사 주기도 하고, 인부의 가족으로부터 "백의 한 사람두 드믄 양반"이라는 칭찬을 듣기도 한다. 하지만 그는 공사장에서 폭발물 사고가 날 경우, 부상자보다는 사망자를 희망한다. 이런 순간에 인도주의적 의분이란 그리 높게 평가할 것이 못 되기 때문이다. 그렇다고 그가 사람의 가치를 대수롭지 않게 여기는 것은 아니다. 그는 사고 현장에 한해서 "사람의 목숨을 가볍게 보는" 것이다. 현실 속에서 자신이 노동자들의 문제를 해결할 수 없다고 판단될 때 그는 '의분'을 갖기보다는 효율적인(?) 처리가 가능한 '기능주의'를 선택한다.[16]

한편 『사랑의 수족관』의 '김광호'는 일본에서 대학을 졸업한 수재이자 사회주의자인 '김광준'의 동생이지만 형의 사상에 동조하지 않은 채 근대

16 황지영, 『식민지 말기 소설의 권력담론: 이기영, 한설야, 김남천을 중심으로』, 소명출판, 2020, 169-170쪽.

의 과학기술을 예찬하는 인물이다. 그는 식민지 말기에 철도를 건설하는 일에 참여하고 있지만, 그 일이 국제정치적으로 어떤 의미를 지니는지는 생각하지 않는 인물이다. 그러면서 자신의 세계관을 '가치중립적'이라고 말한다. 하지만 이 시기에 철도 부설은 일본이 참여한 전쟁과 관계가 깊은 것이었다. 이는 일본 제국주의를 직간접적으로 지원하는 행위였고, 문명의 이기를 건설하는 동시에 수많은 인명을 위태롭게 하고 삶의 물적 토대를 파괴할 수도 있는 행위였다.

> 그렇다고 내가 어떤 사상이나 주의를 가진 것도 아닌 것이 사실이어요. 어떤 입장에 서서 그렇게 생각한 게 아닙니다. 오직 나는 때때로 나의 죽은 형을 생각합니다. 나는 물론 형의 사상이나 주의에 공명하지는 않았고 지금도 그러한 입장에 서고 싶지는 않으나 어딘가 나의 생각에는 형의 영향이 남아 있는 것 같아요. 그것이 무엇인지는 모르나 하여튼 자선사업이나 그런 것에 대한 냉담한 태도는 형에게서 받은 유산같이 생각됩니다. 그러나 나는 경희 씨가 생각하는 것처럼 악질의 허무주의자는 아닙니다. 나는 첫째 직업엔 충실할 수 있습니다. 나의 직업에 대하연 무슨 까닭인지 모르나 그렇게 깊은 회의를 품어 본 적이 없는 것 같아요. 무엇 때문에 철도를 부설하는가? 나의 지식과 기술은 무엇에 쓰여지고 있는가? 그런 걸 생각한 적은 있습니다. 그러나 단순하게 나는 그런 생각을 털어 버릴 수가 있었어요. '에디슨'이 전기를 발명할 때 그것이 살인기술에 이용될 걸 생각하지는 않았을 테고, 설사 그것을 알었다고 해도 전기의 발명을 중지하지는 않았을 거다, -

> 이렇게 생각한 것입니다. 그러나 기술에서 일단 눈을 사회로 돌리면 나는 일종의 페시미즘에 사로잡힙니다.[17]

그런데도 김광호는 이러한 현실에서는 눈을 돌린 채 자신의 직업을 합리화한다. 이미 권력장은 일본 제국주의 쪽으로 기울어진 상황 속에서 김광호의 가치중립은 기계적 중립조차 되지 못한다. 자신은 가운데로 걷고 있다고 생각하지만 이미 몸은 휘어진 권력장 쪽으로 쏠려 있는 상황이 바로 김광호가 놓여 있는 자리이다. 그래서 김남천은 기술자인 주인공을 그려 낼 때 그 인물에 대한 가치판단을 유보하면서 적정한 거리를 유지한다. 식민지 말기 대중들에게 기술자는 '특등의 대우'를 받는 좋은 직업으로 인식되었다. 하지만 김남천은 이러한 대중적 인식과 거리를 두면서 기술자들의 내면을 '허무주의'와 '페시미즘', 그리고 책임을 외면하는 '가치중립성'을 중심으로 그려 낸다.

네 번째 유형은 '전향자'들이 주인공으로 등장하는 소설이다. 카프 해산 이후 김남천 소설 속에서 전향자들은 굴욕감과 부끄러움, 그리고 슬픔과 자조의 세계에 갇힌 것으로 재현된다. 그래서 부부싸움을 하면서 처를 때리고, 술에 취해 춤을 추다가 울고, 아편에 중독되는 등의 모습으로 그려진다. 이러한 작품 중 한국문학사에서 '전향소설'의 백미라고 평가받는 작품도 존재한다. 바로 「경영」(1940)과 「맥」(1941) 연작이다. 이 연작에는 감옥 안에서 전향을 하고 자신의 옥바라지는 했던 애인 무경을

17 김남천, 『사랑의 수족관』, 인문사, 1940, 251-252쪽.

버리고 의절했던 친일파 아버지에게로 돌아가는 오시형, 경성제국대학 강사 임용을 준비하다가 실패한 후 허무주의에 빠져 있는 이관형, 이 둘 사이에서 서사를 이어가면서 상황에 굴복하지 않고 끝까지 삶을 이어갈 것을 다짐하는 최무경 등이 등장한다.

> "내 자신이 서 있던 세계사관(世界史觀)뿐 아니라, 통틀어 구라파적인 세계사가들이 발판으로 했던 사관은 세계일원론(世界一元論)이라고도 말할 수 있는 것인데, 이러한 경우에 동양 세계는 서양 세계와 이념(理念)을 달리하는 것이 아니라, 동양 세계는 대체로 세계사의 전사(前史)와 같은 취급을 받아 온 것이 사실이었죠, … 그러니까 동양이란 하등의 역사적 세계도 아니었고 그저 편의적으로 부르는 하나의 지리적 개념(地理的 槪念)에 불과했었단 말입니다. 그러나 만약 이러한 세계 일원론적인 입장을 떠나서, 역사적 세계의 다원성(多元性) 입장에 입각해 본다면, 세계는 각각 고유한 세계사를 가지고 있다는 것을 알 수도 있고 증명할 수도 있지 않은가. 현대의 세계사의 성립을 이러한 각도에서 이해하려고 한다면 우리가 가졌던 세계사관에 대해서 중대한 반성을 가질 수도 있으니까…."[18]

식민지 말기라는 격변의 시대에 이 세 인물이 만들어 가는 이야기도 흥미진진하지만 작가가 이들 개개인의 내면을 그려 내는 방식도 아주 탁

---

18 김남천, 「경영」, 권영민 편(1988c), 앞의 책, 701쪽.

월하다. 인용문에 담겨 있는 부분은 오시형이 사회주의를 버리고 친일적 세계관으로 넘어가면서 자신을 변호하는 내용이다. 서구적 근대가 일원사관을 바탕으로 동양을 세계사의 전사로 취급했기 때문에, 이제 역사적 세계의 다원성에 입각해서 세계사를 새롭게 보겠다는 시형의 논리는 얼핏 보면 현실에 대한 객관적이고 다각적인 접근으로 보일 수 있다. 하지만 그가 이야기하는 다원사관은 서구적 근대에 일본적 근대를 더한 방식, 더 나아가 일본이 자국 중심의 '대동아'를 건설하기 위해 사용했던 논리를 반복한 것에 불과하다. 그는 자신의 전향을 세계사적 맥락에서 이야기하고 있지만 실제로 그 길은 역사적으로는 친일로, 개인적으로는 오랫동안 자신을 지켜 준 애인을 배신하는 행위로 이어진다.

그러므로 이 연작에서 희망은 전향 사회주의가 아니라 그에게 버려진 여인인 '최무경'에게로 넘어간다. 「맥」에는 시형이 떠나고 혼자 남은 무경이 인간의 역사가 보리와 같다면 자신은 '꽃'을 피워 보겠다고 생각하는 장면이 나온다. 그리고 이제 삶도 직업도 자신을 위해 갖겠다고 다짐한다. 이러한 모습은 무경이 모든 시련과 맞서 싸워 뜻을 이루겠다는 의지를 드러낸 것으로 읽힌다. 시형처럼 현재의 안위를 위해서 자신의 신념을 버린 자의 곁에 희망은 머물지 않는다. 김남천이 생각하는 희망은 현실의 무게에 눌려도 미래에는 꽃을 피우겠다고 다짐하는 인간들의 몫으로 남겨진다.[19]

김남천의 소설 중 마지막 유형은 '생활인' 혹은 '일상인'이 주인공으로

19 황지영, 「김남천 소설에 나타난 '여성 경제적 인간' 연구」, 『구보학회』 15집, 2016, 231-232쪽.

등장하는 소설이다. 김남천은 「등불」(1942)과 일본어 소설인 「어떤 아침(或の朝)」(1943)에서 자신의 모습이 투영된 주인공들을 그려 넣는다. 사회주의자였지만 카프 해산 후에 생활인으로 살아가는 인물들의 내면을 조명하면서 이념과 생활 사이에서 갈등하다가 생활 쪽으로 마음이 기울어진 인물의 목소리를 섬세하게 담아내고 있다.

> 하느님은 여태껏 하느님한테 쫓겨나서 쓸없지 않은 일 같은 데 엄벙부려 뒹구는 바른 팔을 부르시었다. 쫓겨났던 하느님의 바른 팔은 어서가 봐야겠다고 덤비면서 하느님 보좌 앞에 엎드렸다. 하느님은 인제야 나의 죄를 용서하실 게라고 바른 팔은 생각했던 것이다. 아름답고 젊고 힘이 있는 바른 팔을 무릎 앞에 보셨을 때, 하느님은 바른 팔을 용서해 주시려고 생각했었다. 그러나 이내 옛날 일을 다시 생각하고 그 편으론 얼굴도 돌리지 않은 채 이렇게 명령하였다. "지상으로 내려가거라, 네가 본 인간의 모양 그대로, 내가 충분히 관찰할 수 있도록 발가숭인채 산 위에 서는 거다." …
> — 그렇게 하려면, 지상에 이르자 아무개나 젊은 여자가 있는 곳으로 가서 이렇게 말하라. 나직한 귓속말로, "나는 살고 싶다." —[20]

특히 「등불」에서는 '하느님과 바른팔'의 알레고리를 사용하여 작가이자 작중인물의 가장 내밀한 욕망, 즉 "나는 살고 싶다."라는 외침을 전하

20 김남천, 「등불」, 권영민 편(1988d), 앞의 책, , 478-479쪽.

고 있다. 이 작품의 서술자인 '나'는 자신이 "지나가는 떠떠방의 장작을 잘못 샀던 일"로 인해 회사를 대표해 순사 앞에 서서 열심히 용서해 달라고 빌었던 일화를 소개한다. 그리고 그로 인해 파출소를 나오면서 회한에 젖는다. 이 순간 나는 자신이 그토록 경멸하던 "저급한 장사치"에 가까워졌음을 느끼고, 이렇게 변하는 데 그다지 오랜 시일이 필요치 않았음도 깨닫는다.[21]

비자발적 전향은 사회주의자에게 사회적 죽음에 가까운 것이었다. 그러나 사회적 죽음 이후에도 육체적 삶은 지속되고 자신과 가족들의 생계를 위한 활동은 계속되어야 한다. 이러한 상황 속에서 이러지도 저러지도 못하는 인물들의 삶을 끌고 가는 것은 그럼에도 살아야 한다는 다짐과 살고 싶다는 욕망이다. 그래서 이 소설의 주인공은 이야기를 해 달라고 조르는 아이에게 위의 인용문에 담긴 이야기를 들려 준다. 사회주의 작가가 현실에 순응하게 되는 과정을 보여 주는 이 장면은 주인공들이 지배담론에 순응하는 것으로 읽을 수도 있지만, 분열을 겪고 있는 이들의 일상과 내면이 심도 있게 제시되면서 지배담론에서 이탈하는 효과를 가져오기도 한다. 이 구절은 한편으로는 생활인으로서의 삶을 선택한 자신에 대한 옹호로, 다른 한편으로는 죽음 같은 상황 속에서 벗어나려는 외침으로 해석될 수 있기 때문이다.

---

21 황지영, 『식민지 말기 소설의 권력담론: 이기영, 한설야, 김남천을 중심으로』, 소명출판, 2020, 76-77쪽.

5. 김남천의 문학사적 의의

김남천은 초기 작품들에서 유산계급과 무산계급의 대립을 중점적으로 다루었지만, 후기로 오면서 계급의 문제보다는 개인의 문제를 다루는 데에 주안점을 두었다. 이러한 변화는 작가 개인의 심경에 의했다기보다는 사회적 상황과 관련되어 있었다. 그는 「조선적 장편소설의 일고찰-현대 저널리즘과 문예와의 교섭」(1937)에서 장편소설의 근본 법칙에 대한 과학적인 관점은 '사회사'에 의거한다고 말한 바 있다. 조선의 문예 현상이 지닌 특수성은 내적 발전 이론을 가지고도 설명할 수 있지만, 궁극적으로 이를 결정하는 것은 항상 "사회적 관계의 특수성격"이기 때문이다. 이러한 관점은 김남천에게 장편소설이 "개인적 행동의 사회적 근인(根因)을 구명"하기 위한 장치임을 짐작게 한다.[22]

이러한 설명은 그가 창작한 장편소설뿐 아니라 소설 일반과 비평의 성격을 설명하는 데에도 유용하다. 김남천은 비평들을 통해 조선문학의 방향성을 제시하고 소설들을 통해 보다 나은 리얼리즘의 형상화를 끊임없이 탐구한다. 물론 그의 모든 논의에 고개가 끄덕여지지는 않는다. 하지만 김남천은 리얼리즘 문학론을 정립하는 과정에서 자신의 과오가 발견되면 그것을 넘어서기 위해 다음 단계로 나아가기를 주저하지 않았다. 사회주의 문학과 리얼리즘 문학의 도달점이 하나로 고정되지 않았기에,

---

22 황지영, 「김남천 소설의 통치성 대응 양상」, 『어문연구』 제 43권 제2호, 2015, 308쪽.

그는 이 부분에 대해 누구보다 치열하게 사유하고 그 사유를 성실하게 문학적 실천으로 이어간다. 이처럼 자신의 지향점을 찾기 위한 치열한 노력과 성실함이 우리가 김남천의 삶과 문학에서 얻을 수 있는 교훈이다.

참고자료

1. 1차 자료

김남천, 『사랑의 수족관』, 인문사, 1940.

______, 『韓國近代長篇小說大系 1』, 대하, 사랑의 수족관』, 권영민 편, 태학사, 1988a.

______, 『韓國近代長篇小說大系 2』, 낭비』, 권영민 편, 태학사, 1988b.

______, 『韓國近代短篇小說大系 3』, 권영민 편, 태학사, 1988c.

______, 『韓國近代短篇小說大系 4』, 권영민 편, 태학사, 1988d.

______, 『김남천전집 Ⅰ』, 정호웅·손정수 편, 박이정, 2000a.

______, 『김남천전집 II』, 정호웅·손정수 편, 박이정, 2000b.

______, 『맥- 김남천단편선』, 문학과지성사, 2006.

______, 「어떤 아침」, 『한국 근대 일본어 소설선』, 이경훈 편역, 역락, 2007.

______, 『1945년 8·15』, 작가들, 2007.

2. 논문 및 단행본

김민정, 「전략의 기표, 응전의 기의— 김남천 창작방법론의 비평적 성격과 리얼리즘론의 의미 고찰」, 『泮橋語文硏究』 제45집, 2017, 123-150쪽.

김재남, 『김남천— 민족문학을 위한 삶과 작품』, 건국대학교출판부, 1994.

나병철, 「김남천의 소년 주인공 소설연구」, 『비평문학』 제3호, 1989, 365-387쪽.

이상갑 편, 『김남천』, 새미, 1995.

정호웅, 『김남천— 그들의 문학과 생애』, 한길사, 2008.

황지영, 「김남천 소설의 통치성 대응 양상」, 『어문연구』 제 43권 제2호, 2015, 307-331쪽.

______, 「김남천 소설에 나타난 '여성 경제적 인간' 연구」, 『구보학회』 15집, 2016, 212-238쪽.

______, 「테크노-파시즘의 문학적 형상화 연구- 일제 말기 소설에 나타난 기술-주체의 윤리를 중심으로」, 『현대소설연구』 제73호, 2019, 257-288쪽.

______, 「기술의 역학과 여공의 정동- 1930년대 공장소설을 중심으로」, 『현대소설연구』 제77호, 2020, 519-549쪽.

______, 『식민지 말기 소설의 권력담론: 이기영, 한설야, 김남천을 중심으로』, 소명출판, 2020.

한설야의 생애와 문학적 의의

이경재

숭실대학교 국어국문학과 교수

1. 한설야 문학의 전개양상

1) 한설야의 생애

한설야의 본명은 병도(秉道). 필명은 만년설(萬年雪), 한형종(韓炯宗), 김덕혜(金德惠). 한씨 집성촌인 함경남도(咸鏡南道) 함흥군(咸興郡)에서 태어났다. 아버지 한직연(韓稷淵)은 청주(淸州) 한씨 안양공(安襄公)파 31대손이며 이제마(李濟馬)의 문하생으로 『동의수세보원(東醫壽世保元)』을 1901년에 간행한다. 1915년 경성제일고등보통학교(京城第一普通高等學校)에 입학하나 학교생활에 만족하지 못하고, 1918년 함흥고등보통학교(咸興高等普通學校)(이하 함흥고보)로 전학한다. 1919년 함흥고보를 졸업하고 함흥법학전문학교(咸興法學專門學校)에 입학했지만, 동맹휴교 사건의 주동자로 몰려 제명당한다. 1920년부터 1년 남짓 베이징의 익지영문학교(益知英文學校)에서 사회과학을 수학하며, 중국 육군성 관리인 조선인의 집에서 가정교수 노릇을 한다. 이때의 경험은 고스란히 1958년에 출간된 『열풍』(조선작가동맹출판사)에 드러난다.

1921년 북경에서 귀국한 후 북청(北青) 학습강습소에서 교사로 생활하

다가 도쿄의 니혼대학(日本大學) 사회학과로 유학한다. 문학작품을 습작하며 사회과학 공부에 열중하던 중, 1923년 관동(關東)대지진으로 인해 휴학하고 귀국한다. 1925년 『조선문단』에 「그날 밤」을 발표하며 등단한다. 1926년 봄에 부친이 타계하고 생활난이 심각해지자 중국 동북지방의 최대 탄광 지대인 푸순(撫順)으로 이주한다. 탄광 지대로 유명한 푸순에서 한설야는 직접적인 육체 노동을 한 것은 아니지만 만주에서 살아가는 여러 민족의 삶을 생생하게 체험한다. 푸순에 머무는 동안 한설야는 『만주일일신문』에 「初戀(첫사랑)」(1927.1.12.-14.), 「合宿所の夜(합숙소의 밤)」(1927.1.26.-27.), 「暗い世界(어두운 세계)」(1927.2.8.-13.)와 같은 초기 일본어 삼부작을 창작한다. 뿐만 아니라 평론 「예술적 양심이란」, 「계급문학에 관하여」, 「프로예술선언」 등의 글을 잇달아 발표한다.

귀국 후에도 작품 속에 만주가 등장하는 「그릇된 동경」(『동아일보』, 1927.2.1.-10.), 「합숙소의 밤」(『조선지광』, 28.1.), 「인조폭포」(『조선지광』, 1928.2.), 「한길」(『문예공론』, 1929.6.)을 발표한다. 「그릇된 동경」은 한설야 소설에서 처음으로 만주가 등장하는 소설이다. 조선인만의 공간인 만주는 내셔널리즘으로 충만한 상상적 공간이라고 할 수 있다. 「합숙소의 밤」, 「인조폭포」, 「한길」에서는 민족 모순과 계급 모순이 공존하는 역동적이며 사실적인 만주를 형상화하고 있다. 또한 이들 작품은 카프의 1차 방향전환 이후의 작품들로서 노동자들의 단결된 힘을 통한 변혁의 가능성을 강력하게 제시하고 있는 작품이다.

1929년에는 압록강 변의 국경을 건너 장백현(長白縣) 지사를 만나기도 하는데, 이때의 견문과 감상을 「국경정조(國境情調)」(『조선일보』, 1929.6.12.-

23.)라는 산문으로 남겨 두었다. 1933년 『조선일보』에 기자로 근무하며, 간도(間島)에 특파되어 공산당의 적색 봉기인 '팔도구(八道溝) 습격 사건'을 취재하기도 한다. 이 때의 체험은 산문 「북국기행(北國紀行)」(『조선일보』, 1933.11.26.-12.30.)에 생생하게 기록되어 있다.

카프 제2차 검거사건으로 인하여 수감생활을 하고 풀려난 한설야는 함흥으로 귀향하여 「귀향」(『야담』, 1939.2.-7.), 「이녕」(『문장』, 1939.5.), 「모색」(『인문평론』, 1940.3.) 등의 여러 문제적인 전향소설을 발표한다. 이 와중에 한설야는 경장편인 일본어 소설 「대륙(大陸)」(『국민신보』, 1939.6.4.-9.24.)을 발표한다. 「대륙」은 매우 문제적인 작품으로서, 이 작품에서 만주는 섬나라와 대비되는 '대륙'으로서 형상화된다. 이 때의 '대륙'은 패권적인 일본을 반성케 하며 민족 간 협화(協和)를 상징하는 공간이다. 그러나 이 작품에서 그러한 대륙의 정신은 조선인에게까지는 미치지 못한다. 조선인은 끔찍한 삶의 곤경에 시달리는 타자화된 존재로 그려지는데, 이것은 일본인과 만주인이 중심적인 지위를 차지하고 조선인은 주변인에 지나지 않았던 만주국 당시의 역사적 리얼리티를 반영한 결과라고 할 수 있다. 비슷한 시기에 한설야는 「관북(關北), 만주(滿洲) 문학좌담회」(『삼천리』, 1940.9.)에 참여하기도 하였고, 「대륙문학 등(大陸文學 等)」(『경성일보』, 1940.8.2.-4.)이라는 간단한 평문을 남기기도 하였다.

1940년 6월 경에 북경을 두 번째로 방문하여 6개월 정도 머문다. 이때의 체험을 바탕으로 하여 「북지기행」(『동아일보』, 1940.6.18.-7.5.), 「연경예단 방문기」(『매일신보』, 1940.7.17.-23.), 「연경의 여름」(『조광』, 1940.8.), 「북경통신-만수산기행」(『문장』, 1940.9.), 「천단」(『인문평론』, 1940.10.) 등의 산문을 남겼다. 식민지 시기 북경을 다녀온 조선의 지식인들은 북경의 유적지와 유물의 거대함과 위대함을 찬양하는 태도를 보인다. 그러나 북경에 살고 있는 사람들을 향할 때는 그 논조와 태도가 변모하여, 중국인들은 반개(半開) 내지는 야만의 형상으로 표상한다. 이와 달리 한설야의 북경 기행 산문에서는 중국 일반 민중들의 모습을 객관적으로 드러내려 노력하며, 조선과 중국이 일제의 침략 앞에 놓여 있는 공동운명체라는 인식을 드러내기도 한다. 이러한 특징은 「열풍」에서도 확인된다. 1943년 유언비어 유포혐의로 문석준(文錫俊)과 함께 징역형을 받고, 1944년 5월 감옥에서 병보석으로 풀려난다.

1945년 자전적 장편소설 「해바라기」를 집필하던 중 해방을 맞고, 9월에 이기영(李箕永) 등과 함께 조선프롤레타리아예술연맹 창립에 주도적인 역할을 한다. 해방과 더불어 한설야는 만주를 다시 창작의 주요한 배경으로 삼기 시작한다. 첫 번째 단편소설인 「혈로」와 첫 번째 장편소설인 「력사」는 모두 만주를 배경으로 하여 김일성(金日成)의 항일무장투쟁을 그리고 있는 작품들이다. 이들 작품에서 만주는 민족(주의)만으로 가득한 성스러운 공간으로 형상화된다. 이러한 특징은 「설봉산」(조선작가동맹출판사, 1956)과 「초향」(조선작가동맹출판사, 1958)에서도 확인할 수 있는 특징이다. 1951년 조선문학예술총동맹(朝鮮文學藝術總同盟) 위원장에 임명되고, 1953년 임화(林和)를 중심으로 한 남로당(南勞黨)계 월북문인의 숙청에 주도적인 역할을 담당한다. 그 경과는 「전국작가예술가대회에서 진술한 한설야 위원장의 보고」(『조선문학』, 10월)에 잘 나타나 있다. 1957년 교육문화상(教育文化相)이 되고, 1960년 9월에 김일성의 만주항일투쟁을 다룬

『력사』로 인민상을 수상한다. 이 해에 한설야 선집이 15권 계획으로 출간되기 시작한다. 1962년 12월 10일 당4기 5차 전원 회의에서 숙청이 결정되고, 1963년 자강도(慈江道) 시중군의 협동농장으로 쫓겨난다. 1976년 별세한 것으로 알려져 있으며, 2000년대 들어 복권되었다.

소설과 평론을 함께 창작했던 한설야는 마르크시즘이라는 뚜렷한 이데올로기적 신념에 바탕을 둬서 평생에 걸친 문학 활동을 해 나갔다. 카프(KAPF) 시기에 한설야는 계급적 당파성을 신실하게 견지하며, 「과도기」와 같은 프로소설의 대표작을 남겼다. 해방 이후에는 북한의 문학 정책과 이론을 총괄하는 자리에 있으면서 북한 문학의 기초를 놓았을 뿐만 아니라 실제 창작에서도 이후 북한에서 창작될 작품들의 전범을 제공했다. 1962년 숙청당할 때까지 한설야는 단순한 문인을 넘어 북한 사회의 대표적인 이데올로그로서 활동한다. 한설야 문학은 한동안 남북한 모두로부터 금기의 대상이었다. 이것은 한설야의 삶과 문학 그리고 이후의 행적이 어느 한 체제 이데올로기에 포섭될 수 없는 한국 근대사의 보편성과 특수성을 담지하고 있음을 간접적으로 드러낸다. 통일시대를 맞이하여 한설야 문학은 더욱 중요한 의미로 우리에게 다가오고 있다. 한설야 문학은 세시기로 나누어 볼 수 있으며, 이를 구체적으로 살펴보면 다음과 같다.

2) 한설야 문학의 1기

1925년 『조선문단』에 「그날 밤」을 발표하며 등단한 한설야의 본격적인 문학적 활동은 카프에 가입하면서 시작된다. 그리하여 그의 문학적 도정의 1기는 카프에 가입한 1927년부터 1934년 신건설사 사건으로 전주 감옥에 수감되기까지의 시기라고 할 수 있다. 무엇보다 이 시기 한설야 문학의 가장 큰 성과작은 「과도기」(『조선지광』, 1929.4)이며, 이 작품은 한설야에게 있어서 뿐만 아니라 카프 소설의 전개에 있어서도 기념비적인 성격을 지닌다. "현실에서 분열된 관념과 관념에서 떨어진 묘사의 세계를 단일한 메커니즘 가운데 형성한 작품"[1]이라는 임화의 평가처럼, 작가의 이념과 현실에 대한 묘사가 이상적인 조화를 이룬 작품이다.

한설야의 본격적인 평론 활동도 1927년 카프에 가입하면서부터 시작된다. 1927년부터 신건설사 사건으로 전주 감옥에 수감되기까지의 시기는 한설야가 비평과 창작 양면에 걸쳐 프로문학을 확립하는 데 큰 기여를 한 시기이다. 주목할만한 한설야의 첫 번째 평론은 「무산문예가의 입장에서 김화산군의 허구문예론, 관념적 당위론을 박함」(『동아일보』, 1927.4.15-1927.4.27)이다. 처음 카프는 러시아 혁명 등의 외적 영향과 일제 모순의 심화라는 내적 모순의 영향으로 자연발생적으로 성립된 조직이라고 할 수 있다. 이 조직에는 자본주의와 일제에 비판적인 입장을 가진 예술가들이 모두 포함되어 있었다. 카프가 마르크스주의에 바탕을 둔 목적의식적인 성격을 뚜렷하게 지니게 된 것은 1927년의 1차 방향전환에서이다. 이 당시 '아나키스트와의 논쟁'은 카프조직의 핵심적인 과업이었으며, 이 과정에서 주도적인 역할을 한 평문이 바로 「무산문예가의 입장에서 김화산군의 허구문예론, 관념적 당위론을 박함」인 것이다. 이

1 임화, 「소설문학 20년」, 『동아일보』, 1940.4.20.

글에서 한설야는 분명한 마르크스주의자의 입장에서 아나키스트인 김화산의 예술적 입장을 가혹할 정도로 매섭게 비판하고 있다. "맑스주의 방법이외에 사회주의를 과학적으로 건설한 방법은 이때까지 현실에 생기지 않았다"라는 힘찬 음성 속에는 한설야의 선명한 이념이 드러난다.

이 시기에 한설야는 「문예운동의 실천적 근거」, 「사실주의 비판-작품제작에 관한 논강-」, 「변증법적 사실주의의 길로」, 「이북명 군을 논함」 등의 평론을 통해 마르크스주의에 바탕을 둔 리얼리즘을 분명하게 주장했다. 「문예운동의 실천적 근거」는 카프의 제1차 방향전환에서 한설야가 취한 선명한 당파적 입장을 보여 준다. 이 글은 박영희의 「문예운동의 이론과 실제」와 이북만의 「방향전환론」에 대한 비판적 성격의 글로서, 방향전환기 문예운동의 이론과 실천의 상관관계와 현재 문예운동의 한계와 임무를 논의하고 있다. 이 글에서 한설야는 이북만에게는 현상추수적 색채와 청산파적 경향이, 박영희에게는 정치투쟁 단계와 거리가 먼 조합주의적 잔재가 보인다며 비판한다.

「사실주의 비판-작품제작에 관한 논강-」는 장문의 평론으로서, 한설야는 이 글에서 자신이 지향하는 문학적 입장을 과거의 리얼리즘, 즉 부르주아 리얼리즘과 대비해 '프롤레타리아 사실주의'라고 명명한다. 부르주아 리얼리즘은 "몰주관, 몰개성, 비이상, 순객관"적 성격을 지니는 데 반해 프롤레타리아 리얼리즘은 "사회적, 계급적, 변증적"인 특징을 지닌다는 것이다. 나아가 프롤레타리아 리얼리즘은 세계를 유물변증적 모순의 세계로 보아야 하며, 이는 구체적으로 전면성, 매개, 생성, 모순의 지양이라는 관점에서 현실을 인식하는 모습으로 나타난다고 본다. 마지막으로 한설야는 프롤레타리아 리얼리즘은 “현상추수적 내지 나열적인” 종래의 부르주아 리얼리즘과는 달리 “현실 중에서 ‘현상의 동향과 진로’-변증적, 역사적 조류를 구현”해야 한다고 주장한다. 이 글에서 주장한 ‘프롤레타리아 사실주의’는 「변증법적 사실주의의 길로」에서는 ‘변증법적 사실주의’로 이름만 바뀌어 다시 등장한다.

3) 한설야의 문학의 2기

한설야 문학의 2기는 집행유예로 풀려 나와 함흥으로 낙향한 1935년 12월부터 해방까지의 시기이다. 이 시기에 한설야는 이전처럼 마르크시즘을 표방한 문학 활동을 펼칠 수 없게 되었지만, 다양한 방법을 통해 자신의 정치적 신념을 작품화한다. 일제 말기에 창작되는 한설야 소설의 주요한 배경은 ‘탁류 3부작’을 제외한다면, 구체적인 생산현장이 아닌 가정이나 일상적인 장소로 한정된다. 중일전쟁, 태평양 전쟁 등을 거치며 일제의 탄압이 점차 강화되고, 이러한 분위기 속에서 한설야도 더 이상 노동 현장을 그릴 수 없게 되었다. 기껏해야 자신의 신변이야기만 할 수 있는 세계로 축소되어 버린 것이다.

이 시기의 작품에는 아내가 중요한 인물로 등장하기 시작하는데, 이때의 아내는 교환원리가 지배하는 현실의 질서를 대변하는 존재이면서, 동시에 지식인 주인공을 성찰케 하는 건강한 생명력을 체현한 존재이다. 「청춘기」, 「모색」, 「파도」, 「두견」 과 같은 작품에는 지식인 주인공의 병적인 심리가 드러나는데, 여러 겹으로 왜곡된 포장을 뚫고 들어가면 그 속에는 작가의 변치 않는 신념이 또렷하게 자리 잡고 있다. 「초향」이나

「탑」과 같은 작품은 일종의 가족로망스로서 제국주의적, 자본주의적 오이디푸스 구조에 대한 저항이 나타난다. 이 시기 작품들은 문체나 서술적 특징에 있어서 이전보다 훨씬 나은 문학적 성취를 낳았다. 문장이라든가 소설 자체의 예술적 수준은 카프 시기보다 높아진다. 현실을 바라보는 시선도, 이전의 카프 소설들처럼 이념에 의해 선 규정된 이해가 아니라는 점에서 깊이 있는 모습을 보여 준다.

1930년대 후반은 한국문학사에서 일종의 전형기에 해당하며, 주조 상실의 시대라고 할 수 있다. 이러한 현상을 낳은 가장 큰 이유는 일제의 탄압으로 인한 카프의 해산이다. 「조선문학의 새 방향」(『조선일보』, 1937.1.1-1.8)과 「기교주의의 검토-문단의 동향과 관련시키어」(『조선일보』, 1937.2.4-2.9)는 카프 해산 이후 한설야가 견지한 문학적 입장이 잘 나타난 평론들이다.

「조선문학의 새 방향」에서 한설야는 당시의 문단이 침체와 혼란을 겪고 있다고 진단한다. 당시는 "무원칙적 난무의 시대"로서 참된 문학의 앙양 발전과는 무관한 "낭만 정신", "인간 일반으로 추상하려는 비현실적 관념론", "심리 탐구니 고뇌의 정신", "심경소설과 신변잡화"와 같은 소리가 난무한다는 것이다. 그러나 이러한 것들은 새롭기는커녕 한설야에게는 오히려 "지나간 것의 반추에 지나지 않는 것"으로 받아들여진다. 이 중에서도 낭만의 정신 추구야말로 가장 문제적인 것으로 언급된다. 리얼의 정신을 불문에 부치고 낭만의 정신을 전면으로 추출하려는 경향이 금일의 문학을 혼돈에 빠지게 하고 있으며, 이러한 경향은 문학 본래의 지도성을 거세시킨다는 것이다. 한설야는 전형기에도 문학이 가져야 할 원칙으로 '인간생활에 대한 지도성'을 분명하게 제시한다. 인간 생활에 대한 지도성을 가진 데에 문학이 인간 생활에서 참된 가치를 가지는 이유가 있다고 보았다. 기성인식의 범위 내에서 탐구하는 것은 합리주의에 그치는 것이며 범속과 상식에 머문다. 그러한 것은 "지도성을 잃은 문학"이라고 할 수 있으며, 그것은 "현실적인 지표"를 가질 수도 없다. 이러한 지도성은 기성질서에 대한 부정의 정신과 무관하지 않다. 참된 문학은 기성질서에 대한 부정으로서 존재하며, 조선 문학의 새 방향은 "현실부정의 문학"이라고 할 수 있다.

「기교주의의 검토」에서는 오늘날의 조선 문단이 공적 기준을 상실하고 혼돈 상태에 있는 이유가 "사회 일반이 생활적 기준을 잃은 데에 원인"이 있다고 말한다. 사회주의자답게 물질적 · 역사적 환경으로부터 문학 현상의 근본적인 원인을 찾는다. 이 평론에서는 당시의 부정적인 문학 경향을 대표하는 것으로 기교주의적 편향을 들고 있다. 생활의식이 비슷비슷해지면 작품의 내용도 비슷해지고, 결국에는 "창조적인 문학적 충동과 관심은 자연 엄청난 공상으로나 그렇지 않으면 기교로 방향"을 돌리게 된다는 것이다. 단조로운 생활을 그리는 데서 오는 문학의 권태와 협애를 만회하기 위하여 기교주의가 대두한다. 금일의 기교주의는 현실의 혼란 중에서 현실로부터 도피하려는 고식적 미봉책에 불과하다고 혹평한다.

한설야는 이러한 기교주의가 결국 건강한 현실성이 거세된 심리주의로 귀결된다고 주장한다. 금일의 작가는 사회적인 여러 가지 사상을 작품의 내용으로 형상화할 근기와 인식이 없으므로 자연스럽게 협애한 자아로 향할 수밖에 없다는 것이다. 심리소설이나 신변소설이 유의미한 경우는, 오직 "그 심리로 하여금 '주체적 진실'이 되게 하기 위하여 인간의 영원한 동반자인 역사와 현실에 즉 객관적 현실성에로 접근"하는 자세가 동반되는 경우뿐이다. 결국 "인간에게 있어서 문학자에게 있어서 가장 미덥직한 동반자는 역사요 현실이다"라는 명제에 압축되어 있듯이, 한설야는 카프 해산 이후에도 사회주의 비평가로서의 기본 정신을 충실하게 견지한다. 이러한 입장은 문학예술의 근본적 기저가 되는 "사회적 경제적 배경에 대한 인식이 부족"하다는 이유로 나쓰메 소세키를 비판하는 대목에서도 확인할 수 있다.

4) 한설야 문학의 3기

한설야 문학의 마지막 시기는 해방 이후 북한 문학계에서 주도적인 역할을 하던 때이다. 1962년 숙청당할 때까지 한설야는 단순한 문인을 넘어 북한 사회의 대표적인 이데올로그로서 활동한다. 해방 이후 한설야는 북한의 문학정책과 이론을 총괄하는 자리에 있으면서 북한 문학의 기초를 놓았을 뿐만 아니라 실제 창작에서도 북한에서 창작될 작품들의 전범을 제공한다. 이에 해당하는 작품으로는 「혈로」, 「승냥이」, 『력사』, 『대동강』, 『성장』 등을 들 수 있으며, 이들 작품은 김일성을 형상화한 것, 친소의식을 드러낸 것, 반미 의식을 드러낸 것으로 나누어 볼 수 있다. 이 시기 한설야의 비평 활동은 매우 활발해지는데, 그는 단순한 문인을 넘어서서 북한 문화계의 실력 있는 이데올로그로서 활동한다. 북조선 문예총 창립에 핵심적인 역할을 하고, 조선문학예술총동맹 위원장, 조선작가동맹위원장을 맡는 것은 물론이고, 최고인민회의 대의원, 교육문화상 등이 요직을 거친다. 이 시기의 그의 문학은 강렬한 정론지향성을 지니며, 그렇기에 그의 문학적 본의는 평론에서 보다 선명하게 드러난다.

이 시기 한설야 비평의 대표작으로는 「전국 작가예술가 대회에서 진술한 한설야 위원장의 보고」(『조선문학』, 1953년 10월), 「전후 조선 문학의 현 상태와 전망-제 2차 조선 작가 대회에서 한 한설야 위원장의 보고」(『제2차 조선작가대회 문헌집』, 조선작가동맹출판사, 1956), 「〈카프〉 문학의 빛나는 전통」(『문학신문』, 1960.8.24.)을 들 수 있다.

「전국 작가예술가 대회에서 진술한 한설야 위원장의 보고」와 「전후 조선 문학의 현 상태와 전망-제2차 조선 작가 대회에서 한 한설야 위원장의 보고」는 각각 제1차 전국작가예술가대회와 제2차 조선작가대회에서 한설야가 조선작가동맹 위원장의 자격으로 발표한 보고문으로서, 한설야 평론의 특성뿐만 아니라 당대 북한 문학의 일반적인 특징까지도 파악할 수 있는 평론들이다. 해방 이후와 한국전쟁 기간 그리고 전후 복구 시기의 북한 문학을 개괄하고 있는 이 평론들에서 한설야가 일관되게 주장하는 것은 '사회주의 리얼리즘'이다. 사회주의 리얼리즘은 "우리 문학 예술의 볼쉐위끼적 당성 원칙과 인민성을 위하여 투쟁하고 있는 우리 문학 예술과 문학 예술 평론의 기본 방법"이다. 또 하나 중요한 특징으로는 "문학에서 당성과 계급성을 거세"하며 "자연주의 및 형식주의를 백방으로 부식시키려고 기도"했다는 이유로 임화 등에게 무자비한 비판을 가하는 것을 들 수 있다. 한설야는 1953년의 글에서 북한 문학 예술의 적대적 경향으로 "자연주의 및 형식주의"를 꼽고 있는데, 이를 대표하는 인물이 바로 임화라고 말한다. 이 평론들을 통해 북한 문학 형성기에 한설야가 조선문학가동맹 출신의 문인들에 대하여 얼마나 날카로운 대타의식을 가졌는지 분명하게 이해할 수 있다.

1956년의 평론에서는 '독단주의 비판'이라는 새로운 경향이 나타난다. 이것은 한설야의 글에 나타난 것처럼, 소련 공산당 제20차 대회로부터 직접적인 영향의 결과였다. 20차 대회에서는 스탈린에 대한 비판이 이루어졌고, 이러한 분위기는 전 세계 사회주의 진영에 민주화의 기운을 불어넣었다. '독단주의 비판'은 구체적인 창작방법론에서는 '도식주의 비판'으로 연결되었다. 도식주의는 내면적 갈등과 비판적인 세례가 없는 인물을 형상화하는 것, 전형성을 정치성의 발현으로만 보는 것, 현실을 긍정적으로만 바라보려고 하는 것, 의도와 내용에만 신경쓰는 것, 형상성과 형식 표현 등의 기교를 비난하는 것, 피상적인 낙천주의로 결말을 맺는 것 등의 모습으로 나타난다. 이러한 도식주의는 "생동한 문학 형상을 심장과 피가 없는 창백한 시체로 만들어 버리며 자연주의와 마찬가지로 우리 작품에서의 생활적 진실의 반영을 거부"한다고 비판받는다. 도식주의와 함께 예술의 형상과 생활 자체를 혼돈하면서 현실의 본질과 우연을 구분하지 못하는 기록주의 역시 비판의 대상이 되고 있다. 이러한 도식주의와 기록주의에 대한 반발로 인해 한설야 평론에서는 좀처럼 듣기 어려운 목소리, 즉 "기교 연마"를 강조하는 목소리까지 나타낸다. 작가는 고유한 문장의 스타일, 다채롭고 특출한 구성과 형식을 구사할 수 있어야 한다는 의미이다. 또 하나 1956년의 보고는 1953년의 보고보다 한층 내셔널리즘적인 측면이 강해진다.

북한에서 발표된 한설야 평론의 일관된 특징 중의 하나는 일제강점기 이루어진 카프와 신경향파 문학을 매우 중요시한다는 점이다. 1953년의 보고에서 조선 사실주의 문학의 전통을 "신경향파 문학 및 카프 문학에서 찾"아야 한다고 주장하였으며, 1956년의 글에서도 카프를 현단계 북한 문학의 한 전범으로 삼아야 한다는 논의까지 펼친다. 카프 정통론을 집대성한 글이 바로 「〈카프〉 문학의 빛나는 전통」(『문학신문』, 1960.8.24.)이다. 이 평론에서는 카프가 창립된 시대적 배경부터 시작해 그 활동의 전모를 비교적 상세하게 소개한다. 이 글에서 한설야는 이전부터 일관되게 유지해 온 카프 정통론을 내세운다. 카프는 "조선 문학 예술의 사회주의적 사실주의 전통을 확립하는 데 이바지하였"으며, "인민들을 애국주의와 사회주의 사상으로 교양하고 민족적 해방과 승리에 대한 신심으로 불타오르게 하"였다는 것이다. 동시에 이 글에서 한설야는 카프와 나란히 1930년대 김일성의 항일 무장 투쟁 과정에서 창조된 '항일혁명문학'을 카프와 함께 "해방 전 우리 문학예술의 가장 높은 봉우리"로 평가한다. 그러나 논의의 중심은 어디까지나 카프의 문학사적 의의에 놓여 있음은 분명하게 눈에 띈다.

한설야가 숙청당하기 전에 마지막으로 쓴 글이 「투쟁의 문학-'카프' 창건 37주년에」라는 사실은, 한설야의 문학에서 카프가 매우 중요한 위상을 차지한다는 점을 증명한다. 한설야가 마지막으로 발표한 「투쟁의 문학 - 카프 창건 37주년에 즈음하여」(『문학신문』, 62.8.24.)에서는 항일혁명운동을 인정한다는 발언은 나오지만 항일혁명문에에 대한 언급은 보이지 않는다. 카프가 항일혁명운동으로부터 영향을 받았지만, 일제강점기 문화 투쟁의 정통성은 카프에 있음을 전보다 더욱 분명하게 강조한다. 한설야는 자신의 삶으로 감당해 왔던 식민지 시기의 카프로 표상되는 문학 활동의 실체와 의의를 끝내 포기하지 않았던 것으로 보인다. 이와 관련해 한설야의 숙청 역시 항일혁명문학을 북한 문학의 유일 정통으로 내세우려는 당 선전분야와 충돌한 결과로 해석하기도 한다.

2. 한설야의 대표작 『황혼』 새롭게 읽기

1) 주제소설 『황혼』의 구성방식

『황혼』은 한설야 문학의 1기와 2기를 연결해 주는 작품으로서, 한설야가 감옥에서 나온 지 2달 만에 『조선일보』(1936)에 연재한 소설이다. 이 작품의 중요한 한 축은 산업합리화를 중심으로 해서 펼쳐지는 노동자와 자본가들의 대결이다. 1930년대 작품이지만 『황혼』에 등장하는 산업합리화는 오늘날의 정리해고와 비슷하다. 자본가 입장에서는 생산성을 높이기 위해 노동자들을 감원하고 경영을 효율화하고 선진장비를 가져와 노동자들을 줄인다. 생산현장을 형상화에서는 이전 산업현장을 배경으로 했을 때의 여러 서사적 기법들을 활용하여 생생한 문학적 효과를 얻고 있다. 대화나 행동 중심의 보여 주기 기법 등을 통해 현장감을 살리고 있다.

한설야의 소설은 기본적으로 이데올로기 혹은 메시지를 전달하려는, 즉 세상을 보는 특정 방식이 옳다고 독자를 설득하는 주제소설(roman à thèse)이다. 메시지나 이데올로기의 전달이 핵심인 소설 양식인 것이다. 한설야는 외부적 여건에 의해 창작이 불가능했던 일제강점기 말기를 제외하고는 일관되게 주제소설을 창작한다. 한설야가 자신의 이데올로기를 전달하기 위해 즐겨 사용했으며, 『황혼』에서도 사용한 핵심적인 구성방식은 다름 아닌 도제구조이다. 도제 구조는 주제소설에서 많이 쓰였는데, 도제관계란 스승과 제자의 관계를 말한다. 주로 한설야 소설에서는 사회주의적으로 각성된 사람이 스승이고, 아직 각성되지 않은 존재는 제자에 해당한다. 이런 구성방식이 『황혼』의 구성방식이다.

『황혼』에서 도제 구조는 여순을 중심으로 한 '경재-여순-준식'의 삼각관계 서사에서 선명하게 드러난다. 준식은 노조위원장에 해당하는 인물이고, 여순은 여타의 인물들과는 달리 틀에 박힌 인물이 아닌 변화되어 나가는 동적인 인물이다. 여순은 지식인의 고민이 주로 다루어지는 전반부와 노동자들의 세계를 그리고 있는 후반부를 연결해 주는 중심인물이다. 여순이 변화하는 동안의 내적인 갈등과 번민이 소설의 상당 부분을 차지하고 있는데, 그러한 과정은 여순이 계급적으로 각성하는 과정에 대응한다. 고민의 내용들이 자신의 계급적 입장을 깨닫게 되는 중요한 계기가 된다는 것이다. 경재와 준식의 사이에서 여순이 느끼는 갈등은 곧 계급갈등의 상징적 반영이다.

결국 여순은 물질적인 풍요와 안락을 보장받을 수 있는 경재와의 사랑을 포기하고 준식을 선택한다. 이러한 사랑의 선택은 이념적 선택과 결부되어 있다. 한설야 자신도 "그는 자기의 갈 길을 결심한 날 경재를 버리고 준식에게로 갔다. 사랑은 곧 생활이라고 생각하였다. 그에게 있어서 사랑은 청춘의 한 행락일 수 없었다"[2]라고 하여, 여순의 선택에 담겨 있는 이념적 성격을 밝힌다. 유동하는 지식인이었던 여순은 경재와 연애를 하고 안중서의 유혹을 이겨 내며, 마지막 장면에서는 노동자를 대표하여 사장실을 찾아가는 선진적인 노동자로 새롭게 태어난다. 이러한 탄생에는 준식이 결정적인 역할을 한다.

2) 도제구조와 연애관계의 결합

한설야 소설의 도제구조가 보여 주는 특징 중의 하나는 그 도제구조에 연애관계가 결합되어 있다는 점이다. 도제구조는 경향 소설의 일반적인 특징이다. 카프 문학이 기본적으로 계몽을 목적으로 하는 것이라면, 거기에는 계몽의 주체와 계몽의 대상, 그리고 그들 사이의 관계가 존재할 수밖에 없기 때문이다. 계몽의 주체는 다른 경향 소설에서도 나타나는 특징이다. 「농부 정도룡」의 정도룡, 「민촌」의 창순, 「낙동강」의 박성운, 「조희 뜨는 사람들」의 황운, 「홍수」의 박건성 등을 스승의 대표적인 예로 들 수 있다. 그러나 식민지 시기 한설야 소설에서 특징적인 것은 그러한 도제 구조가 남녀 간의 연애관계와 결합되어 있다는 점이다. 「평범」, 「그릇된 동경」, 「그 전후」, 「뒤ㅅ걸음질」, 「교차선」, 『황혼』, 『청춘기』, 『초향』 등이 이러한 구성방식을 보여 준다.

『황혼』은 기본적으로 경재-여순-준식의 삼각관계로 이루어져 있다. 주인공을 경재로 볼 수도, 여순으로, 준식으로 볼 수도 있다. 경재는 부

---

2 한설야, 「『황혼』의 여순-내 작품의 여주인공」, 『조광』, 1939.4.

잣집 아들로, 일본에 유학 가서 그 당시 많은 지식인이 그러했듯이 사회주의 물이 들기도 했는데, 집에 돌아오니 집안이 망해서 안사장이라는 사람에게 의지해서 먹고 산다. 그리고 경재는 자기 집 가정교사로 있던 여순과 연인관계이다. 그런데 안사장의 딸인 현옥이가 경재를 좋아한다. 그래서 경재는 여순과 현옥 사이에서 갈등한다. 여순이는 지금으로 따지면 대학교를 졸업한 인텔리인데 나중에 공장노동자가 된다. 사회주의에 경도된 바도 있는 경재가 공장노동자인 여순이를 멀리할 이유는 전혀 없다. 그런데 경재는 여순과 현옥 사이에서 갈등하다가 끝내 현옥을 택한다. 엄밀히 말하자면 현옥으로 대표되는 자본가의 세계를 택한 것이다. 여순이는 준식이라는, 많은 교육을 받지 못했지만 각성한 노동자를 택해 완전한 노동자의 길로 들어선다. 이런 이야기가 기본적인 서사이다. 이러한 연애관계는 대개의 한설야 소설이 그러하듯이 이념적인 고민의 과정과 연결되어 있다.

준식은 작가가 견지하고자 하는 당위적 자아이다. 준식은 각성된 노동자로, 한설야가 추구하는 이상적인 인간상이다. 경재는 작가의 현재적 자아에 해당한다. 한설야가 감옥에 1년 반만 있고 사회에 나와 소설을 발표한다는 것은 그것이 위장이든 진심이든 전향을 했기 때문에 가능한 일이다. 더 이상 사회주의나 일본에 대해 이야기하지 않겠다고 선언한 것이다. 경재도 이전에 사회주의자였지만 이제는 갈피를 잡지 못하고 헤매는 그런 한설야의 현재 모습이다. 그러나 한설야는 여순이 끝내 경재가 아닌 준식을 선택하게 함으로써, 간접적인 방식이지만 자신의 변치 않는 이념적 신의를 드러내고 있다. 마지막 장면에서 경재가 안사장의 응접실에 있고 준식과 여순 등의 노동자 대표가 사장에게 면담을 하러 온다. 그리고 사장에게 당당하게 자신의 요구를 밝히자 사장은 매우 당황한다. 그 모습을 모두 지켜보고 사장실을 나오던 경재는 마침 하늘을 물들인 황혼을 보면서, 자신의 삶도 일종의 황혼과 같은 것이라 느낀다. 황혼이란 몰락하고 쇠퇴하고 곧 망할 것을 나타내는 기호이다. 작가는 그 황혼의 이미지를 경재에게 배치하고, 황혼과 대비되는 새벽은 여순과 준식 등의 노동자에게 배치하고 있다.

3) '붉은 연애'와의 관련성

그런데 이러한 이념적인 도제관계와 연애관계의 결합은 한설야의 발명품이 아니다. 이 시대에 유행했던 '붉은 연애', 즉 사회주의적 연애라는 담론과 밀접한 관련이 있다. 이 붉은 연애 담론 이전에는 엘렌 케이의 자유연애론이 한국 지식인 사회에서 지배적인 담론이었다. 그 시기에 활동했던 나혜석이나 김명숙 같은 이들은 엘렌 케이의 자유연애론의 세례를 입은 사람이다. 이 엘렌 케이의 자유연애론이 풍미했던 1920년대의 연애담론이 시대적 소명을 다하고 비판의 대상이 되었을 때, 그 빈자리를 채운 것이 바로 사회주의적 '붉은 연애'이다.

이 시대에 사회주의자들이 연애를 바라보는 입장은 두 가지로 나뉜다. 하나는 연애를 배제하자는 입장이고, 다른 하나는 연애를 계급적인 관점에서 정립할 것을 주장하는 입장이다. 당시 연애를 긍정적으로 받아들이는 사람들의 입장은 연애는 계급적 규율 속에서 다루어져야 하며, 그것을 작품 속에서 다룰 경우 계급적 문제와 유기적인 연관 속에서 그려야 한다는 것으로 정리할 수 있다. 계급적인 관점에서 연애를 부정할 것인가, 인정할 것인가의 두 가지 입장 중 한설야는 후자의 입장에 서있던 것으로 보인다. 이미 한설야는 「사실주의 비판-작품제작에 관한 논강」(『동아일보』, 1931.7.4)에서 연애를 계급문제와 관련하여 그릴 것을 주장하고 있다.

한설야는 북한에서 1958년 《청춘기》 개작본을 내면서 7페이지 분량의 긴 후기를 쓴다. 거기에서도 쓰고 있습니다. 거기서 그는 다음과 같은 발언을 하고 있다.

> 나는 당시의 우리 프롤레타리아 문학에 있어서 련애를 취급할 필요성을 느낀 데서 이 작품을 썼다는 그것이다.
> 그 당시 속학자들뿐 아니라 일부 프롤레타리아작가들까지도 프롤레타리아 작품에는 련애가 금제품으로 되어 있는 것같이 생각하는 경향이 있었다. 그러나 결코 그럴 리가 없다.
> 프롤레타리아는 인간 중에서 가장 아름다운 심리의 소유자다. 그러한 사람에게 남녀의 사랑이 없다는 것은 거짓말이다. 프롤레타리아는 가장 자기의 가족과 배우자를 사랑하며 나아가서는 모든 선량한 사람들을 사랑하며 서로 붙들고 함께 잘살 것을 바라는 아름다운 사람들이다.[3]

3　한설야, 『청춘기』, 조선작가동맹출판사, 1958, 502쪽.

이것은 그가 사회주의적 연애의 존재가능성과 그것의 의의를 적극적으로 인정하고 있었음을 증명한다. 이런 사회주의적인 연애관이 반영이 되어서 한설야의 『황혼』에도 그러한 특징적인 도제구조로 나타났다고 이야기할 수 있다.

그리고 재미있는 것은 대부분의 노동소설은 남자가 주인공인데, 『황혼』에서는 여성인 여순이 중심인물로 등장한다는 점이다. 여성이 성장의 주체가 된다는 점에서 한설야의 도제 구조를 바탕으로 한 작품들을 넓은 의미의 여성성장소설이라 부를 수도 있다. 그런데 문학 이론에서 여성성장소설이라 함은 페미니즘 관점에서 이야기하는 것이다. 여성성장소설은 기본적으로 가부장적 사회에서 성적인 억압을 받는 여성의 각성 과정이 드러난다는 특징을 보여 준다. 여성이 근대사회에서 처한 자신들의 불평등한 사회적 위치, 젠더 정체성을 자각하는 것이 여성성장소설인 것이다. 그러나 한설야의 『황혼』에는 그러한 젠더적 자각이 드러나지는 않는다. 여순이 노동자로서의 계급의식은 갖추게 되지만, 젠더적인 의식은 전혀라고 해도 좋을 만큼 나아지거나 하지 않는다. 강경애의 「어머니와 딸」, 「인간문제」에 등장하는 옥이와 선비가 여성의 정체성 획득과 계급의식의 획득이라는 성장목표를 동시에 획득하는 데 반해, 한설야 소설의 여성 인물들은 계급의식 혹은 민족의식의 획득이라는 목표만을 추구할 뿐이다.

4) 주체로서의 남성, 대상으로서의 여성

『황혼』을 포함한 한설야 소설의 도제 구조에서 성장을 이끄는 주체는 남성이다. 이는 한설야 소설의 한계를 이야기하는 것인데요. 페미니즘 관점, 여성해방이라는 측면에서 보면 한설야 역시도 진보적인 지식인이었을지라도 여성의 문제에 대해서는 그리 예민했던 것 같지 않다. 여성인물들의 의식화 과정은 긍정적이든 부정적이든 남성인물과의 관계를 매개로 이루어지는 것이다. '긍정적 도제 구조'(인물이 올바른 사회의식을 갖게 되는 것)에서의 조력자나 '부정적 도제 구조'(인물의 사회의식이 타락하는 것)에서의 적대자가 모두 남성이다. 「평범」의 'D', 「그릇된 동경」의 '오빠', 「그 전후」의 '남편', 『황혼』의 '준식, 형철', 『청춘기』의 '태호', 『초향』의 '권', 「뒤ㅅ걸음질」의 'S', 교차선의 '재선', 「뒤ㅅ걸음질」의 'K', 교차선의 '털부헝이 감독'이 모두 남자인 것이다. 여자 주인공과 교화자로서의 남자 인물과의 관계는 일종의 사제관계라고 할 정도로 위계화되어 있다. 대표적으로 『황혼』을 예로 들 수 있다. 『황혼』에서 여성인물과 남성인물의 사제관계를 보여 주는 소재는 바로 '책'이다. 당연히 책을 주면서 읽으라고 하는 사람은 남성이고, 여성은 책을 열심히 읽는 사람으로 형상화된다.

> 그는 언젠가 준식이가 주던 책을 끝까지 읽지도않고 책상밑에 팡개처 둔 기억이 나서 속으로 부끄러운 맘이 들었다.
> 사실 읽어보아도 그는 그책내용을 잘이해할수없었다. 그러나 중학도 마치지못한 준식은 자기보다 훨씬 이상의 학력을 가지고 있는 것 같았다.[4]

여기서 그는 여순이다. 준식이가 준 책을 여순은 잘 이해할 수 없다.

> 그리하야 그는 온종일 제방에 꼭 틀어백여서 경재가 사다준 책을 드려다 보고 있다.[5]

> "오늘 어디 다녀오던길에 이게 좋을 것 같애서…."
> 하며 경재는 책한권을 또 내놓았다.
> "아이 이것두 다 못봤는데요."
> "그러니까 이건 빨리 보시란 독촉장으로 받으십시오."
> "아니에요. 이걸 다시 한번 더 읽겠어요."
> "네 물론 그러는것도 좋겠지요만…."
> "두번 읽어가지고도 알것같지 못해요. 어떻게 모를데가 많은지…. 한댓번 거푸 읽으면 어떨는지요."[6]

첫 번째의 인용은 여순이 준식이네 집에서 나오는 길에 책상 위에 놓여 있는 책을 보고 하는 생각이다. 두 번째의 인용은 김사장네 가정교사를 더 이상 하기 어렵게 된 여순이가 시간을 보내는 모습이고, 세 번째의 인용은 경재가 여순에게 독서를 강권하는 모습이다. 이처럼 『황혼』에서 남녀관계의 구체적인 풍경은 여성들이 남자로부터 받은 책을 읽는 것이

---

4 한설야, 『황혼』, 영창서관, 1940, 48쪽.
5 위의 책, 52쪽.
6 위의 책, 53쪽.

다. 삼각관계에서 비롯된 감정의 교류는 공장을 가득 채우지만, 통속 소설처럼 육체적 관계가 난무하지는 않는다. 노동자들이 동료 노동자가 옷 갈아입는 것을 엿보거나 안사장이 여순을 겁탈하려는 장면이 그나마 육체적인 것이고, 노골적인 것들은 없다.

여기서 핵심적인 주인공인 여순과 경재, 준식은 주로 책을 매개로 한 구체적인 연애의 모습을 보인다. 여순은 경재가 준 책을 읽거나 준식이가 준 책을 읽을 뿐이다. 경재와 여순, 준식과 여순 관계뿐만 아니라 분이와 준식이 사이에서도 그 매개가 되는 것은 책이다. 이때의 책은 여성 인물들에게 이해되지 않는 경우가 대부분이다. 가르치고 배우는 자, 이것이 여순과 다른 남성 인물 사이의 기본관계이다.

한설야의 소설에는 도제 구조에서 벗어난 여성 인물도 존재한다. 『황혼』에 등장하는 정님이 대표적이다. 작가는 이 정님을 부정적인 시선에 바탕에 두고 형상화한다. 여성은 남성이 주는 책을 열심히 읽고 육체적인 욕망에는 관심 갖지 않는 모습을 한설야는 이상적으로 본 것이다. 공장주임, 안사장 등을 거치며 동료 노동자들을 "되두 않은 공장년놈들" 혹은 "그년놈들"[7]이라고 부르는 정님은 부정적 도제 구조의 소설에 나왔던 부정적 여성노동자의 연장선 상에 있는 존재이다. 그러나 그녀는 조력자의 부재나 과잉 성격화된 적대자의 존재로 인해 타락의 길을 걷는 것이 아니라는 점에서 부정적 여성노동자와는 기본적인 성격이 다르다. 그녀의 곁에는 강력한 충고를 해주는 조력자인 연인 학수가 존재한다. 또한

---

7 위의 책, 375쪽.

적대자인 주임이나 사장 역시도 그녀에게는 하나의 이용대상에 불과하기 때문에, 이때의 주임이나 사장을 과잉된 성격의 적대자로 볼 수는 없다. 그들이 정님을 도와 타락의 길로 이끈다기보다는 정님이 적극적으로 그들을 이용하기 때문이다. 한마디로 정님은 자신을 유혹하는 사람, 좋아하는 사람을 모두 활용해 가면서 개인적인 욕망을 충족시키는 여성인 것이다. 그렇기 때문에 정님은 나중에 주임을 멀리하고 사장을 택하기도 한다. 자율적인 존재로서의 정님이 지니는 성격은 자신을 향해 '더럽다'는 욕설에 가까운 충고를 하는 학수를 향해 던지는 정님의 다음과 같은 말 속에 단적으로 드러나 있다.

> "흐홍 아무렇게나 말하구싶은대로 말해보구려 … 하지만 내게는 학수씨같은 깨끗한 사람이라도 척척 쓰레기통에 내던지는 자유가 있다오. 농속에든 자유없는새로 생각한다면 그야말로 인식부족이지요. 온세계가 통째로 조롱이라면 모르거니와 그렇지 않다면나는 자유를 가지고 있으니까 … 아니 온세계가 비록 조롱이라 하더라도 그래도 맘대로 날를 자유가 있으니까 어떠한 사람에게 매달리는 그런 따위 인간과는 철저히 다르지요!…"[8]

정님은 자신의 고유한 자율성과 욕망을 무엇보다 중요하게 생각한다. 그녀는 나중에 회사의 중요 문서를 외부에 유출시켜 안사장을 곤경에 빠

---

8 위의 책, 376쪽.

뜨리는 결정적인 역할까지 한다. 이것은 그녀가 의식적으로 각성되었기 때문이 아니라 자신이 안사장에게 농락당했다는 것을 알고서는 "그 비기찬 배허복을 악물어 오리가리 찢어 주고 싶은"[9] 엄청난 분노를 느꼈기 때문이다.

그녀는 긍정적인 도제 구조나 부정적인 도제 구조에서 벗어난 자율적인 의지와 욕망을 지닌 존재이다. 누구에게 배우고, 누가 주는 책을 읽는 존재가 아닌 것이다. 이러한 정님을 『황혼』의 초점인물 중 하나인 준식은 "고학생퇸가 여성운동인가에도 점 삐쳐 본 일이 있"는 "상당히 말썽많은 괴물"[10]로 규정한다. 여순은 도덕적으로 건전하며 긍정적인 인물로 자리매김 되는데 반해, 정님은 타락했으며 극복해야 할 인물로 그려지는 것이다. 이것은 「뒤ㅅ걸음질」에서 C가 여성으로서의 머리를 기르는 것이 지극히 부정적인 것으로 의미화된 것과 같은 맥락이다.

한설야에게 있어 시급한 문제는 계급 모순과 민족 모순을 날카롭게 인식하고, 그로부터의 해방을 위해 노력하는 것이다. 그러한 제일의적 과제 앞에서 여성의 성적 정체성 찾기와 같은 문제는 부차적일 수밖에 없다. 이것은 일반적으로 노동계급의 정체성이 남성적인 것으로 구성되어 있는 것과도 관련된다. 우리가 노동계급이라고 할 때는 이미 성적으로 남성을 전제로 한다는 것이다. 우리가 상정하는 노동계급에는 여성성이라는 것이 부재하다는 논의도 있다.

---

9 위의 책, 538쪽.

10 위의 책, 112쪽.

5)『황혼』의 문학사적 의의

『황혼』을 정리해 보자면, 『황혼』은 삼각관계 구조로 되어 있는 소설이고 한국 현대문학사의 대표적인 노동 장편소설이다. 이 작품은 카프가 해산된 이후, 한설야 자신은 감옥에서 위장 전향을 하고 나온 직후인 1936년에 창작되었다. 그래서 그 이전처럼 직접적인 방식으로 노동자의 계급의식이 드러나지 않고, 간접적인 방식으로 사회주의적 의식이 드러나 있다. 그것이 바로 준식-여순-경재의 삼각관계이다. 이때 준식은 한설야가 카프 시기부터 계속 가지고 있었던 당위적, 이상적인 자아라고 할 수 있고 경재는 소설을 쓸 시점에 한설야가 처한 상황을 잘 드러낸 현실적 자아라고 할 수 있다. 그 삼각관계에서 여순이 갈등하다가 끝내는 준식을 선택하는 서사는, 현실의 고통 속에서도 사회주의적인 이상을 견지하고자 하는 한설야의 작가 의식을 보여 준다. 그리고 그것은 직접적으로 제목에 드러나 있는 황혼의 이미지를 경재와 연루시킴으로써 분명하게 드러난다. 어떻게 보면 직접적으로 계급의식을 드러내지 못하고 몇 단계로 간접화할 수밖에 없었던 암울했던 시대 상황이 문학적으로는 더 좋은 성취를 만들어 낸 것인지도 모른다. 『황혼』은 주제라는 면에서도, 카프 문학이라는 측면에서도 최고의 노동소설이라고 할 수 있다.

『황혼』에서는 연애서사 그중에서도 삼각관계가 중요한 역할을 하고 있다. 『황혼』은 경재를 중심에 둔 '현옥-경재-여순'의 삼각관계와 여순을 중심에 둔 '경재-여순-준식'의 삼각관계 두 가지로 이루어져 있다. 『황혼』의 중요한 특징이 '삼각관계 천국'이라는 점이다. 이 두 삼각관계 이외에도 '사장-여순-경재', '여순-경재-현옥', '주임-정님-학수', '분이-

준식-여순', '준식-복술-동필', '사장-정님-주님', '정님-사장-여순' 등의 삼각관계가 존재한다.[11] 조금 과장하자면 『황혼』의 공장을 채우는 것은 기계와 노동자가 아니라 삼각관계들이라고 말할 수 있을 정도이다. 주지하다시피 장편소설을 특정한 이념의 뼈대만으로 채우는 것은 불가능하다. 서사의 구체적 육체가 필요한 것이다. 그러한 육체를 채우는 것이, 『황혼』에서는 바로 삼각관계들인 것이다.

이를 통해 한설야는 노동자들을 단순하게 고정관념으로 찍어 내지 않고 피와 살이 있고 살아 숨 쉬는 인간으로 형상화하고 있다. 단순히 피해자라거나 투쟁의지로만 가득한 존재가 아닌 보통 사람들과 똑같이 사랑하고, 괴로워하고, 기뻐하는 인간으로 그려 내고 있는 것이다. 이것 역시 『황혼』의 예술적 성취를 보장한 중요한 요소라고 볼 수 있다. 이처럼 『황혼』에서 '삼각관계'는 참으로 중요하다. 삼각관계는 모든 대중적인 서사물의 기본 플롯이기도 하고, 프로이드나 르네 지라르의 이론에 따르자면 인간의 가장 근원적인 욕망과 관련된 것으로 이야기하기도 하다. 한설야의 『황혼』은 가장 대중적인 플롯인 삼각관계를 가져와 당대의 가장 첨예한 정치의식을 형상화한 소설이라고 정리해 볼 수 있다.

---

11 조남현, 『한국현대소설사』2, 문학과지성사, 2012, 362쪽.

민촌(民村) 이기영에 관하여

정윤성

연세대학교 국어국문학과 박사과정생

1. 들어가며: 한국 근대 문학과 이기영

1917년, 한국 근대 문학의 역사를 연 이광수의 장편 『무정』은 식민지 조선이 나아가야 할 '근대'를 지목하고, 그 구체적인 방도를 제시했다. 이 기념비적 작품이 발표된 이래, 한국 근대 문학은 식민지라는 정치적 조건과 '근대'의 문제를 다양한 방식으로 논의함으로써, 예술을 넘어 사상의 영역으로 확장될 수 있었다. 한국 근대 문학은 이른바 서양으로부터 발원한, 일종의 보편인 '근대'를 인식하고, 수용하는 특유의 양상으로 확산했다. '근대'를 둘러싼 문학적 상상력으로부터 한국의 특수한 사상적 위치를 가늠해 보고자 할 때, 민촌(民村) 이기영의 장편 『고향』은 매우 중요한 텍스트이다. 작품의 평가와 관련하여 "서양의 헤게모니를 재생산하는 역사주의에 대해 반항적일 수밖에 없는 한국 사회의 무의식"[1]을 드러냈다는 문학사적 의의가 제출된 한편, 저자 이기영은 식민지 시

1 황종연, 「문학에서의 역사와 반(反)역사: 이기영의 『고향』을 중심으로」, 『민족문학사연구』 67, 민족문학사학회 · 민족문학사연구소, 2018, 210~211쪽.

기 사회주의 문학 예술운동을 주도한 조선프롤레타리아예술가동맹(이하 KAPF)을 넘어 조선 문단을 대표하는 작가로 손꼽힌다. 1924년 등단한 이래 해방 이전까지 『고향』을 포함하여 100여 편의 문학 작품을 남겼으나, 그에 관한 연구는 1980년대 말 해금(解禁) 이후에야 남한에서 본격적으로 수행될 수 있었다. 남북을 갈라놓은 냉전의 논리는 해방 이전 좌익문단을 대표한 문인이자, 해방 이후 북한에서 조선문학예술총동맹 중앙위원회 위원장을 역임한 이기영을 연구의 시각에서 배제해온 것이다.

1984년 90세의 나이로 세상을 떠난 이기영은 1895년 충남 아산군에서 태어났다. 창작의 지리적 본령(本領)이 되는 천안 중엄리(中嚴里) 부근으로 거처를 옮긴 이기영은 11세가 되던 해 장질부사(장티푸스)로 어머니를 잃는데, 후일 이기영은 어머니의 죽음에 의한 정신적, 물질적 결핍을 극복하기 위해 고대 소설을 탐독하며 문학의 길로 들어섰다고 회고한 바 있다.[2] 사립 영진(寧進) 학교에서 근대 초등 교육을 받은 이기영은 신소설, 그리고 이광수의 『무정』, 『개척자』 등 근대 소설에 큰 감명을 받으며 문학에의 의지를 다져갔다. 한편 이기영은 1908년, 14세가 되던 해 연상의 여인과 결혼하여 가정을 이루었는데, 그의 여러 소설과 산문은 개인의 의지에 반하는 관습적 조혼을 자유의 측면에서 비판하기도 했다.

부친의 사업 실패로 가세가 기울면서 이기영은 주변 사람들의 도움으로 소학교를 가까스로 졸업하고, 잠업 강습소에서 일을 배우거나, 전국을 방랑하며 이것저것 소일거리를 한다거나, 학교와 군청에서 사무원으

2 이기영, 「문학을 하게 된 동기」, 『문장』, 1940.2, 6~7쪽.

로 일했다. 여러 일자리를 전전하던 이기영은 1922년 아내와 자식들을 남겨 두고 늘 꿈꿔왔던 일본 유학길에 오른다. 동경의 정칙(正則)영어학교에서 고학하며, 사자생(寫字生), 지금으로 말하면 필사를 돕는 일을 하면서 학업과 생계를 이어간 이기영은 그곳에서 일본어로 번역된 서양 근대소설과 사회주의 서적을 접했다. 더불어 소설가 포석(抱石) 조명희와 함께 아나키즘 계열 사회주의 단체인 흑도회(黑濤會)와 교류[3]하면서 이기영은 동경 체류 시절부터 본격적으로 사회주의자로서의 면모를 갖추어 나간 것으로 보인다.

고향과 가족을 등지면서까지 동경으로 건너갔던 이기영은 1923년 9월 1일 관동대지진으로 인해 갑작스럽게 귀국하게 된다. 지진과 그 직후 발생한 대규모 조선인 학살 사태로부터 가까스로 생존한 그였지만, 식민지의 검열 상황으로 인해 조선인이 겪었던, 그리고 그가 본 참상에 대해 구체적으로 언급할 수 없었다. 생사를 넘나드는 당시의 경험은 해방 이후 북한에서 발표된 대하소설 『두만강』에서 엿볼 수 있고, 초기작이라 할 수 있는 「가난한 사람들」과 「오매(五妹) 둔 아버지」에서 그는 삶의 이상이 좌절된 상황, 그리고 졸지에 귀국하여 느낄 수밖에 없었던 책임감, 죄책감을 소설화한다.[4]

---

3 이기영과 흑도회의 관계 및 초기 문학의 아나키즘적 배경에 관련해서는 다음의 연구를 참고. 김홍식, 「이기영의 문학과 아나키즘 체험」, 『한국현대문학연구』 17, 한국현대문학회, 2005, 125~129쪽.

4 관동대진재로 인한 귀향 직후 이기영의 문학적 재현에 관한 내용은 다음의 연구를 참고. 정윤성, 「이기영의 관동대진재 체험, 그 직후의 현실 인식과 초기 문학」, 『춘원연구학보』 27, 춘원연구학회, 2023.

가족을 부양해야 하는 중압감 속에서도 이기영은 문학에의 뜻을 꺾지 않았다. 1924년 「오빠의 비밀편지」로 개벽사의 현상공모 3등에 당선되며 등단한 후, 이기영은 당시 식민지 조선의 좌익문단을 주도하던 KAPF의 맹원으로서 창작활동을 이어나간다. 주로 가지지 못한 자들에 주목한 프롤레타리아 문학을 발표하면서, 좌익문단 내에서의 입지를 굳혀 나가던 이기영은 1933년 11월부터 이듬해 9월까지 한국 근대 문학의 수작으로 손꼽히는 장편소설 『고향』을 조선일보에 연재한다. 작품은 당대 문단 내부를 넘어 독자 대중으로부터도 폭발적인 호응을 불러일으켰지만, 그의 문학적 성취 이면에는 수많은 불행이 자리하고 있었다.

문학으로서 일종의 사상운동을 펼치던 KAPF의 중진 작가로서, 이기영은 1931년 좌우합작 독립단체였던 신간회(新幹會)가 해소되는 사건에 휘말렸으며, 1934년에는 KAPF의 해체에 직접적인 원인이 되는 이른바 신건설사(新建設社) 사건으로 투옥된다. 1935년 3년의 집행유예 처분을 받고 석방된 이기영은 KAPF의 해체와 더불어 현실정치의 여러 질곡에도 불구하고, 왕성한 창작활동을 이어간다. 1937년 중일전쟁을 거치며 일본 제국의 대륙 진출이 노골화되고, 1938년 국가총동원법이 공포되면서 식민지 조선의 문인들은 문필보국(文筆輔國), 즉 문학으로써 일본 제국의 이데올로기를 선전하는 일에 동원된다. 이무렵 이기영은 춘원 이광수를 회장으로 위시한 조선문인협회에 간사로서 활동한 사실이 확인된다. 1944년 강원도의 내금강 부근으로 거처를 옮긴 이기영은 농사를 지으며 생활하던 중 해방을 맞이하며 문단과 거리를 둔 것으로 한때 알려졌으나, 일본 제국을 위한 노동과 생산을 강조하는 『대지의 아들』, 『처녀지』,

『광산촌』과 더불어 일련의 방송소설[5]은 이 시기 그의 문학적 대응을 보여 주는 작품으로 읽어볼 수 있다. 지금까지 해방 이전 이기영의 생애를 간략하게나마 짚어 보았다. 문예운동, 즉 문학예술이자 정치운동을 표방했던 KAPF의 주요 문인으로서 이기영의 행보는 여러 정치적 사건과 밀접하게 연관되었으며, 그의 문학은 식민지 자본주의라는 특수한 조건 속에서 사회 변혁의 가능성을 타진한 한 사례로 읽을 수 있다.

2. 식민지 조선의 프롤레타리아 문학과 『고향』의 위치

이기영은 식민지 조선의 대표적인 '프로문학가'로 알려져 있다. 이때 '프로'란 프롤레타리아의 줄임말이며, 프롤레타리아는 역사적으로 무산자, 즉 재산이 없는 자를 의미했다. 마르크스는 산업 혁명 이후 등장한 공장 노동자 계층을 바라보면서 사회과학의 용어로 프롤레타리아를 의미화한다. 이때 프롤레타리아는 공장과 같은 생산 수단을 가지지 못해 노동력을 판매하는 임금 노동자로 재정의된다는 점을 기억할 필요가 있다. 이기영은 현실의 모순을 계급적 관점으로써 파악하고, 억압되고 소

5 이기영의 방송소설 관련 자료 정리와 논의는 다음의 글을 참고. 서재길, 「『방송지우』와 일제 말기 방송소설」, 『민족문학사연구』 22, 민족문학사학회 · 민족문학사연구소, 2003; 서재길, 「일제 말기 방송문예와 대일 협력 - 『방송지우』 소재 신발굴 자료를 중심으로」, 『민족문학사연구』 32, 민족문학사학회 · 민족문학사연구소, 2006.

외된 자들의 공동행동을 서사화하는 이른바 '프롤레타리아 문학'을 창작했다. 그의 작품들은 주로 식민지 조선의 인구에 절대다수를 차지한 농민과 그들의 터전인 농촌에 주목했다. 엄밀한 의미에서 토지라는 생산수단을 소유한 농민들은 프롤레타리아에 속할 수 없는 집단이지만, '수'의 우위를 점하기 위해 이들을 정치적으로 의식화하고 동원하는 작업이 선결되어야 했다. 다시 말해 농민 집단, 그리고 이들과 결부된 어떤 봉건적 분위기, 그리고 식민지라는 정치적 상황을 적실히 반영하는 프롤레타리아 문학이 요구되었던 것이다. 이기영의 작품은 탁월한 대중성을 갖추었고, 식민지 농촌 사회가 근대화하는 과정을 총체적으로 구현했다는 점에서 당대 문단과 후대 연구자들의 높은 평가를 받았다. 대중성, 문단에서의 입지와 더불어 1924년 등단하여 해방 전까지 100여 편의 작품을 발표한 사실은, 그가 근대 한국 프롤레타리아 문학의 역사를 파악할 수 있는 지표적인 인물임을 방증한다.

앞서 언급한 바와 같이 1980년대 말 해금 조치를 기점으로 KAPF 문인들에 관한 본격적인 연구가 이루어졌다. 해금 직후 이루어진 이기영 문학 연구는 주로 사회주의 리얼리즘 이론 또는 KAPF 내부의 창작 논쟁을 참조하며 수행되었고, 『고향』은 식민지 조선 농촌의 근대화 양상을 총체적으로 묘사했다는 점과 전형성을 갖춘 등장인물을 재현해냈다는 점을 근거로 탁월한 리얼리즘 소설로 평가되어 왔다. 최근에는 KAPF 중심의 식민지 시기 좌익문단의 연구 경향을 상대화하면서, 이 문학단체의 '외부'에서 창작된 프롤레타리아 문학에 대한 학술적 관심이 집중됐다. 예컨대 정치적 지향을 공유했으나 KAPF에 가입하지 않았던 이른바 동반자 작가와 KAPF '내부'에서 축출된 아나키스트 문인들이 연구의 시각에 포함되었다. 더불어 경제적 착취 구조와는 다른 차원에서 '개인'과 '일상'이라는 새로운 키워드가 채택되면서, 개인의 '내면', '감정' 등의 키워드 및 유서 깊은 '타자'로서 여성이 새로운 키워드로 떠올랐다. 이처럼 '프로문학'을 확장적으로 재구성하려는 부단한 시도 속에서 식민지 조선의 좌파 문학 전반에 논의는 더욱 풍부해질 수 있었다.[6] 연구 경향의 변화 속에서 이기영의 작품 개별에 대한 새로운 논의와 더불어 문학사적 의의와 한계가 갱신되었고, 그의 대표작 『고향』도 예외가 될 수는 없었다. 여러 관점에서 수행된 비판적 연구 성과가 축적됨에 따라, 『고향』의 성취와 한계가 구체적으로 논의되면서 한국문학의 정전(正典)으로 일컬어진 작품의 위상 또한 상당 부분 재구성되었다. 그러나 작품의 비중을 고려한다면, 타당성과 정당성을 확보하려는 새로운 '프로문학' 연구의 시도는 필수적으로 『고향』을 짚고 넘어가야 함은 물론이다.

장편 『고향』은 1933년 11월 15일부터 34년 9월 21일까지 약 10개월간 조선일보에 연재되었고, 대중 독자뿐만 아니라 문단 내부에서도 뜨거운 반응을 불러일으킨 작품이었다. 이례적으로 단행본이 발간되기 이전부터 『고향』은 서사적 특질에 대한 분석과 문학사적 의의를 살피는 여러 논평이 제출되었는데, 일례로 1932년 4월부터 33년 7월까지 동아일보에 연재된 이광수의 장편 『흙』과의 비교가 대표적이라고 할 수 있다. KAPF 소

---

6 2010년대 이후 본격화된 프로문학 연구의 다각화 양상은 다음의 연구를 참고. 최병구, 「프로문학 연구의 현실 인식과 전망: 2010년대 이후 연구를 중심으로」, 『민족문학사연구』 83, 민족문학사학회 · 민족문학사연구소, 2023.

속으로 여러 평론을 남긴 민병휘는 농민과 농촌을 대상으로 하는 장편소설로서 두 작품의 공통점을 지적하면서도, 등장인물의 속성을 근거로 하여 두 작가, 이기영과 이광수의 인생관과 정치적 지향을 대립시킨다. 우파 부르주아의 '민족' 진영과 좌파 '계급' 진영이라는 당대의 일반적인 이해 속에서, 두 작가와 작품은 라이벌 구도로 다루어졌다.[7] 그런가 하면 KAPF의 대표 평론가 김남천은 『고향』의 주인공 김희준을 적극적 인텔리겐치아로 규정하면서, 그와 작가 이기영 모두 관념의 차원에서 벗어나 현실 생활과 투쟁하고 있다고 평가한 바 있는데, 이는 프로문학의 고질적 맹점인 도식성을 어느 정도 극복했다는 긍정적 평가로 이해할 수 있다.

이기영은 연재를 시작하기 전, 작가의 말에서 중농(中農)의 아들로 출생한 지식인이 고향으로 돌아와 건실한 생활을 살고자 하는 노력, 열정, 그리고 실망과 더불어 농촌의 분화 과정을 여러 층으로 묘사하는 것이 창작 의도임을 밝힌 바 있다.[8] 이때 언급되는 지식인 계급과 농촌의 분화 과정은 『고향』의 서사 구조를 구성하는 주요한 키워드이다. 근대적 문물과 제도는 봉건적 질서가 잔재하는 식민지 조선 농촌에 흘러들어 오는데, 이 접촉은 마냥 긍정적인 결과로 이어지지는 않으며 '개명'하는 세상에도 불구하고 농민들은 삶은 해가 지날수록 더욱 팍팍해진다. 농촌의 변화는 일본 유학을 마치고 돌아온 지식인의 시선에 포착되며, 그는 변모한 고향의 환경 속에서 자신의 구상을 현실화하기 위해 동분서주한다.

---

7 민병휘, 「춘원의 『흙』과 민촌의 『고향』」, 『조선문단』, 1935.5, 121~125쪽.

8 「신연재 장편소설」, 『조선일보』, 1933.11,14, 2쪽.

이 점에서 『고향』은 식민지 조선 농촌에 미친 '근대'의 효과를 세밀한 필치로 묘사한 후, 비로소 농민 그리고 새롭게 등장한 공장 노동자와 이들을 동력으로 사회 변혁을 기획하는 지식인의 관계를 논한다. 이러한 서술 전략은 '근대'의 속성 자체와 더불어, 식민지 조선이라는 맥락을 함께 사유하는 것임을 기억할 필요가 있다.

한편 연재 당시에도 큰 관심과 호응을 불러일으킨 『고향』은 상, 하 두 권의 단행본으로 구성되었는데, 한성도서주식회사가 추진한 현대조선장편소설전집 기획의 첫 작품이기도 한 『고향』 상권은 1936년 10월, 그리고 하권은 3개월 뒤 1937년 1월에 발간되었다. 문자 그대로 소설은 불티나게 팔렸다. 출판사 한성도서주식회사는 한 달 만에 『고향』 상권의 초판이 동나는 바람에 구매를 위해서는 대기해야 한다고 긴급히 공지했고, 상권을 모두 읽은 독자들은 통신란을 통해 하권의 빠른 발간을 요구하며 출판사를 닦달하는 모습을 확인할 수 있다.[9] 이는 근대 한국문학사에서도 손꼽을 이례적인 대중적 인기인 셈인데, 이와는 별개로 작품의 서사가 근거하는 여러 키워드와 관점은 시대의 사상적 지형도를 확인하는 데 있어 중요한 참조점을 제공하기에 주목을 요한다.

---

9 『문예가』, 1936.12, 11~12쪽.

3. 키워드로 『고향』 읽기(1): 근대, 노동

장편 『고향』을 음미하는 한 방법은 '근대'가 재현되는 방식을 살펴보는 것이다. 『고향』에서 드러나는 '근대'에 대한 이기영의 태도는 세밀하게 읽을 필요가 있다. 작품은 '근대' 자체에 대한 부정적인 평가로 일관하거나, 반대로 과거로 돌아가야 한다는 막연한 주장으로 나아가지 않기 때문이다. 『고향』은 '근대'의 흐름 속에서 식민지 조선 농촌과 그곳에 사는 촌민들의 삶이 변화하는 양상에 먼저 주목하며, 이는 가지지 못한 자가 가진 자를 향해 분개하고 궐기하는 장면을 적극적으로 서사화하거나, '혁명'과 같은 정치적 구호를 섣부르게 제시하지 않는다. 일례로 작품의 도입부는 '근대'의 물결에 힘입어 변화한 식민지 조선 농촌의 풍경과 더불어 생계를 유지하기 위해 소작농 또는 공장 노동자로 전락하는 주민들을 묘사한다. 이는 5년간의 일본 유학을 마치고 고향인 원터마을에 돌아온 지식인 김희준에게 아연실색할 만한 것으로 다가온다.

과연 원터마을의 강가와 들에는 기찻길과 정거장이 자리 잡고 있으며, 전화와 전등을 잇는 전화선은 즐비해진 기와집과 더불어 새로운 '풍경'을 구성하고 있다. 빽빽했던 뽕나무밭과 잠업 기수들을 훈련했던 허름한 강습소는 이제 근대적인 제사공장으로 변모했는데, 유학길에 오르기 전 잠업 강습을 받기도 했던 희준이는 공장을 바라보며 손으로 물레를 돌리고, 화롯불에 고치를 삶아 손으로 실 끝을 찾아내던 과거를 회상한다. 이제 이 모든 일은 기계와 수백에 달하는 여공에 의해 이루어지고 있다. 소작농으로 전락해 생계가 곤란해진 농민들은 딸을 공장에 보낼 수밖에 없었고, 이는 곧 원터마을에서 전대미문의 현상인 공장 노동자의 탄생을 의미했다. 철도와 그 위를 이동하는 기차, 그리고 기계의 리듬과 공장 노동자들의 일사불란한 움직임으로 요약되는 속도는 이기영이 주목한 '근대'의 특징적인 면모이다. 다시 말해 고향의 정경은 속도라는 구체적인 계기로써 재편되며, '근대'의 흐름과 그에 부수하는 사회적 변화는 이동과 기술의 '속도'와 긴밀하게 연관된다.[10]

한편 마름 안승학은 '근대'의 시류에 편승한 인물이다. 서울에 거주하는 지주를 대리하는 그는 소작인들을 관리하며, 양반 태생은 아니었지만, 일본어를 배우고, 군청에서 일하며 측량 기술도 익히면서 개화한 인물이다. 그는 근대적 '기술'이라 볼 수 있는 측량법을 악용하여 마을 논밭의 지도를 조작했고, 이로써 자신과 경쟁하던 다른 마름을 쫓아내고 관리 영역을 독점한다. 작중에는 안승학이 '근대'를 선취할 수 있었던 여러 장면이 등장한다. 예컨대 그는 누구보다도 먼저 우편 제도를 활용할 줄 알았고, 기차를 탔으며, 치밀한 손익계산으로 미래를 준비한다. 현대를 살아가고 있는 우리 입장에선 매우 일상적이지만, 작품의 배경인 1920년대 전반기 한국의 농촌에서 이는 상당히 '근대'적인 행위로 독자에게 전달되었다. 이와 더불어 안승학과 관련하여 더불어 눈여겨보아야 할 것은

---

10 『고향』에서 드러나는 '근대적 속도'의 재현에 주목한 한 연구는 공장의 '속도'가 노동자화된 민중이 계급의식을 각성하게 하는 계기이자, 주인공 김희준이 대립적 인물인 마름 안승학을 극복함으로써 시도하고자 하는 '근대'의 중요한 속성임을 지적했다. 홍덕구, 「1920~30년대 한국 근대소설의 과학·기술 표상 연구」, 동국대학교 박사학위논문, 2021, 112~115쪽.

시간에 대한 집착이다. 다소 우스꽝스럽게 묘사되는 것이 사실이지만, 그는 "시간은 황금이다"라는 금언을 가슴에 새기며, "조선 사람은 게으름뱅이"라는 외국 사람들의 인식에 반박하듯 부지런히 움직인다. '근대'적 인간으로 묘사되는 안승학이 시계를 수집하는 취미를 가졌다는 서술은 '근대'와 시간의 관계를 생각해 보게 한다.

『고향』의 서사는 기본적으로 김희준과 계몽의 대상이 되는 농민, 노동자가 마름 안승학과 벌이는 갈등에 근거하지만, 김희준과 안승학의 관계가 명확하게 적대적인 것은 아니다. 김희준은 마을 사람들을 한데 모을 두레를 조직하기 위해 안승학을 일종의 '어르신'으로 치켜세우며 금전적 도움을 요청하고, 안승학은 두레의 영향력을 경계하면서도 이로부터 결집한 노동력을 자신의 논을 매는데 써줄 것을 희준에게 요청한다. '전략적 동거'처럼 보이는 이들의 묘한 관계는 '스파이'를 붙여 상대의 동태를 확인하면서까지 팽팽하게 이어진다.

큰 틀에서 김희준과 농민, 노동자 대 안승학의 구도로 서사를 바라본다면, 김희준이 만들고자 하는 집단이 무엇이며, 어떤 모습으로 구체화되는지 살펴볼 필요가 있다. 먼저 유학 이전보다 황폐해진 고향에 안타까움을 느낀 희준의 시야에 들어오는 것은 3.1운동 이전 기독교 계열의 청년회와 지방 유지들이 설립한 청년회였다. 귀국 후 청년회의 집행위원이 된 그였지만, 바둑이나 장기를 두며 소일하는 '오락 기관'에 지나지 않는 조직에 이내 실망한다. 청년회 소속으로 지도자를 자처하는 이들로부터 더 이상 희망을 볼 수 없었던 희준은 마을 사람들에게 시선을 옮긴다. 그런데 이곳 원터마을의 농민들은 과거 각자의 밥벌이에 급급했을

뿐, 함께 무엇을 해본 경험이 거의 없는 상태로 묘사된다. 희준은 말하자면 '함께'하는 경험을 만들기 위해 사람들을 불러 모으며, 그 구체적인 방도로써 야학을 운영한다. 일본에서 근대 교육을 받은 희준이는 조선어와 일본어 그리고 산수 등을 가르칠 뿐 아니라, 세상은 위대한 '노동'의 힘으로 굴러간다는 점을 지적하고 가난한 농민이 왜 가난해질 수밖에 없는지를 구조적으로 설명한다. 희준의 일장 연설에 농민들은 감화되고 깨우침을 얻는 듯하지만, 농번기의 고된 육체노동으로 인해 농민 대부분은 야학에 나가지 못하게 되며, 이렇듯 지식인이 주도하는 계몽의 기획은 힘차게 추진되지 못하고 지지부진한 상태에 머무른다.

한편 희준은 일자무식의 농민을 가르쳐야 한다는 강한 사명감과 동시에 자신의 "인텔리 근성"을 자책한다. 자신의 신체적 유약함과 소작인들과의 어색함을 절감하면서도 그들과 거리를 좁히기 위해 노동 현장으로 자신을 밀어 넣는다. 이는 야학에서 노동의 '신성함'을 강조한 바 있는 그가 자신의 '흰 손'을 농민의, 또는 공장 노동자의 손으로 바꾸어 나가기 위함인데, 희준이는 그들이 노동의 신성함을 의미를 알지 못한다고 생각한다. 이렇듯 육체노동에 대한 희준의 믿음은 상당히 강고한 것인데, 그의 노력 덕분에 농민들과 그의 정서적 거리는 점차 좁혀지게 되면서 '노동'은 지식인과 민중이 만나게 되는 중요한 영역으로 의미화된다. 과연 육체노동을 하기 위해 안승학의 딸 갑숙 또한 공장행을 자처하며, 동료 여공들에게 '인텔리'라는 이유로 따돌림당하면서도 이들과 함께 생활하고 의식적으로 친해지려는 과정 중에 "노동자의 의식과 감정"을 얻는다.

사실 갑숙이가 제사공장에 들어간 이유는 아버지 안승학이 제안한 혼인을 피하기 위함이었으나, 그곳에서 규칙적으로 노동함으로써 "노동이 물질을 생산하고, 물질이 곧 인간의 생활과 문화를 향상시킬 수 있다"라는 믿음을 가지게 된다. 갑숙이 덕분에 동료 여공들 또한 공장에서 노동함으로써 과거엔 알지 못하던 세상의 이치를 깨닫는, 어떤 '개명(開明)'을 경험하게 되는 것이다. 희준과 갑숙의 예시를 보건대, 이기영이 독자에게 전하고자 하는 '노동의 의미를 곱씹어볼 필요가 있다. 지식인, 다시 말해 사회를 비판적으로 바라볼 수 있는 자들은 손에 익지 않은 농사일을 구태여 하거나, 고된 노동으로 신체가 파괴되는 상황을 감수한다. 그리고 '노동'이 이루어지는 공장은 지식인뿐만 아니라 프롤레타리아의 의지와 의식을 발전시키는 중요한 공간으로 재현된다. 실제 비료공장의 노동자 출신으로서 소설을 발표한 이북명은 극악한 근무 환경에 처한 조선인 노동자들이 팔이 잘리거나, 가스에 중독되는 산업 재해의 현장을 집요하게 묘사한 바 있는데,[11] '공장'과 '노동'이라는 두 개의 항을 공유하면서도, 두 작가는 상이한 구도의 서사를 내어놓는다는 점에서 우리는 『고향』이 내세우는 '노동'의 의미를 파악할 수 있다. 지식인과 농민, 공장 노동자로 대표되는 프롤레타리아의 관계를 재현하는 프로문학의 일반적인 양상에서 살펴볼 때, 이기영의 소설들은 작중 지식인에게 '노동'의 실제 경험을 강조하는 특징을 보여 준다. 다시 말해 지식인들은 사회를 비판할 지식체계뿐만 아니라 '노동'을 경유한 프롤레타리아와의 관계 맺기가 요구되는 것이다.

11 정윤성, 「식민지기 이기영 문학의 내적 논리 연구」, 연세대학교 석사학위논문, 2021, 23쪽.

그런데 '노동'의 중요성은 이를 수행하는 농민과 노동자들에게도 강력히 요구되는 덕목이다. 『고향』뿐만 아니라 이기영의 여타 소설들은 '노동'의 경험이 어떤 종류의 바람직한 '인간'을 만들 수 있다는 믿음을 드러내는데, 성실한 '노동'은 단체행동을 위한 자격을 갖춘 존재로서 농민과 노동자들을 승인하는 근거로 활용된다. 일례로 1927년 발표된 단편소설 「아사」에는 농사로 더 이상 가족의 생계를 책임질 수 없자, 노름판으로 나가려는 아들을 꾸짖는 아버지가 등장한다. 이 가난한 농부는 "사람은 가난할수록 마음을 바르게 먹어야 한다"고 말하면서 생존을 위한 마지막 선택지인 도박을 거부한다. 즉, 이는 도박으로 생명을 유지하는 대신에 차라리 굶어 죽음으로써 자신이 생각하는 '옳은 도리'를 지켜 내는 것이며, 이는 『고향』의 희준이 "노동을 해서 먹고사는 것이 가장 옳은 일"로써 '노동'의 가치를 말한 바와 일맥상통한다. 「아사」와 같은 해 발표된 최서해의 「홍염」이 극단적인 가난을 가지지 못한 자의 살인, 방화 등의 폭력성을 드러내고 정당화하는 계기로 활용한다면, 이기영의 서사는 생명의 존속 자체가 보장될 수 없는 상황 속에서도 폭력을 억제하고 '인간'이라면 지켜야 할 어떤 '최저선'을 구획한다는 점에서 구분된다. 이처럼 프로문학의 단골 소재이기도 한 가난에 대한 입장과 더불어 인간과 사회, 그리고 역사와 세계에 대한 개별 작가들의 이해와 주장에 주목해서 작품을 읽어 나갈 수 있다.

지금까지 『고향』이 근대화로 재편되는 식민지 조선의 모습을 그리는 방식과 중심인물 김희준이 강조한 '노동'의 의미를 살펴보았다. 서사의 배경이 되는 '근대'라는 조건과 더불어 전면에서 계몽을 주도하는 지식인을 통해 작품을 읽을 수 있다면, 그 반대편에는 농민과 공장 노동자, 즉 프롤레타리아가 존재한다. 일견 수동적인 존재로 재현되는 것 같지만, 이들은 서사의 한 영역을 차지하면서, 이기영 문학의 특수성을 보여 주는 매우 중요한 존재들이다. 개별 작품마다 어느 정도의 편차가 존재하지만, 우리는 『고향』이 이기영이 이들을 재현하는 데 있어 가지 속성에 주목했음을 발견할 수 있다.

4. 키워드로 『고향』 읽기(2): 인간, 성욕

『고향』이 묘사하는 프롤레타리아의 주요한 면모는 이기심이다. 마름 안승학의 딸이지만, 옥희로 이름을 바꾸며 공장 노동자로 거듭난 갑숙이는 사람이 "하나는 금수같이 야비한 마음과 또 하나는 거룩한 인간성"이 있다고 지적한다. '계급'이라는 것은 사실 경제적 차원뿐 아니라 여러 층위에 걸쳐 구성된다. 그렇지만 프로문학을 경제적 적대구조에 근거한 서사로 거칠게 이해해 본다면, '프롤레타리아', 더 나아가 '계급'이라는 범주는 사회 변혁을 목표로 하는 지식인의 욕망이 투영된 산물로 이해할 수 있다. 이때 정치운동을 위한 '계급'이라는 집단에 소속됨으로써 프롤레타리아 개인 간의 차이는 지워지며, 이들은 '집단화된 개인'으로 재구성된다. 『고향』에서는 주로 농민들이 전형적인 속성을 공유하는 집단으로 재현된다. 이기영은 여러 차례 서술자로서 작품에 개입하는데, 그는 원터마을의 가난한 소작인들이 언뜻 생각하면 같은 처지이기 때문에 서로

친할 것 같지만 실상은 그와 정반대이며, 이들 간의 관계를 "물에 뜬 기름"으로 비유한다. 더불어 이들을 규합하여 어떤 사회적 변화를 도모하려는 김희준 또한 그들 간의 반목을 여러 차례 확인한다. 일례로 송아지를 제대로 묶어 두지 않아 이웃의 콩밭에 들어가 콩을 뜯어먹자 화가 난 콩밭 주인은 돌을 던져 송아지를 내쫓고 두 집안의 과부는 이를 두고 옥신각신한다. 지나가던 이들은 이들이 다투는 것을 보고 세상이 갈수록 각박해지니 사람들이 '늑대'가 된다고 표현한다. 사사로운 이해관계 때문에 가난한 자들이 싸우는 장면은 이기심으로 인해 이들 간의 공통적인 '계급' 의식이 쉽사리 만들어지지 않는다는 점을 압축적으로 보여 준다. 다시 말해 '우리는 같은 처지의 사람들이고, 사회적 모순을 해결하기 위해 함께할 수 있다'는 인식이 공유되지 않는 것이다. 이 점에서 희준의 야학과 농민들의 제안으로 설립된 공동 노동 조직인 두레는 가지지 못한 자들 간에 공통된 의식을 조성하기 위함인데, 과연 두레가 설립된 이후 가난한 농민들은 굶지 않도록 서로를 돕고, '인간'적인 면모의 한 예시로서 동정을 나누는 모습이 묘사된다.

『고향』 연재 3년 전, 1930년 발표된 이기영의 단편 「홍수」에서도 가난한 농민들의 야수성과 이기심 그리고 이를 길들이려는 시도가 확인된다. 이 소설의 중심인물인 박건성은 일본에서 7년간 공장 노동자로서 생활한 후, 계급적인 사회 비판의식을 갖추고 귀향하는데, 논밭에서의 노동 경험이 부족한 그는 『고향』의 희준과 유사하게 자발적으로 농사에 뛰어든다. 마을 사람들은 일본까지 다녀온 그가 농사를 짓는 모습을 보면서 혀를 끌끌 차지만, 건성은 이내 자신의 몫을 해내면서 농민들과 가까워지며 특유의 신체적 건강함과 더불어 공장 공장 생활을 통해 획득한 사회비판 의식을 내세우며 마을의 중심적 위치를 차지한다.

한편 그는 빈번한 홍수로 인해 척박한 생활을 이어갈 수 없었던 농민들에게 주목한다. 반복되는 수재로 가난한 소작인들은 '아귀'와 '유령', 즉 '인간' 이하의 존재로 묘사되는데, 그는 이들로부터 어떤 공동행동의 가능성을 기대할 수 없다고 판단한다. 흥미롭게도 건성은 주민들을 공포에 질리게 했던 홍수를 적극적으로 활용해 이들을 단결시킨다. 요컨대 불어난 강물 앞에서 각자도생해야 했던 마을 사람들은 그의 지도로 설립된 구호반에 속해 서로를 도와 재난을 극복함으로써, 어떤 '공동'의 감각을 획득하며, 소작인들은 이 경험을 발판 삼아 새롭게 설립된 농민조합에 가입하고, 지주를 향한 공동투쟁을 단행할 '일 분자'로 거듭난다. 즉, 소설 「홍수」는 서로를 물어뜯는 가난한 자들 간의 적대를 해소하고 '공동'의 감각을 일깨운 후에야, 비로소 가진 자를 향해 함께 투쟁할 수 있다는 전망을 보여 준다. 계급 '내부'의 적대성과 관련해 또 다른 중요한 장면은 건성이 주도하는 결혼 중매이다. 그는 가난한 농민 집안의 완득이와 음전이를 중매하고, 새로운 형식의 혼례를 제안한다. 바로 넉넉지 못한 농민의 생활에 맞는 의복과 예물을 준비하는 것으로, 피아노 대신 농악이 울리고, 두 남녀는 금가락지나 보석 반지 대신 농민의 상징인 호미와 낫을 서로의 몸에 걸쳐주는 의례가 치러지는 것이다. 하객들은 이들에게 여물을 끼얹음으로써, 그야말로 가난한 농민들은 그들의 예식 문화를 가지게 된다. 그런데 여기서 주목해야 할 묘사는, 신랑의 왼편 어깨에 얹어진 "낫은 날이 서지 않았다"[12]는 의미심장한 서술이다. 이는 곧 앞서 언급한 소설의 메세지가 은유적으로 표현된 것으로, 말하자면 가난한 이들이 결합함으로써 서로를 해치던 낫의 시퍼런 '날'이 더 이상 그 날카롭지 않다는 점을 말해 준다. 즉, 홍수에 대응하기 위해 구호반과 농민 간의 결혼, 그리고 새로운 형식의 혼례는 가난한 이들을 '계급'이라는 하나의 집단으로 규합하고자 하는 서사적 장치인 것이다.

흥미롭게도 『고향』의 희준 또한 적극적으로 두 남녀, 인동과 음전, 그리고 방개와 기철의 결혼을 지휘한다. 그런데 「홍수」의 성공적인 중매와는 달리 『고향』의 기획은 성공하지 못한다. 인동과 방개는 서로를 사랑하는 사이였음에도 불구하고, 희준의 개입으로 이들은 이루어지지 못하며, 희준을 비롯한 청년회가 결혼식을 치러 주지만, 인동과 음전의 관계는 "애정과 성욕이 충족되지 못하는 상태"를 벗어나지 못한다. 심지어 인동이는 희준의 주선에 노골적으로 불만을 드러내기에 이른다. 방개 또한 인동이를 잊기 위해 공장으로 들어가는 선택을 내리면서, 지식인의 중매 기획은 파국을 맞이한다. 중매의 실패와 더불어 농번기로 인해 결국 운영이 중지된 희준의 야학을 떠올릴 수 있고, 생계의 문제가 대두하자 추수하지 않기로 한 약속이 무너지는 장면으로부터 민중에 대한 작가 이기영의 인식을 엿볼 수 있다. 이 모든 실패를 경험한 희준이는 농민들로부터 다시금 "농노(農奴)", 즉 노예의 근성을 발견하고, 고향에서 머무른 시간 동안 이루어 낸 것이 없다고 자책한다. 『고향』이 그리는 일련의 '실패'는 사회 변혁을 위한 공동행동이 지식인, 또는 그가 가진 이론의 차원으

12 정윤성, 「식민지기 이기영 문학의 내적 논리 연구」, 앞의 글, 17~18쪽.

로, 일방적으로 수행될 수 없음을 보여 준다. 한편 좌절하는 지식인 희준에게 의지를 되찾아 주고, 재정적 또는 정신적 지원을 보내는 여러 주변 인물들이 존재한다. 지금까지 프롤레타리아가 가진 동물적인 이기심에 관해 이야기했다면, 다음으로는 프롤레타리아의 고유한 '힘' 또는 서사의 차원에서 고유한 영역을 짚어볼 필요가 있는데, 이때 주목을 요하는 인물은 비(非)지식인이면서도 희준의 기획에 있어 중요한 역할을 하는 김선달이다.

김선달은 젊은 시절 술 마시고, 오입에 빠져 살았던 시쳇말로 '잡놈'에 가까운 인물로 소개된다. 무식하지만 이야기꾼의 소질을 가지고 있어 마을 주민들에게 인기가 있지만, 과거를 그리워하며 보수적인 성향을 보이는 농민들과 달리 그는 막연하게나마 '근대'를 받아들이고 개명해야 한다는 믿음을 가지고 있다. 그는 농민들 간의 갈등을 중재하는데 희준이보다 탁월한 모습을 보이기도 하며, 희준은 이러한 김선달로부터 어떤 "공통되는 것"을 감지하면서 그와 함께 행동한다. '근대'를 옹호하는 태도를 공유하며 한배를 탄 이들이지만, 흥미롭게도 이 배의 키는 일본에서 근대 교육을 경험한 희준이가 독차지하지 못한다. 작중에는 '잡놈' 김선달이 때때로 탁월함을 보이면서, 지식인을 압도하는 모습을 보인다, 농민을 규합하는 두레는 그가 가진 탁월함을 드러내는 계기이다.

예컨대 농번기가 되자 희준이가 설립한 야학에 참여하는 농민들이 줄어드는 것과 대조적으로, 김선달이 주도하는 두레에 힘입어 마을 사람들의 기분은 통일되고, 그들 간의 갈등은 자연스레 해소된다. 소싯적 놀아본 경험을 가지고 꽹과리를 잡고 선두에 나선 김선달의 지휘하에 농민들은 농악을 울리고, 흥겹게 움직이며, 리듬에 맞추어 함께 김을 맨다. 이기영은 눈에 띄는 '하얀 다리'를 가진 희준이가 농악대의 일원이 되어 논두렁길을 걸어가는 장면을 의미심장하게 묘사하면서 지식인과 프롤레타리아의 관계에서 어떤 위계의 전도를 보여 준다. 김희준과 김선달의 관계로부터 근대 지식과 구호만으로는 공동행동, 궁극적으로 이를 통한 혁명이라는 목표를 달성하기 어렵다는 이기영의 입장을 엿볼 수 있다.

김희준과 안승학의 대결 구도는 안승학의 몰락으로 마무리된다. 그런데 안승학에 맞선 소작쟁의는 농민들의 분열로 위기를 맞지만 갑숙이와 공장의 동료들이 가져온 돈으로 간신히 유지될 뿐이다. 일종의 공동행동으로써 소작쟁의가 안승학에게 결정타를 날리지 못하던 중, 김선달은 안승학의 '명예'를 공격하자고 제안한다. 즉 안승학의 딸 갑숙이가 경호와 결혼하게 된다면 경호의 천한 출신 성분을 온 동네에 퍼트려 안승학의 체면에 흠집을 내겠다는 전략인데, 이 제안에 희준이 자신 또한 부끄러움을 느끼면서도 이것이 아니고서는 승리할 수 없다고 판단한다. 놀랍게도 꿈쩍 않던 안승학은 이에 흔들리면서, 마을 사람들의 입단속을 요구하면서 소작인들의 요구사항을 들어주기로 합의한다. 희준과 소작인들은 분명 원하는 바를 얻었으나, 이는 분명 석연치 않은 결과인데, 이것이 희준의 말마따나 정정당당한 수단이나 실력으로 얻어낸 '승리'가 아니기 때문이다. 이 찝찝한 결말은 열린 것으로 각자의 해석이 존재할 수 있겠지만, 소작쟁의의 과정에서 가난한 농민들의 단결이란 언제든지 깨질 수 있는 취약한 것임이 드러났고, 이들의 터전인 농촌에서 작동하는 어떤 봉건적 질서는 명확하게 확인된다. 『고향』의 결말은 이렇듯 식민지 조선 농촌과 '근대'라는 문제에 대한 이해를 먼저 요청하면서, 도식적인 형태의 공동행동을 성급하게 서사화하지 않는 면모를 보여 준다.

마지막으로 '애욕' 또는 '정욕'은 『고향』의 서사를 이해하는 또 다른 키워드이다. 서사는 농민을 향해 진행되는 희준이의 조직 사업과 함께 안승학의 딸 갑숙과 고리대금업자 권상철의 아들로 소개되는 경호의 관계로 구성된다. 갑숙은 희준이를 이론과 실천의 역량을 모두 갖춘 투사로 인식하고, 그에게 다소간 연모의 감정을 느끼지만, 희준이는 결혼하여 자식까지 있을뿐더러, 갑숙이는 과거 경호에게 겁탈당해 자신이 처녀가 아니라는 사실에 좌절한다. 방학 중 서울에서 원터마을로 내려온 갑숙이는 경호가 자신에게 다시 치근대지는 않을까 노심초사하고, 자신이 처녀가 아니라는 사실이 탄로가 날까 두려워 공장 노동자가 되겠다고 다짐하기에 이른다. 경호의 지속적인 구애를 향해 갑숙은 "이론과 실천이 합치돼야 할 시대"를 말하면서 그에게 먼저 "생활과 싸우는 용사"가 되어 달라고 당부함으로써 애정과 정치의식의 문제를 단번에 해소한다. 갑숙이를 오랫동안 괴롭혔다는 죄책감에 괴로워하던 경호는 자신이 천한 부모의 자식이라는 사실을 깨달으면서 공부가 아닌 새로운 생활을 기획하는데, 그것은 원터마을의 공장에서 일자리를 구하는 것이었다. 양아버지 권상철의 주선으로 사무원 일을 맡아보던 그는 옥희라는 가명을 쓰던 갑숙을 알아보고, 두 남녀는 공장 안에서 "동지 결혼"을 약속한다. 앞서 언급한 노동과 공장이 갖는 의미를 떠올린다면, 『고향』이 두 남녀를 그곳에서 '동지'로 결합시켰는지를 이해할 수 있으며, 갑숙이 경호와 결합을 결심하는 것은 그의 친부가 제 손으로 먹고사는 농부였다는 사실을 알게 된 후라는 사실 또한 노동이 긍정과 부정의 인물형을 결정하는 핵심적인 개념임을 확인할 수 있다.

그런데 그들이 말하는 '대의'를 위한 결혼은 성욕을 철저히 억제함으로써 성립한다. 말하자면 두 남녀의 성적 충동은 의식주와 같은 인간의 본능이면서도, 동시에 그들을 타락시킬 위험한 것으로 간주되는데, 서술자인 이기영의 표현을 빌리자면, 남녀의 결합은 거룩한 사랑 또는 정욕, 그리고 고상한 동지애 또는 추잡한 연애의 양자택일 구도에서만 이해된다. 예컨대 희준이는 작품 말미에서 갑숙이로부터 애욕을 느끼지만, 자신의 정당함을 확신하기 위해 그를 동지로 인식하겠다고 다짐한다. 이는 곧 이기영의 프로문학 작품 대부분이 공유하는 주요한 특징으로, 1927년 발표된 「밋며누리」에서는 한 여성이 사랑의 좌절을 계기로 노동과 공부를 병행하며 스스로 계급의식을 획득하는, 아주 모범적인 공장 노동자로 성장한다. 이는 곧 사랑과 성욕으로부터 멀어질수록 정치적으로 모범적인 인간이 될 수 있다는 인식을 보여 주는 것이며, 사랑과 성욕이 배제된 인간이야말로 이기영이 서사적으로 형상화한 어떤 이상적인 '인간'의 한 면모인 것이다.

한편 바람직한 노동자로 변모한 갑숙이에 감복한 경호는 위대한 행복을 위해 조그만 행복을 희생해야 한다고 되뇐다. 사실 이기영의 작품뿐만 아니라 식민지기 프로문학에서는 이러한 성적 욕망의 억압이 빈번히 발견되며, '혁명'을 위해서는 개인적인 연애 감정이나 성적 충동은 빈번히 억눌리는 운명을 피하지 못한다. 이는 곧 공(公)적 대의를 위해 사(私)적인 것이 부차적으로 밀려나는 상황을 의미하는데, 우리는 이 지점에서 프롤레타리아 문학의 본질을 되물어 볼 수 있다. 가지지 못하고, 소외된 자들을 억압하는 경제, 사회의 구조적 모순을 알리고, 이들에게 어떤 '인간'다운 삶을 되돌려주고자 하는 것이 이 정치적 서사의 목적이라면, '사랑'과 '성욕'을 억누르는 서사적 시도야말로 '인간'적인 영역을 은폐하는 것은 아닌가 하는 물음말이다. 물론 이에 대한 대답은 '인간'적인 것을 규정하는 방식에 따라 달라질 수 있겠지만, 『고향』과 더불어 이기영의 작품 다수에서 반복되는 이 양상으로부터 '인간'다움 대한 나름의 생각을 정리해 볼 수 있다.

지금까지 이 글은 식민지 한국문학의 정전으로 손꼽히는 『고향』을 중심으로 이기영의 프로문학이 가진 특징을 간략하게나마 살펴보았다. 진부한 표현이지만, 세상은 변하고 이에 발맞추어 사람도 변한다. 작품의 배경이 되는 100여 년 전 식민지 시기, 그리고 농촌이라는 공간은 도시로부터 떨어지기 어려운 오늘날 우리에게 다소 거리감을 느끼게 할지도 모른다. 하지만 우리는 바쁜 일상에서도 종종 '인간'이라는 나름의 기준으로 가치판단을 내리고, 행동으로 나아간다. 즉 '인간'의 인식론은 지금까지도 유효한 것인데, 이기영은 함께 하는 조건으로서, 그리고 더 나은 환경을 도모하기 위해, '인간'이라는 다소 막연해 보이는 개념을 반복적으로 서사화했다. 이는 지금, 여기의 우리가 그의 프로문학을 읽는 하나의 의의로 생각해 볼 수 있을 것이다.

카프시 톺아보기

전철희
대진대학교 강사

1. 들어가며

이 글의 목적은, 조선프롤레타리아예술가동맹(KAPF)(이하 '카프'로 약칭) 출신 작가들이 쓴 시를 개괄하는 것이다. 카프 출신 작가들이 쓴 시는 '프롤레타리아 문학으로서의 시'이기 때문에 '프로시'라는 용어로 지칭되기도 한다. 하지만 이 글은 카프의 문학을 복기하는 원고 중 일부로 쓰였기에 편의상 '카프시'라고 칭하겠다.

카프 출신 작가들의 소설과 평론에 관한 연구는 줄곧 이어져 온 반면 시에 관한 연구는 활발치 않았다. 카프시가 식민지 시기 뛰어난 시인들(김소월, 한용운, 이상, 정지용, 백석, 오장환 등)의 성과에 비해 미덥지 않다는 공감대가 학계에 있기 때문일지도 모르겠다. 그런 평가는 얼마간 타당할 수도 있다. 지금의 시점으로 보자면 카프시는 생경한 언어로 정치적 선동을 의도한 것으로만 보이기도 한다. '문학적'인 기준을 들이댄다면 카프시가 식민지 시기의 문학적 정점에 이르렀다고 말하기는 힘들 듯하다.

하지만 카프는 사회운동 조직을 지향했고, 이 조직의 맹원들은 '문학성'보다 '실천성'을 중시했다. 아니, 더 정확히 말하자면, 카프는 실천적

(정치적) 가치에 따라 작품의 질이 결정된다는 의미에서의 '일원론'을 견지했다. 그런 주장은 지나치게 경직된 측면이 있었지만, 문학의 사회적 가치를 생각해야 한다는 카프의 요구 자체는 옳았다. 해외의 문학사를 보면 문학의 저항성을 강조하던 작가들이 줄곧 있었다. 19세기 유럽으로 거슬러 올라간다면, 마르크스와 함께 신문사를 하기도 했던 하이네(Heinrich Heine)와 파리 코뮌에 참여했던 보들레르(Charles Baudelaire)의 경우가 그렇고, 20세기에는 더더욱 많은 작가가 사회주의와 관계를 맺기도 했다. 이들이 최고의 문학적 성취를 냈는지까지는 모르겠지만, 그래도 사회와 문학을 연결하려던 시도가 얼마간 성과를 냈다고 볼 수는 있다.

카프시 또한 마찬가지이다. 카프가 결성되던 1925년까지 한국문학은 실천적 불온성을 충분히 내재화하지 못했다. 물론 최남선의 시와 이광수의 소설부터 나름대로 정치적 가치를 가진다고 할 수는 있지만, 이들의 작품은 정치적 주장을 엘리트적인 훈계조로 일관했다. 카프가 결성될 무렵 발표된 김소월의 시집 『진달래꽃』과 한용운의 시집 『님의 침묵』은 당대 최고의 문학적 성취라고 할 수 있지만 거기에는 사회적 메시지가 직접적으로 드러나지 않는다. 카프의 작가들은 그런 상황에서 문학과 사회의 관계를 새롭게 정립하고자 했다.

카프의 실험은 성공했을까. 이 글은 카프시의 흐름을 개괄하며 그 질문에 답해 보고자 한다. 카프가 생겨나기 이전에 나온 '신경향파 문학'으로서의 시, 카프의 흐름을 통시적으로 설명하기에 적합한 시, 카프에서 산출된 것 중 미학적으로 곱씹을 가치가 있는 시를 각각 2개씩 다룰 것이다. 물론 이 작품들은 필자 개인의 선호에 따라 자의적으로 고른 것임을 미리 밝혀 둔다.

2. 카프 창립 이전의 카프시

카프는 1925년에 창립했다. 그런데 1925년 이전에도 이미 카프시를 예비하는 몇 개의 작품이 나왔다. 1919년에 일어난 3.1운동은 한반도의 정치/문화에 지대한 영향을 끼쳤다. 그 운동의 여파로 식민지 사회에 대한 전면적 비판이 폭넓게 소개됐다. 마침 일본 정부는 '문화통치'를 표방하면서 저항적 문필과 운동을 소극적으로나마 허용해 주었다. 1920년에 창간된 〈조선일보〉와 〈중앙일보〉만 해도 창간 당시에는 일본을 비판하는 글을 자주 발표하던 '민족 신문'이었다.

이때의 담론상황은 얼마간 문학에도 영향을 끼쳤다. 톨스토이, 입센 등등의 외국 작가가 썼던 진보적 문학들이 소개됐고, 문단에서는 일제 치하에서 힘들게 살아가는 조선인들의 모습을 담아낸 작품이 발표됐다. 1920년대 초반에 나온 동인지 『백조』와 『폐허』는 그런 분위기를 얼마간 반영했다. 이 동인지들 자신은 낭만주의와 상징주의를 표방했다. 당시 한국의 낭만주의와 상징주의는 자기파괴적 퇴폐주의와 공존했다. 오상순이 『폐허』의 창간호에 썼던 글의 한 대목을 읽어 보자.

> 廢墟 속에는 우리들의 內的·外的·心的·物的의 모든 不足·缺乏·缺陷·空虛·不平·不滿·鬱然·한숨·걱정·근심·슬픔·아픔·눈물·멸망과 死의

諸惡이 쌓여 있다. 이 폐허는 멸망과 죽음이 支配하는 것 같다.

– 오상순, 「時代苦와 그 犧牲」, 『폐허』 1920.7.

세상은 '폐허'에 불과하고 그 속에서 살아가는 사람들은 절망을 느낄 수밖에 없다는 말은, "죽음을 제외하면 모든 것은 다 허무다(Tout est Néant, excepté la Mort)"라는 보들레르의 경구를 떠올리게 한다. 하지만 인용문의 저자가 유럽의 '상징주의'를 모방해서 저런 표현을 하게 되었다고만 말할 수는 없다. 보들레르가 활동하던 당시의 프랑스와 1920년 정도의 조선은 전혀 다른 상황이었다. 앞서 언급했듯 1919년의 3.1운동으로 인해 다양한 정치적/문화적 변화가 펼쳐졌다. 『폐허』의 동인들이 조선을 '폐허'라고 규정한 것은 얼마간 사회의 현실에 대해 비판하겠다는 의도의 소산이었을 것이다. 『백조』도 비슷한 지향을 가진 매체였다. 여기에 김석송이 발표했던 작품 하나를 살펴보자.

나는 無産者이다!
아모것도 갖지 못한

그러나 나는
黃金도, 土地도, 住宅도,
地位도, 名譽도, 安逸도,
共産主義도,
社會主義도,

民主主義도,

아! 나는 願치 안는다.

사랑도, 家族도,

社會도, 國家도,

現在의 아모것도

아! 나는 詛呪한다!

그리고 오즉

未來의 合理한 生活을

아! 나는

要求한다.

…

그러나 나는 다만

「人間」이란 財産만을

眞實한 意味의 「人間」을 …

要求한다! 絶叫한다!

- 김석송, 「無産者의 絶叫」(『개벽』 1921.6.)

일단은 '무산자'라는 단어가 눈에 띈다. 1921년이라면 아직 한반도에 사회주의 이념이 제대로 소개되지 않았던 상황이었다. 따라서 이 작품

속 '무산자'는 마르크스주의적인 개념 프롤레타리아가 아니라 말 그대로 소유물이 없는 사람을 뜻할 것이다. 여기에서 김석송은 당시의 궁핍한 사회에 대한 문제를 제기한다. 다만 이 문제 제기를 사회구조라든가 식민통치에 대한 것으로만 환원할 수는 없다. 이 작품은 조선의 사회적 상황에 대해 충분히 서술하지 않고, 사회주의라든가 민주주의 같은 정치이념을 설교하는 것도 아니며, 그냥 '요구'와 '절규'를 반복하는 수준에 머무르고 있기 때문이다. 이 작품은 사회에 대한 비판을 직접적으로 수행했다기보다는, 막연한 절망감과 극복 의지를 표현하는 수준에 머물렀다고 봐야 한다. 물론 그 결과 엄혹한 사회에 대한 비판을 포함하게 되기는 했지만 말이다.

다른 한편 이 작품의 화자는 엄혹한 상황에 대한 비판을 하고 있으면서도 절망에 그치지 않고 계속해서 무엇인가를 '요구'하며 '절규'하는 태도를 견지한다. 앞서 언급했듯 이 작품이 사회에 대한 비판이라고만 하기는 어렵지만, 어쨌든 부정적 상황을 타개하려는 노력을 보여 주고는 있기는 한 것이다. 참고로 인용한 작품의 저자 김형원(석송)은 충남 논산 출신으로, 보성고보를 나와 중외일보, 동아일보 등의 신문 기자를 역임했다. 카프의 전신단체 중 하나였던 파스큘라의 설립에 기여했고 '힘(力)의 시(詩)' 이론을 제출했는데, 앞서 인용한 작품은 절망 속에서도 삶의 에너지를 발산하는 모습을 형상화했다는 점에서 그의 문학론을 예고하는 것으로 읽히기도 한다. 김석송이 1920년대 초중반에 썼던 작품은 민중의 인간적 힘을 보여 줬다는 점에서 카프시를 예비하는 '신경향파 문학'이었다고 평가받는다. 그가 이 시대에 발표한 작품은 대체로 인용작과 비슷한 어조를 가지고 있다. 그의 작품은 신경향파 문학을 대표하는 성취이기 때문에 여러모로 살펴보고 분석할 만한 여지가 있겠지만, 이 글에서는 김석송 개인의 성취와 한계에 대해서 길게 언급하지는 않겠다. 이 시기의 프롤레타리아 문학을 대표하는 작가 중 한 명이었던 김기진에 대한 이야기로 넘어가자. 일단은 작품을 먼저 보자.

나는 보고 있다.
역사의 페이지에 낫 하나 있는
화강석과 같은 인민의 그림자를,

언제든지 인민의 대가리 위에는
別別色色(별별색색)의 탑이 서 가지고
그것들이 인민을 심판하고 있었다.

나는 알고 있다.
인민의 생활이 뒤흔들릴 때에는
애처롭게도 탑은 부서진다는 것을,

정치가보다도 시인보다도
꾹 담고 있는, 화강석과 같은
인민이야말로 더 훌륭한 편이 아닐는지

오오 역사의 페이지에 낫 하나 있는, 화강석과 같은
인민의 그림자를, 최후의 심판자를,
나는 지금, 눈앞에 놓고 생각하고 있다.

- 김기진, 「화강석」(〈개벽〉 1924.6)

인용한 작품은 김기진의 「화강석」으로 역시 카프가 결성되기 이전인 1924년에 발표되었다. 이 작품의 주요한 키워드는 '인민'이다. 인민은 힘없이 살아가는 사람들을 범박하게 지칭한다. 분단 이후 남한에서는 '민중'이라는 용어를 더 많이 사용해 왔는데[1], 해방 이전에는 '인민'이라는 용어가 애용되었던 듯하다.

품 속에서 김기진은 인민을 '화강석'에 비유한다. 화강석, 즉 화강암은 화산의 마그마가 천천히 식으면서 생겨나는 부산물이다. 화강암은 단단하고 투박하고 날카롭다. 김기진은 역사의 흐름에서 앞장서지 못하고 있는 인민들이 언젠가 모든 억압의 사슬을 끊고 견고한 투쟁으로 나아가리라는 믿음을 표현하기 위해 인민을 화강암에 빗댔을 것이다.

민중은 역사를 만들어 나갈 수 있는 존재이며 언젠가는 민중을 위한 사회가 도래할 것이다. 이 명제는 전 세계의 역사에서 이미 여러 번 증명됐다. 억압적인 사회에서 짓눌려 살던 이들은 저항해왔고, 그런 저항

---

1 사회에 저항하는 사람으로서의 불쌍한 사람들을 우리는 '민중'이라고 불렀다. '민중'이란 용어는 1923년쯤 신채호가 정리한 바 있고, 1930년대 무렵에는 있기는 하지만, 해방 이전까지는 '대중'과 '인민' 같은 용어와 함께 쓰인 것으로 보인다. 강인철, 『민중, 시대와 역사 속에서』, 성균관대학교 출판부, 2023.

중 몇 개는 사회를 진보적인 방향으로 이끌었다. 허나 저항이 아무 때에나 일어나지는 않는다. 그리고 저항이 분출하는 시기라고 해서 모든 사회적 상황이 개선된다고도 할 수 없다. 1920년대 한반도의 상황을 생각해 보자면, 국내외에서 독립운동을 하는 헌신적 투사들이 존재하기는 했지만 민중들이 '화강암'처럼 굳건하게 투쟁할 기미는 별로 보이지 않았을 수 있다. 그런 상황이었지만 김기진은 인민이 언젠가 화강암 같은 존재로 변화될 수 있으리란 기대를 문학 속에 담아냈다. 이는 엄밀한 정세분석에 의한 전망이라기보다는, 김기진 자신이 민중의 저항과 해방에 기여하겠다는 낙관적 의지와 믿음의 표상으로 봐야 한다.

김기진에게 그런 '믿음'을 갖게끔 해 준 동력은 사회주의 사상이었을 수 있다. 앞의 작품에서는 '낫'의 이미지가 반복적으로 드러나는데, 이때의 '낫'은 노동하는 사람들(특히 농민)의 비유이고, 더 나아가 '낫'과 '망치'를 겹쳐 놓은 그림은 사회주의 사상을 상징한다. 1920년대라면 사회주의가 전 세계적인 지지를 받고 있던 시기였고, 특히 일본에서도 사회주의에 관한 이론적 논의 및 운동이 발흥하던 때였다. 김기진은 그 무렵 일본의 담론을 참조하였을 확률이 높다. 김기진 자신은 이 작품을 쓰기 이전부터 일본의 좌파적 사상에서 영향받은 흔적을 여러 번 드러내기도 했고, 그의 평론은 대부분 일본의 문학론을 참조했다.

앞서 인용한 작품은 확신에 찬 말투로 이뤄져 있지만 1920년대의 한반도에서 사회주의에 대한 꿈은 어디까지나 '이상주의적'인 태도였을 것이다. 김기진 자신도 마냥 낙관적이지만은 않았던 듯하다. 그는 이 작품을 쓸 무렵 또한 단편소설 「젊은 이상주의의 사」를 발표했는데, 이 작품은 이상주의자로 살려는 지식인 청년의 삶이 녹녹치 않다는 인식을 보여 주었다. 그러니까 이때 김기진은 자신의 '이상'을 드러낸 시를 쓰면서 또한 소설에서는 '이상'을 가진 사람이 가질 수밖에 없는 절망감을 표현하기도 했던 셈이다. 이런 이중적 태도는 자기모순일 수도 있겠지만 비관적 현실에서도 줄곧 희망을 가지는 것 자체가 나쁜 일이라고 하기는 힘들다. 물론 김기진 자신이 이후에 친일을 했다는 점까지 감안하면 그의 태도를 마냥 긍정적으로만 보기는 힘들겠지만, 적어도 카프의 조직가로서 펼친 활동만 두고 평가한다면 그의 희망적 태도를 부정적으로만 볼 수는 없다.

이 장에서 살펴본 작품들은 카프가 결성되기 이전에 발표되었지만 카프시의 문제의식을 예비적으로 보여 준다. 이 작품들은 사회에 대한 정당한 불만을 표현하는 한편 인간의 힘으로 더 나은 사회를 만들려는 투쟁이 가능하리라는 낙관적 인식을 내포한다. 김석송의 작품은 막연하게 인간의 '힘'을 찬양하는 반면 김기진은 '인민'의 존재를 강조한다는 점에서 차이가 있을 뿐이다. 앞서 언급했듯 이 작품들은 3.1운동 이후의 사회적 상황으로부터 비롯되었다. 그 점에서 시대상황과 연동된다고 말할 수는 있겠지만, 아무래도 이때의 진보적 문학은 추상적 관념성을 강하게 노정했다는 한계를 갖는다. 카프의 결성 이후 진보적 시문학은 여러 측면에서 변화를 겪게 된다.

3. 카프시의 흐름

카프는 본래 사회주의적인 지향을 강하게 갖고 있던 조직이라기보다는, 사회적 문제에 관심을 가진 작가들의 느슨한 모임으로 시작됐다. 그래서 카프의 창간 멤버 중에서는 이상화, 김동명을 비롯한 민족주의자들과 몇몇 아나키스트들도 있었다. 앞의 문장에서 언급한 이들은 뛰어난 시인이다. 특히 이상화의 「빼앗긴 들에도 봄은 오는가」는 식민치하 조선의 상황을 비극적으로 형상화한 작품으로 손꼽힌다. 그런데 1920년대 중후반 무렵 급진적 사회주의 이론이 수입됐고, 카프는 '목적의식'을 가지고 좌파적 문학을 지향하는 조직으로 변복했다. 그 과정에서 민족주의, 무정부주의를 견지하던 문인들은 조직에서 축출되거나 혹은 이탈했다. 카프가 급진화되던 시절을 설명할 때 응당 인용되는 작품을 꼽자면 임화의 「우리 오빠와 화로」가 있다.

사랑하는 우리 오빠 어저께 그만 그렇게 위하시던 오빠의 거북무늬 질화로가 깨어졌어요
언제나 오빠가 우리들의 「피오닐」 조그만 기수라 부르는 永男(영남)이가
지구에 해가 비친 하루의 모―든 시간을 담배의 독기 속에다
어린 몸을 잠그고 사온 그 거북무늬 화로가 깨어졌어요

그리하여 지금은 火(화)젓가락만이 불쌍한 永男(영남)이하구 저하구처럼

똑 우리 사랑하는 오빠를 잃은 남매와 같이 외롭게 벽에 가 나란히 걸렸어요

오빠 …
저는요 저는요 잘 알았어요
왜—그날 오빠가 우리 두 동생을 떠나 그리로 들어가신 그날 밤에
연거푸 말은 卷煙(궐련)을 세 개씩이나 피우시고 계셨는지
저는요 잘 알았어요 오빠
언제나 철없는 제가 오빠가 공장에서 돌아와서 고단한 저녁을 잡수실 때 오빠 몸에서 신문지 냄새가 난다고 하면
오빠는 파란 얼굴에 피곤한 웃음을 웃으시며
… 네 몸에선 누에 똥내가 나지 않니 — 하시던 세상에 위대하고 용감한 우리 오빠가 왜 그날만
말 한마디 없이 담배 연기로 방 속을 메워버리시는 우리 우리 용감한 오빠의 마음을 저는 잘 알았어요
천정을 향하여 기어올라가던 외줄기 담배 연기 속에서 — 오빠의 강철 가슴 속에 백힌 위대한 결정과 성스러운 각오를 저는 분명히 보았어요
그리하여 제가 永男(영남)이의 버선 하나도 채 못 기웠을 동안에
문지방을 때리는 쇳소리 마루를 밟는 거칠은 구둣소리와 함께 — 가버리지 않으셨어요

그러면서도 사랑하는 우리 위대한 오빠는 불쌍한 저의 남매의 근심을

담배연기에 싸두고 가지 않으셨어요
오빠 — 그래서 저도 永男(영남)이도
오빠와 또 가장 위대한 용감한 오빠 친구들의 이야기가 세상을 뒤집을 때
저는 製糸機(제사기)를 떠나서 백 장에 일전짜리 封筒(봉통)에 손톱을 부러뜨리고
永男(영남)이도 담배 냄새 구렁을 내쫓겨 封筒(봉통) 꽁무니를 뭅니다
지금 — 만국지도 같은 누더기 밑에서 코를 고을고 있습니다

오빠 — 그러나 염려는 마세요
저는 용감한 이 나라 청년인 우리 오빠와 핏줄을 같이 한 계집애이고
永男(영남)이도 오빠도 늘 칭찬하던 쇠 같은 거북무늬 화로를 사온 오빠의 동생이 아니예요
그러고 참 오빠 아까 그 젊은 나머지 오빠의 친구들이 왔다갔습니다
눈물나는 우리 오빠 동무의 소식을 전해주고 갔어요
　　사랑스런 용감한 청년들이었습니다
　　세상에 가장 위대한 청년들이었습니다

화로는 깨어져도 火(화)젓갈은 깃대처럼 남지 않았어요
우리 오빠는 가셨어도 귀여운 「피오닐」 永男(영남)이가 있고
그리고 모—든 어린 「피오닐」의 따듯한 누이 품 제 가슴이 아직도 더웁습니다

그리고 오빠 …

저뿐이 사랑하는 오빠를 잃고 永男(영남)이뿐이 굳세인 형님을 보낸 것이겠습니까

슳지도 않고 외롭지도 않습니다

세상에 고마운 청년 오빠의 무수한 위대한 친구가 있고 오빠와 형님을 잃은 수없는 계집아이와 동생

저희들의 귀한 동무가 있습니다

그리하여 이 다음 일은 지금 섭섭한 분한 사건을 안고 있는 우리 동무 손에서 싸워질 것입니다

오빠 오늘 밤을 새워 이만 장을 붙이면 사흘 뒤엔 새 솜옷이 오빠의 떨리는 몸에 입혀질 것입니다

이렇게 세상의 누이동생과 아우는 건강히 오늘 날마다를 싸움에서 보냅니다

永男(영남)이는 여태 잡니다 밤이 늦었어요

— 누이동생

- 임화, 「우리 오빠와 화로」(1929년 2월 『조선지광』)

서간체로 이루어진 이 작품에서 우리는 돌아오지 않는 오빠를 기다리는 여동생의 목소리를 듣게 된다. 그녀는 화로가 깨지는 것을 보는데, 그 화로는 노동운동을 하던 오빠가 연달아 궐련(담배)을 즐겼던 곳이고, 그래서 화로가 깨진 상황은 오빠에게 변고가 생겼다는 점을 환유적으로 암시한다. 지금의 시점으로 보자면 이 환유가 충분히 세련되었다고 말하기는 힘들다. 작품 전체에 군더더기가 많고 언어적 세공이 부족한 대목도 눈에 띈다.

그런데 앞서 살펴보았던 김석송, 김기진의 작품은 정의로운 지식인의 개인적 결의를 표상하는 데 급급했고, 그래서 인간과 사회에 대한 인식을 구체적으로 보여 주지 못했다는 한계를 가졌다. 반면 임화의 작품은 구체적 서사를 포함한다. 서간체인 만큼 독자의 입장에서는 현실감과 인물에 대한 친밀감을 느낄 수 있고, '오빠'와 화로의 이미지를 병치한 대목은 흡사 몽타주 기법을 차용한 영화처럼 긴박감을 주기도 한다. 「우리 오빠와 화로」를 개별 작품으로 두고 평가하자면 몇 가지 한계를 지적할 수도 있겠지만 적어도 그전에 발표되었던 진보적 문학이 갖던 한계는 얼마간 극복했다고는 할 수 있다.

이 작품이 발표되었을 당시 김기진은 적극적으로 상찬했다. 김기진 자신도 관념성이 짙은 작품들을 썼는데, 「우리 오빠와 화로」 같은 작품은 진보적인 메시지를 담으면서 대중성도 얻을 수 있다고 기대했던 듯하다. 김기진은 이 작품을 '장편서사시'라 명명했고, 이후에도 카프의 유사한 작품들이 나오기를 바란다고 했다.

흥미로운 것은 임화의 반응이었다. 그는 자신의 작품을 칭찬한 김기진에게 감사를 표하는 대신, 「우리 오빠와 화로」는 치명적인 한계가 있었다고 자기비판 했다. 이 작품은 감상성만 부각시키고 정작 급진적 이념(사회주의)을 명확하게 표현하지는 못했다는 것이다. 이는 옳은 지적일 수 있다. 「우리 오빠와 화로」는 노동조합 활동을 했다고 추정되는 오빠가 잡혀간 것처럼 암시되는 여러 정황을 이미지로 보여 주는 데 집중할 뿐, 오빠의 직업과 사상이 무엇이었는지 등등의 문제는 거의 아예 다루지 않고 있기 때문이다. 물론 그런 비판을 수용해서 명확한 정치적 주장을 담았다면 더 좋은 작품이 나왔을 것이라고 추정할 근거는 없다. 어쨌든 임화는 자기비판은 카프의 문학을 더욱 급진화시키는 계기가 되었고, 카프 조직 내에서 임화의 영향력은 커졌다. 그리고 임화의 「우리 오빠와 화로」를 칭찬했던 김기진은 카프의 초기 멤버로서 가지고 있던 권위와 헤게모니를 잃게 된다.

이 작품을 쓰고 스스로 비판했던 임화는 카프 출신의 작가를 통틀어서 봐도 가장 중요한 사람 중 한 명이다. 근대적인 것을 강하게 지향했던 그는 1930년대에 카프의 서기장으로 활동하고 1930년대 후반에는 매우 중요한 평론과 문학사를 발표했던 문제적 인물이다. 임화의 시와 평론에 대해서는 이 책의 다른 글이 집중적으로 다룰 것이니 본고에서는 설명을 이어가지 않겠다. 중요한 것은 이 작품이 카프 초창기에 나온 시를 대표할 만했다는 점과 조직이 급진화되게끔 만드는 계기가 되었다는 사실 정도이다.

한국의 문학사 전체를 봐도 「우리 오빠와 화로」는 나름 중요한 위상을 갖는다. 이렇게 긴 분량으로 힘겨운 삶을 살아가는 민중의 모습을 그린 '장편서사시'는 이후 가령 이용악, 백석, 신경림, 최두석 등등의 후배 시인들에게도 직간접적 영향을 끼쳤다. 1990년 전후에는 이와 관련하여 '장편서사시'라든가 '시와 리얼리즘'이라는 키워드를 가지고 일련의 논쟁이 벌어지기도 했다. 그런데 이는 먼 미래의 일이고, 임화 자신은 「우리 오빠와 화로」를 자기비판한 후 한동안 시를 쓰지 않았다. 그가 창작을 멈춘 이유가 무엇인지를 불확실하지만, 첨예하게 정치색을 드러내면서 만족스러운 시를 써내는 방법을 고안하지는 못했던 것으로 추측할 만하다. 그때는 카프 전체를 봐도 좋은 시를 쓸 방법이 정립되지는 않은 상태였다. 이때 카프 시인들이 쓴 작품을 톺아보면 너무나 단순한 형식으로 정치적 주장만을 천명하는 것들도 없지 않다. 가령 다음의 작품이 그런 경우이다.

소부르조아지들아
못나고 비겁한 소부르조아지들아
어서 가거라 너들 나라로
환멸의 나라로 몰락의 나라로

소부르조아지들아
부르조아의 서자식(庶子息) 프로레타리아의 적인 소부르조아지들아
어서 가거라 너 갈 데로 가거라
홍등(紅燈)이 달린 카페로
따뜻한 너의 집 안방구석에로

부드러운 보금자리 여편네 무릎 위로!

그래서 환멸의 나라 속에서
달고 단 낮잠이나 자거라
가거라 가 가 어서!

작은 새앙쥐 같은 소부르조아지들아
늙은 여우같은 소부르조아지들아
너의 가면(假面) 너의 야욕 너의 모든 지식의 껍질을 쥚어지고

- 권환 〈가려거든 가거라 우리 진영 안에 있는 소(小)부르조아지에게 주는 노래〉

(《조선지광》, 1930.3)

부르주아와 프롤레타리아는 마르크스주의 계급론에서 가장 기본이 되는 개념이고, '소부르주아지(petite bourgeoisie)'는 두 개의 주요 계급 사이에서 부유하는 소상공인, 지식인 등등을 지칭한다. 이 작품에서 소부르주아지에게 경멸과 분노의 비판을 가하는 것은, 프롤레타리아의 투쟁을 지지하지 않고 '환멸'에만 빠져 있는 지식인/문학이 등등을 겨냥한 저격으로 보인다. 굳이 이런 설명을 붙이지 않아도 웬만한 독자들은 이 시에 담겨 있는 정치적 주장을 쉽게 이해할 수 있다. 이 시는 작가의 주장을 투명하게 드러내는 일에만 몰두하고 있기 때문이다. 그런데 이렇게 정치적 주장만 늘어놓은 작품을 미학적으로 본다면 높이 평가하기는 힘들 것이다. 모든 문학이 사회적이고 저항적 목소리를 담은 문학이 소중하다는

점을 인정한다고 쳐도, 어쨌든 문학은 단순한 정치선동으로 환원되지 않는 잉여적 가치를 가져야 한다. 그런데 이 작품은 그런 미덕을 지니지 못했다. 임화는 이런 작품을 두고 앙상한 '뼈다귀 시'라고 지칭했다. 허나 앞서 언급했듯 임화 또한 카프시를 발전시킬 묘안을 찾지는 못했다고 생각된다. 물론 그렇다고 해서 카프 출신의 작가들이 양질의 시를 쓰지 못했다는 것은 아니다. 여러모로 음미할 가치가 있는 작품 2개를 추려서 다음 장에서 읽어 보도록 하자.

4. 카프 시의 성과들

김용직은 1929년부터 1930년대 초반까지 활동한 좌파적 시인 중 주목할 만한 사람은 김창술, 유완희, 박세영, 박팔양 정도를 꼽는다.[2] 과연 이들은 나름의 독자성을 가진 시인들이었고 종종 괜찮은 작품을 발표했다. 필자는 그중 박세영과 박팔양이 쓴 작품을 살펴보고자 한다. 먼저 박팔양의 작품을 보도록 하자. 그는 1926년 초 카프에 가입하고 1927년 전에 자진 탈퇴했다. 짐작건대 이는 아마도 카프의 좌경화가 심해지는 상황 속에서의 자구책이었을 것이라 생각된다.[3] 이후 그는 모더니스트들의 모임 구인회에 함께 했고, 해방 이후 북한에서도 나름 인정받는 작가

2 김용직, 『한국근대시사(하)』, 학연사, 1986.

3 유성호, 「박팔양론 : 현실성과 서정성의 갈등과 결합」, 『한국 현대시의 형상과 논리』,. 국학자료원, 1997, 55~56쪽.

로 활동했다. 요컨대 그는 한때 카프에 속해 있었지만 카프의 주요한 맹원은 아니었던 다재다능한 시인이었다. 그래서 카프의 중심적인 경향을 대표한다고 말하기는 힘들다. 하지만 그가 쓴 작품은 매우 뛰어난 것이고 문학과 정치를 성공적으로 결합한 사례로 볼 만하다.

날더러 진달래꽃을 노래하라 하십니까
이 가난한 시인더러 그 적막하고도 가냘픈 꽃을
이른 봄 산골짜기에 소문도 없이 피었다가
하루아침 비바람에 속절없이 떨어지는 그 꽃을
무슨 말로 노래하라 하십니까

노래하기에는 너무도 슬픈 사실이외다
백일홍같이 붉게 붉게 피지도 못하는 꽃을
국화와 같이 오래오래 피지도 못하는 꽃을
모진 비바람 만나 흩어지는 가엾은 꽃을
노래하느니 차라리 붙들고 울 것이외다

친구께서도 이미 그 꽃을 보셨으리다
화려한 꽃들이 하나도 피기도 전에
찬바람 오고 가는 산허리에 쓸쓸하게 피어 있는 봄의 선구자
연분홍 진달래꽃을 보셨으리다

진달래꽃은 봄의 선구자외다
그는 봄의 소식을 먼저 전하는 예언자이며
봄의 모양을 먼저 그리는 선구자외다
비바람에 속절없이 지는 그 엷은 꽃잎은
선구자의 불행한 수난이외다

어찌하여 이 나라에 태어난 이 가난한 시인이
이같이도 그 꽃을 붙들고 우는지 아십니까
그것은 우리의 선구자들 수난의 모양이
너무도 많이 나의 머릿속에 있는 까닭이외다

노래하기에는 너무도 슬픈 사실이외다
백일홍같이 붉게 붉게 피지도 못하는 꽃을
국화와 같이 오래오래 피지도 못하는 꽃을
모진 비바람 만나 흩어지는 가엾은 꽃을
노래하느니 차라리 붙들고 울 것이외다

그러나 진달래꽃은 오려는 봄의 모양을 그 머릿속에 그리면서
찬바람 오고가는 산허리에서 오히려 웃으며 말할 것이외다
"오래오래 피는 것이 꽃이 아니라,
봄철을 먼저 아는 것이 정말 꽃이라"고-

- 박팔양, 「너무도 슬픈 사실-봄의 선구자 진달래를 노래함」(1930년 4월『학생』)

작중에서 묘사되듯 진달래꽃은 "백일홍같이 붉게 붉게 피지도 못하는 꽃"이고 또한 "국화와 같이 오래오래 피지도 못하는 꽃"이기도 하다. 더욱이 김소월의 대표작 중 하나인 「진달래꽃」은 한국인 독자들에게 이 꽃에 대한 애달픈 마음을 갖게끔 만드는 매개가 되어 주기도 했다. 참고로 말하자면 박팔양은 자신이 1920년대 초반부터 김소월의 시에서 "인민적인 언어들의 자유로운 표현"에 감동했다고 한 적이 있는데,[4] 그 점을 고려하면 이 작품에서 진달래꽃의 이미지를 차용한 것 또한 김소월에 대한 오마주를 의도한 것일지도 모르겠다.

인용한 시편은 '진달래꽃'을 매개로 하여 역사적 수난자들의 비극적 생애를 내면화한다. 어느 시대에나 정의로운 저항을 행동으로 옮기는 사람들은 있었다. 그들 중 다수는 비극적으로 삶을 마감했다. 심지어 저항적 행동을 극단적으로 밀어붙여 혁명을 시도한 사람들조차도 그랬다. 프랑스 혁명과 러시아 혁명은 '승리'했지만 혁명을 조직한 이들은 대부분 얼마 후 죽었다. 그나마 혁명은 성공이라도 한 경우가 좀 있다지만 식민지에서 해방운동을 한 사람은 승리하고 독립을 쟁취한 사례가 거의 없었다. 박팔양이 작품을 발표한 1930년의 시점이라면, 독립운동을 하는 사람들이 국내외에 얼마간 있었을지언정 의미 있는 활동을 자유롭게 펼치기는 어려운 상황이었을 것이다. 게다가 독립운동이 정말 한국의 정치/사회적 상황을 개선할 가능성은 극히 낮아 보였다. 그런 상황 속에서 저

---

4 박팔양, 「나는 시를 이렇게 배웠다」, 한설야·리기영 외, 『우리시대의 작가수업』, 역락출판사, 2001.

항을 하는 사람들을 박팔양은 '진달래꽃'에 비유했다. 그리고 그 꽃에 대한 따뜻한 연민을 표현한 것이었다.

이 작품의 묘미는 마지막 부분의 반전에 있다. "오래오래 피는 것이 꽃이 아니라,/봄철을 먼저 아는 것이 정말 꽃"이라는 구절은, 비록 지금 행동하고 있는 사람들이 녹록지 않은 상황이라고 할지라도 그렇게 행동하는 것 자체가 가치 있는 삶일 수 있다는 윤리적 깨달음을 표현하고 있다. 물론 그런 깨달음을 너무 직접 서술한다는 점은 이 작품의 한계일 수 있을 것이다. 하지만 이렇게 투사들의 삶을 이미지화하고 그들의 힘겨운 삶에도 가치가 있다는 점을 일깨워 주는 작품은 흔치 않다. 그 점에서 박팔양의 작품은 독자성과 예술성을 인정받을 만하다. 박팔양은 사회주의적 경향이 아니었지만, 어쨌든 그의 작품은 식민지 현실에 대한 인식과 극복 의지를 보였고, 더 나아가서는 결국 패배할 수밖에 없었던 투사들을 기렸다는 점에서 가치를 갖는다. 그래서 박팔양의 작품은 다른 카프시와 얼마간 다른 정조를 가지고 있다. 가령 유성호는 당시의 카프시들이 '극적 방식'으로 메시지를 전달한 반면, 박팔양은 이 작품에서 '서정적 집중화'를 통해 투사들을 기린다는 점에서 구별된다고 지적한 바 있다.[5] 그런데 어쨌든 카프라는 저항적 결사체가 굳건했기 때문에 잠시 그 단체에서 활동하기도 했던 시인 박팔양이 이런 작품을 썼다고 해석할 수는 있다.

---

5 유성호, 「현실성과 서정성의 갈등과 통합」, 유성호 편, 『박팔양 시선집』, 현대문학, 2009, 212쪽.

남국에서 왔나,
북국에서 왔나,
산상(山上)에도 상상봉(上上峰),
더 오를 수 없는 곳에 깃들인 제비.

너이야말로 자유의 화신 같구나,
너이 몸을 붙드를자(者) 누구냐,
너이 몸에 아른체할자 누구냐,
너희야말로 하늘이 네 것이요, 대지가 네것같구나.

녹두만한 눈알로 천하를 내려다보고,
주먹만한 네 몸으로 화살같이 하늘을 꾀여
마술사의 채쭉같이 가로 세로 휘도는 산꼭대기 제비야 너는 장하구나.

(하루아침 하루 낮을 허덕이고 올라와
천하를 내려다보고 느끼는 나를 웃어 다오,
나는 차라리 너희들같이 나래라도 펴 보고 싶구나,
한숨에 내닫고 한숨에 솟치어
더 날을 수 없이 신비한 너희같이 돼보고 싶구나.)

창(槍)들을 꼬진듯 희디흰 바위에 아침 붉은 햇발이 비칠 제
너이는 그 꼭대기에 앉어 깃을 가다듬을 것이요

산의 정기가 뭉게뭉게 피어올을제
너이는 마음것 마시고, 마음것 휘정거리며 씻을 것이요,
원시림에서 흘러나오는 세상의 비밀을 모조리 드를 것이다.

뫼돼지가 붉은 흙을 파헤칠제
너이는 별에 날러볼 생각을 할 것이요
갈범이 배를 채우려 약한 짐승을 노리며 어슬렁거릴제
너이는 인간의 서글픈 소식을 전하는
이나라에서 저나라로 알려주는
천리조(千里鳥)일것이다.

산제비야 날러라,
화살같이 날러라,
구름을 휘정거리고
안개를 헤쳐라.

땅이 거북등같이 갈라졌다.
날러라 너희들은 날러라,
그리하여 가난한 농민을 위하야
구름을 모아는 못올까,
날아라 빙빙 가로 세로 솟치고 내닫고,
구름을 꼬리에 달고 오라.

산제비야 날러라,

화살같이 날러라,

구름을 헤치고

안개를 헤치라.

- 박세영, 「산제비」, 『낭만』, 1936.11

마지막으로 살펴볼 것은 박세영의 작품이다. 박세영은 서울 성동구 출신으로 배제고등보통학교와 연희전문학교을 나왔고, 소설가 송영과 함께 여러 프롤레타리아 동시를 창작한 인물이다. 그는 매우 많은 시를 썼고 사실 그중에서는 아쉬운 퀄리티의 작품도 있는데, 적어도 인용한 작품만큼은 여러 미덕을 가지고 있다. 일단 작품은 엄혹한 상황을 암시하면서 끊임없이 노고지리처럼 비상하는 산제비의 이미지를 제시한다. 참고로 이 작품은 카트가 해산되었던 1935년으로부터 약 1년이 지난 후에 발표됐다. 그래서 엄밀히 따지면 이 작품은 '카프'라는 조직에서 나온 시라고 할 수 없다. 하지만 「산제비」는 박세영이 카프 시기에 썼던 어느 시보다도 뭉툭한 감동을 준다. 카프의 해산은 더 이상 사회주의적 지향을 담은 문학을 해서는 안 된다는 선언과도 같았고, 실제로 작가 대부분은 이후 저항적 정신이 문면에 드러난 작품을 쓰지 못했다. 그런데 박세영은 이때에도 끊임없이 비상하는 산제비를 보고 부러움 내지는 동경의 마음을 담아내고 있다. 어쩌면 그로서는 자신이 자유롭지 못한 상황에서 산제비처럼 비상할 수 있는 나날이 오기를 기대했던 것은 아닐까. 산제비처럼 자기 자신도 '화살같이' 구름과 안개를 헤치고 날아오르기를 기원했던 것은 아닐까. 이는 물론 가망 없고 추상적인 기대일 수 있겠지만, 그런 식의 기대를 갖지 않는 사람은 누구도 엄혹한 식민지 상황에서 가열차게 싸울 수 없었을 것이다. 앞의 박팔양의 작품이 갖는 품격에 비해 박세영의 작품이 미학적으로는 부족한 측면이 있지만 그럼에도 불구하고 전문을 인용한 까닭은 이런 작품들이 식민지 상황에 대한 고발로서 가치를 가질 수 있음을 지적하기 위해서였다.

5. 마치며

앞의 장에서 살펴본 시인인 박팔양과 박세영은 대한민국의 동족상잔과 분단 이후 북한에서 활동했다. 여러 정황으로 보건대 그들은 북한에서 꽤나 성공한 문인으로 인정받으며 살았던 것으로 추정된다. 그들이 북한에서 성공했다는 사실 때문에 오늘날 남한에서 그들의 작품은 더더욱 읽히지 않게 되었다. 그런데 남북한의 분단과 별개로 남한과 북한의 문단은 공통의 문제를 가지고 있었다. 남한 쪽에서는 진보적 문학을 하려는 사람은 엄혹한 탄압을 받았던 한편, 북한에서는 김일성 체제에 부합하지 않는 문인들이 숱하게 사라졌다. 박팔양과 박세영은 북한에서 체제수호적인 작품을 얼마간 썼던 것 같고, 지금 남한에 사는 사람들의 입장에서는 그런 작품들을 옹호할 수 없다. 그런데 이는 그들 개개인의 잘못과 한계라고만 할 수는 없다. 그것은 식민지 시기와 분단시대를 함께 겪었던 한반도의 비극에 가까울 것이다.

지금도 한국의 사회적 비극은 지금도 계속되고 있다. 한국이 1910년부터 지금까지도 줄곧 억압적 세계체제의 피해를 받고 있다고 생각하는 사람들이 있다면, 1920-30년대 무렵에 나왔던 카프시들은 바로 그 세계에 문제제기를 했던 실험으로 가치를 인정해야 할 것이다. 문학을 통한 사회변혁을 시도했던 최초의 사례들로 가치를 인정해야 할 것이다. 물론 이 말은 카프 문학의 성취를 과대 포장하자는 의미를 갖지 않는다. 이 글에서 언급한 작품들만 해도 여러 면에서 한계를 갖는다는 사실을 분별있는 독자들이라면 판단했을 것이다. 다만 이런 작품을 쓰는 사람들이 있었기에 식민지 시기의 한반도에도 정치적 활력이 있을 수 있었다. 그리고 카프의 문학적 한계에 대해서는 비판도 할 수 있겠지만, 그중 많은 것은 시대적 상황으로부터 비롯된 한계이기도 하다. 어느 시대에나 사람들은 자신이 속한 사회의 테두리 안에서만 사유를 전개한다. 그리고 우리 또한 그때와 크게 다르지는 않은 억압들 속에서 살고 있으면서도 별로 저항을 하지는 않으면서 살아가는 경우 또한 많지 않은가. 카프는 거의 100년 전에 있었던 조직이고, 그래서 카프의 정치철학이나 문학적 기율 따위를 지금의 시점에서 축자적으로 계승하기는 힘들다. 그런데 지금처럼 지지부진한 현실에서 살아가는 독자들은 결기와 열정이 넘쳤던 카프시에서 참조할 만한 부분이 있을 것이라 생각된다.

다른 한편 이 글에서 인용한 작품들은 전부 얼마간 비극적인 정조를 띄고 있다. 앞서 언급했듯 식민지 시기의 올곧은 문학인/지식인들은 시대적 한계와 개인의 능력 부족 같은 문제를 절감하면서도 포기할 수 없는 꿈이 있었기에 투쟁했을 것이다. 이들의 작품을 복기함으로써 우리는 당시의 역사를 돌아보게 되는 한편, 그 속에서 나름의 행동을 했던 사람들이 또한 존재했다는 사실을 깨달을 수도 있다.

카프의 후예들

—'노동' 문제를 중심으로 읽는 한국문학사

고봉준
경희대학교 후마니타스칼리지 교수

1. 카프 이후

카프(KAPF)(조선프롤레타리아예술가동맹)는 1925년 8월에 결성되어 1935년 6월 공식 해체된 예술단체이다. '카프'라는 명칭은 조선 프롤레타리아 예술가 동맹의 에스페란토어 표기 Korea Artista Proleta Federatio 앞글자를 축약한 것이다. 3·1 운동 직후 민족주의 사상이 퇴조기에 접어들자 사회주의 사상이 대두되어 노동자·농민을 중심으로 한 민중운동이 성장하기 시작했고, 이것은 문학 및 예술의 사회적 역할을 고민하는 예술가들의 등장으로 이어졌다. 1920년대 당시 파스큘라(PASKYULA)와 염군사(焰群社)는 이러한 흐름을 대표하는 단체였다. 파스큘라는 1923년 동경에서 귀국한 김기진과 '백조' 동인의 일부가 결합하여 결성한 단체로서 박영희, 이익상, 이상화, 김형원, 김기진, 연학년, 안석영, 김복진(金復鎭) 등이 구성원이었다. 염군사(焰群社)는 1922년 9월 서울에서 조직된 사회주의 문학예술 단체로서 이적효, 이호, 김홍파, 김두수, 최승일, 심대섭, 김영팔, 박용대, 송영 등이 구성원이었다. '카프'는 이들 두 단체가 결합하여 탄생하였고, 이들 단체와는 별도로 활동하던 이기영, 조명희, 최서해,

한설야, 임화 등이 참여하여 우리가 알고 있는 '카프'가 되었다.

'프롤레타리아예술가동맹'이라는 명칭에서 드러나듯이 카프는 결성 당시부터 사회주의적 이념을 지향했다. 이러한 사회주의적 지향 때문에 '카프의 후예'라고 말할 수 있는 작가와 작품은 매우 제한적일 수밖에 없다. 카프 문학은 넓은 의미의 노동 문학이나 민중문학과 같지 않으며, 문학의 사회적 역할이나 책무를 강조하는 비판적인 참여문학과도 다르다. 카프 문학과 노동 문학, 민중문학 사이에는 분명히 많은 공통점이 존재한다. 하지만 엄밀히 말하면 그 공통점만큼이나 결정적인 차이가 존재하는 것도 사실이다. 마찬가지로 카프 문학이 비판적 참여문학과 공유하는 지점이 없지 않지만 카프에게 문학의 의미는 소극적 의미에서의 비판, 즉 부정적 현실에 대한 비판을 훨씬 넘어선다. 따라서 사회주의적 이념이라는 특징을 강조하면 사실상 80년대에 등장한 일부 민중문학론 외에는 '후예'라고 이야기할 수 있는 대상이 없다. 이러한 현실적인 문제를 고려하여 이 글의 전반부에서는 카프와 연속적 관계에 있는 해방기 좌익 계열의 문학운동과 1950~60년대 전후 참여문학론을 살펴보고, 후반부에서는 산업화 시대부터 최근까지 한국문학에서 '노동'이라는 문제가 주목되는 다양한 맥락과 양상을 살펴볼 것이다.

2. 해방기 진보적 문학운동과 카프

우리에게 '해방'은 감동과 환희로 시작되었으나 그 기쁨의 감정이 계속되지는 못했다. 해방에 관해 이야기할 때 우리는 흔히 "해방은 도둑같이 뜻밖에 왔다."(함석헌), "아닌 밤중에 찰시루떡 받는 격으로 해방을 맞이했다"(박헌영)라는 진술을 인용한다. 해방이 예상하지 못한 순간에 갑작스럽게 찾아왔다는 뜻이다. 하지만 해방이라는 사건에서 더 중요한 점은 그것이 자유와 혼란을 함께 가져다주었다는 사실이다.

한국은 1910년 한일합병을 통해 국권을 상실했다. 경술국치(庚戌國恥)라고 이야기되는 이 사건을 통해 조선에 관한 통치권은 완전히 일본으로 넘어갔다. 해방은 이 불평등한 조약의 무효화를 의미했으나, 그것이 일본이 침략하기 이전의 '조선'으로 되돌아간다는 의미는 아니었다. 우리가 일본에 빼앗긴 것은 봉건적인 국가(dynasty)였지만 해방으로 인해 되찾은 것은 근대적인 국가(Nation)였다. 해방 직후 한국인들은 자신들이 경험한 적이 없는 국민국가(Nation)를 건설해야 한다는 시대적 과제에 직면하게 되었다. 그리고 한국인들은 당시 한반도의 남북을 각각 분할 점령하고 있던 미국과 소련을 바람직한 모델이라고 생각하는 두 집단으로 분열되었다. 한반도의 남쪽에서는 미국을 모델 삼아 근대 국가를 건설하려는 세력의 영향력이 컸고, 북쪽에서는 소련을 모델 삼아 근대 국가를 건설하려는 세력의 영향력이 컸다. 해방은 감동과 환희의 경험으로 시작되었으나 이처럼 한반도는 곧장 미국과 소련이라는 양극을 중심으로 한 냉전 체제에 휘말려 들어갔고, 이 치열한 이념 대립은 문학과 정치가 분리될 수 없음을 또다시 확인시켰다.

해방 직후 과거 일본 당국의 탄압 때문에 해산계를 제출했던 카프 구성원들이 빠르게 조직을 재결성했다. 이들은 새로운 국가 건설의 국면에서 '문학/문화'를 매개로 자신들의 정치적 비전을 실현하고자 했다. 제일 먼저 모습을 드러낸 조직은 임화를 중심으로 한 '조선문학건설본부'였다. 이들은 불과 이틀 만에 전국적인 규모의 조직을 결성했고, 8월 17일 과거 조선문인보국회가 있던 종로의 한청빌딩에 간판을 내걸었다. '조선문학건설본부'는 범문단적인 성격을 강조하기 위해 계급적·이념적 색채를 뚜렷하게 내세우지 않았다. 하지만 한편에서는 이기영, 한설야, 송영 등이 계파를 초월한 단체 결성에 반대하면서 '조선프롤레타리아 문학동맹'이라는 독자적 단체를 결성했다. 조선이 부르주아민주주의 단계에 있다는 판단 때문에 '조선문학건설본부'는 계파를 초월한 단체를 지향했다. 반면 '조선프롤레타리아 문학동맹'은 이러한 인식에 반대하면서 계급적 지향을 확실히 하고자 했는데, 이는 카프의 볼셰비키화를 이어받았다고 말할 수 있다. 결국 두 단체는 조선공산당의 방침에 따라 12월 13일 '조선문학가동맹'으로 통합되었고, 이 단체는 박헌영의 조선공산당과 더불어 남한의 좌익운동을 주도했다.

이처럼 '조선문학가동맹'이라는 단체를 주도하는 상당수의 문학인이 직간접적으로 정치의 영역에서 활동하기 시작하자 그들의 빈자리를 채워야 하는 문제가 발생했다. 해방기 좌익문단의 특징적인 면모의 하나는 신예들이 대거 등장했다는 점이다. 식민지 시대에 활동한 문학인들 가운데는 '친일' 이력으로 인해 활동에 제약이 있던 사람도 많았고, 임화를 비롯하여 일정한 경력이 있는 문학인들은 문학 분야보다는 언론과 출판, 그리고 정치적 활동에 주력해야 했다. 이러한 요인들이 복합적으로 작용함으로써 해방기 좌익계열 문단에서는 친일 혐의에서 자유로운 신인들의 활동이 두드러졌다. 이들 가운데 가장 눈에 띄는 사람은 1946년 '조선문학가동맹'에서 기획 출판한 합동시집 『전위시인집』(노농사, 1946)에 참여한 김광현, 박산운, 유진오, 이병철, 김상훈이었다.

비웃을대루 비웃으렴
없이 여길대루 없이 여기렴
다섯해 내리 가뭄과 우박보다 무서운 공출난리에
비단 짜는 공장에 팔려온
나는 강원도 두메 소작인의 딸
굽높은 뾰족구두와 여우목도리의
호사스런 신사가 부럽지 않다
꺼스름 일은 손가락으로
여윈 얼굴두 자랑스럽디 이렇게

오늘 아침두 한톨 쌀이 없어
멀건 비지찌개에 창자를 떼우고
시골엔 추운 겨울에
홑것을 감고 계신 행랑살이 아버지와
눈깔사탕이 먹고 싶다는 어린 동생이 있다
궁한 살림이 그냥
어둠과 슬픔을 벗어나지 않지만
나는 지금 황홀한 앞날은 안고

그러나 참기 어려운 분노를 누르고
공장에 간다

…

날마다 쉬는 시간이 오면 사내동무는
자본주의의 모순을 이야기한다
그것은 신기롭고도 참된 이야기다
나는 지리한 날을 속아 산 것과
굶주린 추억과 현실에
다시금 입술 깨물구 낯을 붉힌다
그리구 새로운 결심과 맹서를 갖는다

저녁이면 모여앉아
호늘 하루의 피로를 이야기하구
오늘 하루의 생활을 반성하구
다음날의 투쟁을 의논한다
열두시간 일끝에
세끼 쌀값이 모자라는 품값!
품값을 올려다구
일하는 시간을 줄여다구
노동자가 지지리 천대받는 노동자가

당당히 정치의 자리에 서서

노동자의 요구를 주장할 수 있는

인민의 나라를 하로 바삐 세워라

- 상민, 「여직공」(『옥문이 열리든 날』, 신학사, 1948)

해방기 좌익계열 시인 가운데 공장과 노동자에 관한 작품을 많은 쓴 사람은 상민과 김상훈이었다. 상민(常民)의 본명은 정기섭(丁驥燮)이다. 1921년 강원도 횡성에서 출생한 그는 휘문고등보통학교를 다니면서 정지용에게 사사했고, 1941년에는 일본 호세이대학(法政大學)에 입학하기도 했다. 정기섭의 형 정준섭은 시인 김상훈 등과 함께 협동당 별동대에 가입하여 항일운동을 한 것으로 알려져 있다. 협동당은 일제 말기 항일 무장봉기를 준비하기 위해 결성된 조선민족해방협동단의 약칭인데, 정준섭은 유격대원들의 정신적·육체적 훈련을 책임지고 있던 간부였다. 상민은 1945년 『민중조선』 창간호에 시 「해방」을 발표하면서 등단했다. 위의 인용시는 그의 유일한 시집인 『옥문이 열리든 날』에 수록된 작품으로서 "인민의 나라"라는 정치적 이상향을 위해 고통스러운 현실을 감내하면서 노동하고 있는 한 여성 노동자의 삶을 형상화하고 있다. 이 시의 화자는 자신을 "때꾹에 저른 해여진 부루-스와/뒤축 물러난 고무신"을 신은 여성 노동자라고 소개하고 있다. 또한 그녀는 자신이 "가뭄과 우박보다 무서운 공출난리에/비단 짜는 공장에 팔려온/나는 강원도 두메 소작인의 딸"이라고 소개하고 있다. 그녀는 오늘도 "한톨 쌀이 없어/멀건 비지찌개"로 끼니를 해결하고 출근한다. 그렇게 힘겨운 일상을 살고 있으면서도 그녀는 시골에 있는 "행랑살이 아버지"와 "어린 동생"을 생각하면서 노동한다.

이러한 기술은 평범한 노동자의 삶을 표현한 것 같은 느낌을 준다. 가족의 생계를 책임져야 해서 반(半)강제로 고향을 떠나 대도시에 오게 되었고, 쉬지 않고 노동해도 결코 가난의 굴레를 벗어나지 못하는, 동시에 폭력적이고 불합리한 노동 현실 앞에서 좌절하게 되는 노동자의 보편적 경험이다. 하지만 이 작품은 불합리하고 폭력적인 현실을 비판하는 데 그치지 않는다. 그녀는 "자본주의의 모순을 이야기"하는 사내 동무의 말을 듣고 자신이 오랫동안 속아왔다는 것을 깨닫고 있으며, 현실에 대한 이러한 시각 변화로 인해 그는 "새로운 결심과 맹서(盟誓)"라는 새로운 주체성의 위치를 점하게 된다. 그리하여 마지막 부분에서는 "강원도 두메 소작인의 딸"이었던 그녀가 "인민의 나라"를 지향하는 각성된 노동자로 변모한 모습이 그려진다. 이제 그녀는 일과가 끝나면 모여 앉아 "하루의 생활을 반성"하고 "다음날의 투쟁"을 의논하는 투사로 거듭났다. 그녀는 하루에 "열두 시간"을 일해도 "세끼 쌀값이 모자라는 품값"의 현실이 불합리하다는 사실을 지적하고 임금 상승과 노동시간 단축을 당당하게 요구하는 수준에 이르렀다. "당당히 정치의 자리에 서서/노동자의 요구를 주장할 수 있는/인민의 나라"를 수립하라는 마지막 주장은 노동 현실에 대한 즉자적인 비판이 아니라 노동자가 정치권력을 획득해야 한다는 정치적 비전이 포함되어 있다.

노동자의 시선으로 해방기의 현실을 비판하고, 나아가 이상적인 사회에 대한 의지를 드러내는 이러한 작품들은 사회주의 세력의 영향력이 컸던 해방 직후에는 특히 빈번하게 목격되었다. 하지만 좌우의 대립이 격화되고 미군정이 좌익계열의 활동을 본격적으로 탄압하기 시작하면서 노동자의 관점에서 현실의 변화를 주장하는 이러한 문학적 경향은 빠르게 쇠퇴했다. 그 현상의 직접적인 원인은 미군정의 탄압으로 인해 사회주의적 지향을 지닌 문학인들이 1947년 무렵 대거 월북했기 때문이다. 이러한 이념적 대립과 정치적 갈등은 결국 냉전 체제와 한국전쟁이라는 비극적 사건으로 연결되었고, 그로 말미암아 오랫동안 한국에서는 사회주의적 관점에서 노동문제를 바라보는 작품이 생산될 수 없었다.

3. 전후의 현실과 이촌향도 시대의 노동

한국전쟁은 미국과 소련을 중심으로 한 냉전의 산물이었다. 미국과 소련의 패권 경쟁에서 비롯된 냉전 체제는 한반도에 전쟁이라는 비극적 사건만이 아니라 모든 이들의 사고와 행동을 경직되게 만드는 이념적 편향을 초래했다. 국가권력을 장악한 세력이 자신들에게 도전하는 사람들에게 '용공'이라는 딱지를 붙여 제거하는 방식을 선호한 이유도 한국전쟁으로 인해 북한에 대한 적대적 감정이 일반적이었기에 가능한 일이었다. 사정이 이렇다 보니 1970년 이후 본격적인 산업화 시대가 시작되기 이전에는 '노동'에 대한 관심이나 진보적인 이념을 표방한 작품이 사실상 존재할 수가 없었다. 전후에는 냉전적 사고와 북한에 대한 적대적 감정이 지배적이어서 이념적으로도 매우 경직된 상태였기 때문이다. 이는 4·19 혁명

이전까지 정부의 공식적 통일 정책이 '북진통일'이었다는 사실에서도 확인된다.

4·19 혁명은 이러한 억압적 분위기가 바뀌는 계기였다. 4·19 혁명이 가져온 변화는 5·16 군사 정변으로 인해 오래 지속되지 못했다. 4·19 혁명의 영향은 1960년대 내내 지속되었고, 그것은 억압적인 현실을 비판하는 문학인들의 목소리가 서서히 증가하는 현상으로 나타났다. 시인 김수영의 작품이 증명하듯이 4·19 혁명 직후에는 이승만 정부하에서는 허용되지 않았던 것들이 나타나기 시작했다. 4·19 직후에 결성된 교원노조도 그 가운데 하나였다. 하지만 군사 정변으로 권력을 잡은 군부는 교원노조를 용공 세력으로 간주하여 구속했다. 이들만이 아니다. 박정희의 혁명 검찰부는 교원노조를 시작으로 노조, 사회단체, 학생단체, 정당 등의 대표와 간부를 무차별적으로 체포했다. 이때 체포된 사람 중에는 당시 『국제신보』의 주필이었던 소설가 이병주도 있었다. 그는 자신이 편집하던 신문에 한반도의 영세중립국화에 관한 글을 썼고, 1960년 2월에는 『중립의 이론』이라는 책을 출판하기도 했다. 이병주는 이 책이 문제가 되어 혁명재판소에서 10년 형을 선고받고 2년 7개월을 복역했다.

하지만 4·19 혁명을 경험하고 작가들의 생각은 급속하게 바뀌었고 그로 인하여 1960년대 문학에는 새로운 흐름이 형성되었다. 1963년부터 1967년까지 지속된 순수-참여 논쟁, 1968년 김수영과 이어령 간의 불온시 논쟁, 1963년에 출간된 신동엽의 시집 『아사녀』와 1967년에 발표된 장편서사시 『금강』이 형상화한 민중적 역사관, 1968년에 발표된 이성부의 「전라도」 연작과 1973년에 출간된 신경림의 『농무』가 열어젖힌 민중

지향적 서정시 등은 4·19의 영향이 없었다면 등장하지 못했을 것이다. 4·19 혁명은 김수영의 후기 작품들이 증명하듯이 '자유'에 대한 새로운 감각을 가져왔다. 하지만 그것이 '노동'에 대한 문제의식으로 연결되지는 못했다. 이런 점에서 1960년대 중반에 발표된 신동엽의 「종로 5가」는 매우 예외적인 작품이었다고 말할 수 있다.

이슬비 오는 날
종로 5가 서시오판 옆에서
낯선 소년(少年)이 나를 붙들고 동대문(東大門)을 물었다.

밤 열한시 반
통금에 쫓기는 군상(群像) 속에서 죄 없이
크고 맑기만 한 그 소년의 눈동자와
내 도시락 보자기가 비에 젖고 있었다.

초등학교를 갓 나왔을까
새로 사 신은 운동화 벗어 품고
그 소년의 등허리선 먼 길 떠나온 고구마가
흙 묻은 얼굴들을 맞부비며 저희끼리 비에 젖고 있었다.

충청북도 보은 속리산, 아니면
전라남도 해남 땅 어촌(漁村) 말씨였을까

나는 가로수 하나를 걷다 되돌아섰다.
그러나 노동자의 홍수 속에 묻혀 그 소년은 보이지 않았다.

그렇지
눈녹이 바람이 부는 질척질척한 겨울날
종묘(宗廟) 담을 끼고 돌다가 나는 보았어
그의 누나였을까
부은 한쪽 눈의 창녀(娼女)가 양지 쪽 기대 앉아
속내의 바람으로, 때 묻은 긴 편지를 읽고 있었지

그리고 언젠가 보았어
세종로 고층건물 공사장
자갈지게 등짐하던 노동자(勞動者) 하나이
허리를 다쳐 쓰러져 있었지
그 소년의 아버지였을까
반도(半島)의 하늘 높이서 태양(太陽)이 쏟아지고

싸늘한 땀방울 뿜어 낸 이마엔 세 줄기 강물
대륙의 섬나라의
그리고 또 오늘 저 새로운 은행국(銀行國)의
물결이 뒹굴고 있었다.

남은 것은 없었다.
나날이 허물어져 가는 그나마 토방 한 칸
봄이면 쑥, 여름이면 나무뿌리, 가을이면 타작마당을 휩쓰는 바람
변한 것은 없었다.
이조(李朝) 오백 년은 끝나지 않았다.

옛날 같으면 북간도(北間島)라도 갔지
기껏해야 버스길 삼백 리 서울로 왔지
고층건물 침대 속 누워 비료광고(肥料廣告)만 뿌리는 거머리 마을
또 무슨 넉살 꾸미기 우해 짓는지도 모를 빌딩 공사장
도시락 차고 왔지

이슬비 오는 날
낯선 소년이 나를 붙들고 동대문을 물었다.
그 소년의 죄 없이 크고 맑기만 한 눈동자엔 밤이 내리고
노동으로 지친 나의 가슴에선 도시락 보자기가
비에 젖고 있었다.

– 신동엽, 「종로 5가」 전문(『동서춘추』, 1967.6)

이 시는 화자가 종로 5가 신호등 앞에서 동대문(東大門)을 묻는 소년을 만난 경험을 계기로 삼아 당대 민중의 불행한 현실을 노래한 작품이다. 화자는 자신에게 길을 물은 소년의 정체에 대해 아는 바가 없다. 하지만

그는 “밤 열한시 반/통금에 쫓기는 군상(群像) 속에서 죄 없이/크고 맑기만 한 그 소년의 눈동자”에서 급속한 산업화의 물결로 인해 고향을 떠나 대도시의 노동자로 전락하는 민중의 형상을 읽어 낸다. 알다시피 1960년대는 전후 재건기를 거쳐 산업화를 통해 경제적 부흥의 단초를 마련하던 시기였다. 군사 정변으로 권력을 장악한 군부 세력이 국가 경제발전을 최우선 과제로 삼으면서 진행한 경제건설 5개년 계획도 이 시기의 일이고, 산업 부분에 대한 정부 주도의 대규모 투자가 이루어져 제철, 석유화학, 섬유 등 다양한 산업 분야에서 수출 중심의 경제모델이 만들어진 것도 이 무렵의 일이었다. 1960년대 한국은 일본의 경제모델을 모델로 삼아 대량생산과 수출 중심의 경제 구조를 만들어 나갔다. 이러한 수출 중심의 산업화는 국가 경제에 활력을 불어넣어 한국의 급속한 경제 성장을 견인했다. 1960년대부터 진행된 이러한 산업화와 도시화가 급격한 이촌향도(離村向都) 현상을 초래한 것은 잘 알려진 사실이다. 「종로 5가」의 화자가 길에서 우연히 만난 인물에게서 고향을 떠나온 흔적을 읽어 내는 이유도 이런 맥락에서 이해되어야 한다.

화자는 소년을 마주친 후 몇 걸음을 걷다가 되돌아섰으나 소년은 이미 “노동자의 홍수 속에 묻혀” 보이지 않는다. 이것은 서울이라는 대도시에서 소년이 노동자, 혹은 군중의 일부가 될 운명임을 암시한다. 이 소년만이 아니다. 화자가 어느 겨울날 종묘(宗廟) 부근에서 우연히 발견한 한쪽 눈이 부은 채로 양지바른 담벼락에 기대어 “때 묻은 긴 편지”를 읽고 있는 한 창녀(娼女), 그리고 “세종로 고층건물 공사장”에서 부근에 허리를 다쳐 쓰러져 있던 “자갈지게 등짐하던 노동자(勞動者) 하나” 등은 산업화 시대에 노동자나 도시 빈민이라고 명명될 존재들이다. 화자는 자신이 목격한 창녀가 소년의 누나가 아니었을까, 그리고 그 노동자가 소년의 아버지는 아니었을까 상상한다. 도시를 배경으로 한 신동엽의 이러한 민중적 상상력은 4·19 이전에는 등장하기 어려운 것이었고, 특히 농촌이나 농민이 아니라 노동자와 도시 빈민의 형상을 정면에서 다루었다는 점에서 시대적 한계를 뛰어넘은 성과였다.

4. 산업화 시대의 노동 문학

1970년대는 '비상사태'와 '개발독재'의 시대였다. 군사 정변으로 권력을 장악한 박정희는 통치의 정당성을 확보하기 위해 경제 성장을 줄곧 강조했다. 실제로 국가 주도의 산업화로 인해 1960년대 한국의 경제는 빠르게 성장했다. 하지만 그것은 정치적 자유와 인권 등의 가치를 희생한 대가로 얻은 발전이라는 점에서 한계가 분명했다. 이는 3선 개헌 이후에 치러진 1971년 대통령 선거의 결과에서 분명히 나타난다. 당시 박정희는 중앙정보부의 노골적인 정치개입과 온갖 방식의 선거 부정에도 불구하고 신민당의 김대중 후보에게 근소한 차이로 이겼다. 정당성을 확보하지 못한 권력에 대한 국민의 저항은 1968년 3선 개헌 이후 엄청나게 커졌고, 이에 박정희 정부는 1972년 10월 17일 비상계엄을 선포하여 국회를 해산했고, 12월에는 위헌적 절차에 의한 국민투표로 유신헌법을 통과시킴으로써 소위 '유신체제'가 시작되었다. 유신체제란 행정의 효율성을 극대화한다는 명분으로 대통령에게 초헌법적인 권한을 부여하는 독재 체제였다. 1970년대에 박정희 정부는 반공주의와 경제 성장을 최우선 과제로 설정했고, 이러한 방향성으로 인해 오늘날에도 1970년대는 유신체제와 산업화에 기초한 경제 성장의 시대로 기억되고 있다.

1970년대는 경제 성장의 시대였다. 당시 한국은 산업기반이 매우 취약하고 부존자원(賦存資源)이 부족한 상태였다. 이런 불리한 조건을 극복하여 수출 중심의 경제 구조를 만들어 달러를 벌어들이기 위해서는 노동집약적인 산업에 집중할 수밖에 없었다. 다시 말하면 저임금에 기반한 노동집약적인 경공업이 필요했고, 그것을 위해서는 값싼 노동력을 대량으로 확보해야 했다. 1970년대에 이른바 공돌이, 공순이라고 불리던 청소년 노동자가 등장한 것은 이런 맥락에서 이해할 수 있다. 그런데 이런 조건은 노동자에게는 지극히 불리한 노동환경이었다. 1970년대에 노동조합과 노동운동이 광범위하게 발생하게 된 것은 필연적인 사건이었다. 하지만 박정희의 유신체제는 70년대 내내 극도의 폭력적인 방법으로 노동운동을 탄압했다. 당시 공장에서는 상시적으로 야간작업이 이루어져 노동자들이 사고로 목숨을 잃거나 다치는 일이 빈번하게 발생했다. 그런데 산업재해를 당해도 노동자들에게는 아무런 보상이 돌아오지 않았고, 국가권력과 자본은 이러한 현실에 대해 문제를 제기하는 노동조합에 대해 '용공'이나 '빨갱이' 같은 혐의를 뒤집어 씌웠다. 1970년대의 산업화와 경제 성장은 이처럼 폭력적인 공권력을 이용하여 노동자들의 저항을 억누름으로써 성취된 것이다. 1970년대가 전태일의 분신(1970)으로 시작해 YH 사건(1979)으로 끝났다는 것은 매우 상징적이라고 말할 수 있다.

간다
울지 마라 간다
흰 고개 검은 고개 목마른 고개 넘어
팍팍한 서울길
몸팔러 간다

언제야 돌아오리란
언제야 웃음으로 화안히
꽃 피어 돌아오리란
댕기 풀 안쓰러운 약속도 없이
간다

울지 마라 간다
모질고 모진 세상에 살아도
분꽂이 잊힐까 밀냄새가 잊힐까
사뭇사뭇 못 잊을 것을
꿈꾸다 눈물 젖어 돌아올 것을
밤이면 별빛 따라 돌아올 것을

간다
울지 마라 간다
하늘도 시름겨운 목마른 고개 넘어

팍팍한 서울길

몸팔러 간다

- 김지하, 「서울길」 전문

김지하는 1970년대에 저항의 상징이었다. 김지하는 1964년 한일 회담 반대 시위를 하다가 구속되는 것을 시작으로 유신시대 내내 반(反)유신 투쟁을 주도하면서 유신시대의 대표적인 저항 시인으로 성장했다. 1969년 11월 시인 조태일이 발행하던 시 잡지 『시인』에 「황톳길」 등을 발표하면서 등단한 그는 1970년 5월 『사상계』에 권력의 부패상을 풍자한 담시 「오적」을 발표함으로써 군부 독재에 대한 저항의 상징이 되었다. 당시 박정희 정부는 민주주의를 요구하는 국민의 저항과 비판에 대해 '긴급조치'로 맞섰다. 긴급조치란 대통령에게 국민의 자유와 권리, 즉 기본권을 잠정적으로 정지시킬 수 있는 권한을 부여하는 것이다. 박정희 정부는 1974년 1월 긴급조치 1호를 발동함으로써 긴급조치의 시대를 열었는데, 당시 공포된 긴급조치 1호의 내용은 유신헌법을 비판하는 사람을 영장 없이 체포해 최대 15년 동안 감옥에 가둘 수 있다는 것이 핵심적 내용이었다. 박정희 정부는 1970년대에 모두 아홉 차례의 긴급조치를 공포했고, 이것은 박정희가 사망한 이후 해제되었다.

1970년대 김지하의 시적 관심은 '노동'이 아니었다. 1970년대의 산업화와 경제발전은 앞에서 설명했듯이 수많은 저임금 노동자가 필요한 노동집약적인 산업구조에서 나왔으며, 이들 노동자의 대부분은 농촌을 떠나 도시로 몰려든 대규모 이동 현상의 산물이었다. 요컨대 1960~70년대의 산업화는 '이촌향도(離村向都)'라는 말처럼 공장에 취직하기 위해 농촌을 떠나 서울로 몰려든 값싼 노동력이 없었다면 불가능했다. 이러한 대규모 이농 현상은 농촌의 공동화(空洞化)라는 또 다른 문제를 야기했다. 김지하의 「서울길」에 등장하는 "흰 고개 검은 고개 목마른 고개 넘어/팍팍한 서울길/몸팔러 간다"라는 구절은 이 시가 이러한 이농 현상을 배경으로 쓰였음을 보여 준다.

소설이 노동의 문제에 주목하기 시작한 것도, 노동자의 삶과 산업화가 불러온 인간소외 문제로 다룬 수작(秀作)이 등장한 것도 이 시기의 일이다. 카프와의 직접적인 연관성은 없으나 황석영의 중편소설 『객지』(1971)와 「삼포 가는 길」(1973)은 산업화 시대가 초래한 노동환경의 불합리성과 인간소외 문제를 정면으로 다루었다는 점에서 70년대 한국문학의 성과라고 평가할 수 있다. 1960년대 후반의 간척 공사장이 배경인 『객지』는 열악한 노동환경에 반발하여 쟁의를 벌이는 노동자들이 일터에서 쫓겨나는 모습, 불량배를 고용하여 노동자들을 강압적으로 다스리는 자본의 비인간적인 면모, 그리고 회유를 통해 노동자들의 단결을 가로막는 회사의 교활한 전략 등 자본과 노동의 갈등을 전면적으로 다루었다는 점에서 문학사적 의미가 있는 작품이다. 1973년에 발표된 「삼포 가는 길」은 산업화가 초래한 고향 상실의 현실, 그리고 그 현실에 맞서 고향을 회복하려는 세 인물의 귀향 과정을 통해 자본주의적 근대의 본질적인 문제점을 지적한 작품이다. 이 작품들은 산업화가 초래한 문명의 변화를 근대, 특히 자본주의와 연결하여 조망함으로써 근대성 자체에 대한 비판적 관점을 제시한다는 점이 카프의 문제의식과 맞닿은 지점이라고 말할 수 있다. 「삼포 가는 길」에서 세 인물의 귀향이 끝내 실패할 운명이라는 설정은 근대의 극복이 성취되기 어려운 과제라는 사실을 암시하는 것으로서 이것은 사회주의적 지향을 통해 근대를 극복하고자 했던 카프와의 차이점이라고 말할 수 있다.

> 우리는 제대로 쉬지도 못하고 일했다. 공장은 우리에게 일방적으로 원하기만 했다. 탁한 공기와 소음 속에서 밤중까지 일을 했다. 물론 우리가 금방 죽어가는 상태는 아니었다. 그러나 작업 환경의 악조건과 흘린 땀에 못 미치는 보수가 우리의 신경을 팽팽하게 잡아당겼다. … 변화는 없었다. 나빠질 뿐이었다. 한 해에 두 번 있던 승급이 한 번으로 줄었다. 야간작업 수당도 많이 줄였다. 노동자들도 줄였다. 일 양은 많아지고, 작업시간은 늘었다. 돈을 받는 날 우리 노동자들은 더욱 말조심을 했다. 옆에 있는 동료도 믿기 어려웠다. 부당한 처사에 대해 말한 자는 아무도 모르게 쫓겨났다. 공장 규모는 반대로 커갔다. 활판 윤전기를 들여오고, 자동접지 기계를 들여오고, 옵셋 윤전기를 들여왔다. 사장은 회사가 당면한 위기를 말했다. 적대 회사들과의 경쟁에서 지면 문을 닫을 수밖에 없다고 말했다. 이것은 노동자들이 제일 무서워하는 말이었다. 사장과 그의 참모들은 그것을 알고 있었다. … 회사 사람들은 우리가 생각하는 것을 싫어했다. 공원들은 일만 했다. … 우리는 너무나 모르는 것이 많았다. 사장에게는 다행한 일이었다.
>
> - 조세희, 『난장이가 쏘아 올린 작은공』, 2000, 이성과힘, 106-108

조세희의 『난장이가 쏘아 올린 작은 공』(1978)은 산업화 시대에 소외된 도시하층민의 고통을 표현한 명작이다. 이 소설의 핵심 인물인 '난장이'는 도시 빈민을 상징한다. 하지만 이 작품은 연작(連作) 형식을 통해 난장이의 세 자녀가 은강시(市)로 이주하여 노동자가 되는 과정과 그들이 부조리하고 폭력적인 노동 현실에서 살아가는 모습을 보여 준다는 점에서 1970년대의 대표적 노동 문학이라고 말할 수도 있다. 특히 이 작품은 열악한 노동환경과 공장 노동의 피로함을 토로하는 수준에 그치지 않고 노동조합을 결성하여 쟁의를 일으키려는 노동자들의 집단적 움직임과 그것을 막기 위해 교묘한 방법으로 노동자들을 회유하거나 폭력적인 방식으로 탄압하는 자본가의 모습을 정면으로 다루고 있다. 또한 이 작품은 생계를 위해 노동 현장에 뛰어든 청년·청소년 노동자가 부조리한 노동 현실을 자각함으로써 자본이 지배하는 현실에 대해 비판적인 안목을 지닌 성숙한 존재로 성장하는 과정, 노동자의 수당을 지급하지 않으면서 막대한 금액을 기부하는 자본가의 모습 등을 형상화함으로써 근대적 자본주의가 우리 사회에 초래한 근본적인 문제를 지적한다.

5. 민중적 노동 문학의 등장과 혁명의 시대

5·18 광주민중항쟁으로 시작된 1980년대는 학생운동, 노동운동, 시민사회 운동이 단순한 변화를 넘어 사회 변혁을 위해 치열하게 싸운 시대였고, 산업구조가 노동집약적인 제조업 중심에서 대기업이 주도하는 대

공장 기계업 중심으로 바뀜에 따라 노동조합과 노동운동의 성격이 완전히 변화한 시대였다. 1980년대는 신군부의 등장으로 시작되었다. 1979년 박정희가 급작스럽게 사망하자 국민들은 민주적 방식으로 대통령을 선출할 수 있으리라고 기대했다. 하지만 12·12 사태를 계기로 신군부가 국가권력을 장악하자 학생들을 시작으로 1980년 봄부터 대규모 시위가 펼쳐지기 시작했다. 이에 신군부는 과거 박정희 정부가 그러했듯이 민주주의를 열망하는 대중의 욕망을 경찰, 군대, 정보기관 등을 동원하여 폭력적인 방법으로 짓밟았다. 비상계엄의 전국 확대와 국회 해산이 그 시작이었다. 이러한 신군부의 조치는 국민적 저항을 불러왔는데, 5·18 민중항쟁이 대표적인 사례였다. 하지만 신군부는 민주주의를 요구하는 광주 시민들의 요구를 무력으로 진압했으며, 87년 민주화 투쟁이 승리에 이르기까지 80년대 내내 신군부에 대한 국민의 저항은 '민주화'라는 이름으로 지속되었다.

한편 1987년은 한국의 노동 운동사에서도 상징적인 해이다. 12·12 사태를 통해 권력을 장악한 신군부는 사실상 사상과 표현의 자유 같은 기본권을 완전히 억압했다. 신군부 세력이 언론을 통제해 권력을 더욱 확고히 하기 위해 신문·방송·통신 주요 언론사를 통폐합하고 자신들에게 비판적인 언론인을 강제 해직시킨 언론통폐합이 대표적인 사례이다. 국민의 기본권을 침해하는 신군부의 독재는 노동 분야에도 동일하게 적용되었다. 노조 간부를 탄압하여 노동조합의 활동을 위축시키고, 노동법을 개악하여 노동자들의 정당한 권리를 불법화하고, 경찰, 군대, 정보기관 등을 동원하여 노동조합을 파괴하는 것 등이 여기에 해당한다.

이러한 탄압에도 불구하고 80년대에 노동운동은 꾸준히 성장했다. 이러한 확산의 일차적인 원인은 산업화의 시대를 거치면서 노동 현실에 대한 노동자의 인식 변화였다. 과거와 달리 이 시기의 노동자들은 계급적 의식에 기초하여 현실을 바라보기 시작했고, 그것은 과거에 비해 한층 견고한 노동운동의 조직으로 이어졌다. 특히 1980년대의 노동운동은 학생운동이나 시민사회단체 등과 연대하면서 이념적인 성격을 선명하게 띠기 시작했다. 이런 이유에서 1980년대 노동운동은 단순히 노동자의 권익이나 임금 상승을 위한 것이 아니라 한국 사회의 민주화라는 커다란 흐름의 부분이라고 말할 수 있다. 노동운동이 노동자의 권리만이 아니라 국민의 기본권을 확장하는 데 기여한 것이다. 80년대 노동 문학의 정점은 이러한 조건들 덕분에 이루어질 수 있었다. 노동조합에 기초한 노동자의 문예 조직이 등장하고 『노동문학』이나 『노동해방문학』처럼 노동문학을 표방한 잡지들이 출현한 것도 이 시기였다. 노동자들은 노조 활동을 통해 자신의 생각과 감정을 표현하는 방법을 익히기 시작했고, 그러한 노동자의 자기표현은 수기(手記)와 창작 등 다양한 형태로 가시화되었다. 신군부 세력은 언론통폐합을 비롯하여 〈언론기본법〉 등의 법률을 통해 정권에 비판적인 출판과 잡지 등이 출간되지 못하도록 막았다. 이러한 조치에 따라 1980년 8월에 『창작과비평』과 『문학과지성』 같은 종합문예지가 강제 폐간되었고, 잡지와 출판을 등록제에서 허가제로 변경함으로써 종합문예지 발간을 원천적으로 차단했다.

하지만 이러한 정부의 강제조치는 무크(Mook)라는 새로운 형태의 잡지가 양산되는 계기가 되었다. '무크'라는 말은 잡지(Magazine)와 서적

(Book)의 합성어로서 흔히 부정기간행물이라고 이해된다. 정기간행물의 등록과 발행이 차단되자 당시 많은 문학인이 부정기간행물과 동인지를 통해 작품활동을 지속했고, 역설적으로 이것은 기존의 문예지에 수록되기 어려웠던 작품이나 담론의 유통을 촉발했다. 특히 이 시기에 발행된 대부분의 무크지와 동인지는 소집단 문화 운동의 성격을 띠었다. 1980년대에 출간된 무크지와 잡지 가운데 노동 문학과 직접적인 관련이 있는 잡지는 『노동문학』(1988)과 『노동해방문학』(1989)이다. 전자는 김명인의 비평 「지식인 문학의 위기와 새로운 민족문학의 구상」이 촉발시킨 문학 주체 논쟁의 연장선에서 출현한 무크지이다. 당시 이 논쟁은 노동자가 문학 향수를 넘어 직접 창작의 주체로 나서는 계기가 되었다. 후자는 1987년 이후 급성장한 노동운동을 배경으로 창간된 월간 문예지로서 남한사회주의노동자동맹(사노맹)이라는 비(非)합법 조직의 기관지 역할을 담당한 매체였다. 특히 이 잡지는 사회주의적 지향을 선명하게 드러냄으로써 창간 당시부터 국가권력의 집중적인 탄압을 받았고, 결국 1991년 1월호로 종간하였다. 이 잡지는 노동자들의 계급적 자각을 바탕으로 한 노동 해방 투쟁의 방향을 담은 창작과 비평을 집중적으로 수록했는데, 조정환이 당시 비평의 주류 담론이었던 민족 문학론의 한계를 비판하면서 '노동해방문학론'을 주장한 글이 발표한 것도 이 잡지였다. 한국전쟁 이후의 한국문학사에서 엄밀한 잣대로 '카프의 후예'를 찾는다면 1980년대의 노동 문학이 유일한 사례일 것이다.

전쟁 같은 밤일을 마치고 난

새벽 쓰린 가슴 위로
차거운 소주를 붓는다
아
이러다간 오래 못 가지
이러다간 끝내 못 가지

설은 세 그릇 짬밥으로
기름투성이 체력전을
전력을 다 짜내어 바둥치는
이 전쟁 같은 노동일을
오래 못 가도
끝내 못 가도
어쩔 수 없지

탈출할 수만 있다면,
진이 빠져, 허깨비 같은
스물아홉의 내 운명을 날아 빠질 수만 있다면
아 그러나
어쩔 수 없지 어쩔 수 없지
죽음이 아니라면 어쩔 수 없지
이 질긴 목숨을,
가난의 멍에를,

이 운명을 어쩔 수 없지

늘어쳐진 육신에
또다시 다가올 내일의 노동을 위하여
새벽 쓰린 가슴 위로
차거운 소주를 붓는다
소주보다 독한 깡다구를 오기를
분노와 슬픔을 붓는다

어쩔 수 없는 이 절망의 벽을
기어코 깨뜨려 솟구칠
거치른 땀방울, 피눈물 속에
새근새근 숨쉬며 자라는
우리들의 사랑
우리들의 분노
우리들의 희망과 단결을 위해
새벽 쓰린 가슴 위로
차거운 소줏잔을
돌리며 돌리며 붓는다
노동자의 햇새벽이
솟아오를 때까지

- 박노해, 「노동의 새벽」 전문(『노동의 새벽』(풀빛, 1984))

이 시는 1984년에 출간된 박노해의 첫 시집 『노동의 새벽』에 수록된 표제작이다. 박노해의 이 책은 신군부에 의해 금서(禁書)로 지정되었는데도 100만 부 이상이 팔린 1980년대 민중문학, 특히 노동 문학의 기념비적인 시집이다. 지식인 계층에 의해 창작된 카프의 노동시가 대부분 구호 수준에 그치거나 이념적인 당위를 반복함으로써 문학적인 가치를 획득하는 데 실패했던 반면 박노해의 이 시집은 현장 체험에 기초한 노동의 구체성이 선명하게 드러나고 정치적·예술적 수준에서도 일정한 성취를 보여 주어 문학사의 한 전환점이 되었다는 평가를 받았다. 특히 이 시집에 수록된 박노해의 노동시는 노동자 계급의 집단적인 운명을 자각하고 노동 해방을 향한 투쟁에 나서는 노동자의 형상을 제시함으로써 1980년대 노동자들을 각성시키는 데 큰 영향을 끼쳤다. 이 시는 총 5연 40행으로 이루어져 있다. 1연에서 화자는 철야 노동이 끝난 후 술을 마시면서 피곤을 달래고 있다. 그는 자신의 이러한 삶이 오래 지속되지 못할 것을 자각하고 있다. 2~3연에서 화자의 마음은 교차된다. 2연에서는 "어쩔 수 없지"라는 진술처럼 이러한 현실에 대해 체념하는 태도를 보이지만, 반대로 3연에서는 "탈출할 수만 있다면"이라는 진술처럼 불모의 현실에서 벗어나고자 하는 욕망을 드러내고 있다. 4연에서 화자의 이러한 마음 상태는 "분노와 슬픔"이라는 형태로 확장되고, 5연에서 그것은 "어쩔 수 없는 이 절망의 벽을/기어코 깨뜨려 솟구칠" 방향을 향해 나아가는 결단으로 구체화된다. 중요한 것은 이러한 화자의 태도가 즉흥적이고 개인적인 분노가 아니라 "우리들의 사랑/우리들의 분노/우리들의 희망과 단결"이라는 형태로 발화되고 있다는 점이다. 5연에 등장하는 '노동자'는 '우리들'의 계급적 표현이라고 말할 수 있는데, 이는 슬픔과 분노에서 시작된 화자의 투쟁이 궁극적으로 노동자의 해방("노동자의 햇새벽")을 향해 나아간다는 뜻이다.

무슨 밥을 먹는가가 문제다
우리는 밥에 따라 나뉘었다
그 밥에 따라 양심이 나뉘고
윤리가 나뉘고 도덕이 나뉘고
또 민족이 서로 나뉘고

그래서 밥이 의식을 만든다는 것은
뇌의 생체학적 현상이 아니라
사회적이고 인류적이고
그래서 밥은 계급적이고

밥의 나뉨은 또 식품문화적 구별도
영양학적 구별도 아니고
보편의 언어요 이념이요 과학이요 인식이다

노동자의 가슴에
노동자의 피가 흐르는 것은
법이 다르기 때문이다

그래서, 호남과 영남은
법에 따라 다시 나누어야 한다
그래서, 아메리카 아프리카 아시아도
종교가 아니라 국가가 아니라
법에 따라 다시 나누어야 한다
그래서, 동서의 분단 남북의 갈라섬도
법에 따라 다시 분단시켜야 한다

피땀 어린 고귀한 생산자의 밥의 나라냐
착취와 폭력의 수탈자의 밥의 나라냐

그대들은 무슨 밥을 먹는가
게으른 역사의 바퀴를 서둘러
움직일 수 있는 사람들 오직
지상의 모든 노동자들이여
형제들이여!

– 백무산, 「만국의 노동자여」 전문(『만국의 노동자여』(청사, 1988))

박노해의 『노동의 새벽』(1984)이 87년 이전 노동 문학을 대표하는 작품이라면 백무산의 『만국의 노동자여』(1988)는 87년 이후 노동 문학을 대표하는 작품이라고 말할 수 있다. 1980년대의 역사에서 1987년이 갖는 의미는 매우 중요하다. 왜냐하면 87년 이전은 신군부의 폭력적 통치가 일반화된 시기로 정치·결사의 자유는 물론이고 표현의 자유도 존재하기 어려웠던 시기인 반면 87년 이후는 민주화 투쟁의 성과로 형식적·제도적 민주주의가 조금씩 자리를 잡아나가던 유화 국면이었다. 이것이 바로 80년대 후반에 『노동문학』(1988)과 『노동해방문학』(1989)이 등장한 배경이었다. 인천 5·3 민주항쟁에서 시작된 신군부에 대한 국민적 투쟁은 1987년 6월 항쟁과 789 노동자 대투쟁으로 이어지면서 민주주의에 대한 가능성을 열기 시작했다. 당시 민정당 대통령 후보였던 노태우의 6·29 민주화 선언도 이런 맥락에서 등장했다.

80년대 후반의 한국 사회는 혁명의 열기로 들끓고 있었다. 한국 사회에 대한 변혁론이 담론장을 주도했고, 학생운동을 비롯하여 노동운동과 시민사회운동 등이 각자의 노선에 따라 사회 변혁의 방향을 정식화하기 시작했다. 사람들은 이것을 사회구성체논쟁이라고 불렀다. 한국 자본주의에 대한 이론적 분석과 그에 기초한 변혁론은 사회주의권의 영향을 강하게 받고 있었고, 노동운동 또한 이러한 분위기에서는 자유롭지 못했다. 결국 이러한 흐름은 국가보안법이라는 장벽에 부딪혀 숱한 시국사건으로 이어졌다. 1988년에 출간된 백무산의 시집 『만국의 노동자여』는 제목부터 마르크스의 「공산당 선언」을 차용하여 정치적·이념적 지향을 분명히 하고 있다. 요컨대 백무산의 이 시집은 87년 이후 고조기에 도달한 노동운동의 위상과 계급적으로 각성한 노동자의 시각을 고스란히 보여주어 노동자 계급의 정체성과 시각을 본격화한 최초의 시집이라는 평가를 받았다. 예를 들면 인용시에서 화자가 '밥'을 기준으로 계급을 구분하는 장면이 대표적이다. 이 시에서 '밥'은 모든 가치를 결정짓는 기준으로 제시된다. 화자는 이 '밥'에 따른 구분이 "식품문화적 구별도/영양학적 구별도" 아니라고 주장한다. 그것은 "밥이 의식을 만든다는 것은/뇌의 생체학적 현상이 아니라/사회적이고 인류적이고/그래서 밥은 계급적"이라는 진술처럼 '계급'으로 귀결된다. 화자는 이 계급을 "피땀 어린 고귀한 생산자의 밥"과 "착취와 폭력의 수탈자의 밥"으로 나눈다. 이러한 진술이 강조하는 바는 분명하다. 자본주의 사회에서 노동자와 자본가는 각각 계급의 명칭이라는 것이고, 나아가 "역사의 바퀴를 서둘러/움직일 수 있는 사람들 오직/지상의 모든 노동자들"밖에 없다는 역사적 인식이다. 이 인식에 따르면 세상을 움직이는 것은 노동자이다. 자본주의에 대한 백무산의 이러한 인식은 계급성에 기초하여 사회주의 이념에 근접한 것이었다. 한편 1987년 이후에는 소설 분야에서도 노동자의 역사적 성격과 한국 사회의 변혁에 대한 비전을 담은 작품들이 등장하기 시작했다. 정화진의 「쇳물처럼」(1987)과 방현석의 「새벽출정」(1989) 같은 작품이 대표적이었다.

6. IMF 이후의 노동 현실과 노동의 종말

1990년대는 한국 노동의 역사에서 결정적인 전환의 시기였다. 이 변화의 핵심은 '노동'이 지난 20세기의 그것, 즉 우리가 익숙하게 알고 있는 개념과 행위에서 탈피하여 새로운 국면을 맞이한 사건으로 요약된다. 1990년대 초반 한국은 경제 성장을 거듭하면서 빠르게 소비자본주의 사회로 변모했다. 과거 한국은 국가 주도의 경제개발계획과 소수의 대기업이 주도한 중공업에 기반한 전형적인 산업자본주의 국가였으나 90년대 초반 상황은 완전히 달라졌다. 산업자본주의는 '공장'을 중심으로 작동한다. 반면 소비자본주의는 공장이 아니라 소비의 장소, 다양한 유행과 그것을 부추기는 광고, 그리고 서비스 산업을 중심으로 작동한다. 이러한 변화는 산업구조의 재편을 뜻하는 것이었으니 민영방송과 케이블 TV의 등장은 그 변화의 상징이었다.

한편 한국 사회는 1997년 IMF 사태를 겪으면서 신자유주의 체제에 편입되었다. 신자유주의는 노동 분야에 엄청난 변화를 가져왔다. 가령 1990년대 후반에 등장한 신자유주의는 비정규직이라는 새로운 고용 형태를 도입함으로써 그동안 단일한 집단으로 상상되던 노동자를 정규직과 비정규직으로 양분했다. IMF 사태가 불러온 기업의 연쇄적 파산과 대규모 정리해고는 엄청난 실업자와 미취업자, 즉 산업예비군을 양산했다. 게다가 한국은 경제의 고도성장으로 인해 90년대 초반부터 노동력을 수입하는 국가로 바뀐 상태였다. 중소기업의 만성적인 인력 부족 문제를 해결하기 위해 1991년에 도입된 외국인산업연수제도가 바로 그것이다. 이 제도는 노동자를 내국인과 외국인으로 재분할하는 결과를 초래했다. 요컨대 90년대 중반 한국 사회에서 노동은 정규직과 비정규직, 대기업과 중소기업, 내국인과 외국인이라는 삼중의 분할 상태에 이르렀고, 이 새로운 현실이 초래한 노동자 집단 내부의 갈등은 소비자본주의라는 변화된 산업구조와 맞물려 '노동'의 영향력을 크게 약화시켰다. 이제 노동은 사회의 변혁을 선도하는 거창한 이념이 아니라 "나이 마흔다섯에 시간당 삼천오백 원, 즉 그것이 아버지의 산수"(박민규, 「그렇습니까? 기린입니다」)처럼 먹고사는 문제로 축소되어 인식되었다. 이러한 이념과 노동의 분리로 인해 우리 사회는 '카프의 후예'가 존재하기 어려운 세계가 되었다.

이러한 변화는 문학에서도 직접적으로 확인된다. IMF를 거치면서 노동조합 중심의 노동운동은 크게 약화 되었다. 이것은 노동 문학의 퇴조로 나타났다. 가령 IMF 외환위기 이후에 출간된 구경미의 『노는 인간』이나 박민규의 『카스테라』 같은 작품은 '노동'에 대한 새로운 감각을 보여주었다. 구경미의 소설에 등장하는 인물들은 임금 노동을 거부하고 자신만의 세계를 창조하려는 의지에 근거해 자발적 실업 상태를 선택한다. 이들에게 노동은 가치 있는 활동으로 인식되지 않는다. 박민규의 『카스테라』에 등장하는 직장인들 또한 노동의 가치 같은 거대한 이념이 아니라 지극히 현실적인 관점에서 노동을 이해한다. 그들은 직장에서 살아남기 위해서라면 가족도 포기할 수 있다는 정신으로 살아가지만 정작 가족을 포기하고도 직장에서 생존하는 데 실패한다. 노동이 곧 생존의 문제로 바뀐 이 세계에서 노동자들은 협력하는 대신 무한 경쟁에 돌입한다. 노동에 대한 이러한 감각의 변화는 우리가 일찍이 경험한 적이 없는 신자유주의의 발명품이었다.

신자유주의가 노동의 영역에 가져온 또 다른 변화는 외국인 노동자의 등장이다. 한국은 1991년 중소기업의 인력난, 소위 3D 업종의 인력 문제를 해결하기 위해 외국인산업연수제도를 시행했다. 현재 이 제도를 통해 국내에 입국한 외국인 노동자와 그들의 가족, 그리고 체류 기간을 초과하여 불법체류하고 있는 외국인 노동자의 수는 상당히 많다. 통상 한

국가의 외국인 비율이 5%를 넘는 경우 그 사회를 다문화 사회라고 이야기하는데, 최근의 통계에 따르면 현재 한국의 외국인 비율은 4.89%이다. 하지만 실제 거주하고 있는 외국인의 수는 그보다 훨씬 많을 것으로 추측된다. 2000년 초반의 한국문학에 외국인 노동자 문제가 빈번하게 등장한 이유도 이것 때문이다. 김재영의 『코끼리』(2005)와 손홍규의 『봉섭이 가라사대』(2008)가 대표적인 사례이다. 이 작품들에서 노동은 인종, 국적 등에 의해 재분할됨으로써 80년대와 같은 단일한 성격을 상실한다. 이러한 작품들은 더 이상 노동자가 하나의 이름으로 단결될 수 없는 현실이 도래했음을 보여 주며, 이러한 현실에서 노동은 매우 빠른 속도로 그 계급적·이념적 성격을 상실하고 이익을 두고 경쟁하는 방향으로 나아가게 된다.

신자유주의가 초래한 세 번째 변화는 노동의 경계가 모호해진 것이다. 신자유주의 시대에 빠르게 성장하는 대다수 기업은 플랫폼 업체이다. 이들 기업은 오늘날 일자리를 찾고 있는 대졸자들이 가장 선호하는 '꿈'의 직장이기도 하다. 흔히 디지털 테일러주의라고 불리는 플랫폼 시스템은 신자유주의 시대의 대표적 노동방식이다. 그런데 플랫폼 시스템은 노동자를 피고용자가 아니라 계약의 주체, 즉 또 다른 기업인으로 만들어 사실상 노동자를 없애는 방식으로 작동한다. 플랫폼을 기반으로 활동하는 디지털 기반 노동자는 모두가 1인 기업이며, 이들은 숫자와 무관하게 서로가 경쟁 관계에 놓여 있다. 따라서 플랫폼과 자신의 계약 관계가 아무리 불공정해도 과거의 노동조합과 같은 집단이 형성되지 않으며, 설령 노동조합과 유사한 형태의 집단을 만든다고 해도 법률적인 의미에서 노동자로 인정받기도 어렵다. 이러한 플랫폼 시스템은 노동자를 명목상의 1인 기업으로 만들어 노동자를 없애고, 나아가 노동과 비노동의 경계를 모호하게 만든다. 비교적 최근에 출간된 작품 가운데 '노동' 문제를 다룬 작품들, 이를테면 김혜진의 『9번의 일』, 김의경의 『콜센터』, 최세라의 『콜센터 유감』, 장류진의 『일의 기쁨과 슬픔』, 최지인의 『일하고 일하고 사랑을 하고』 등을 살펴보면 우리가 더 이상 '공장'이 노동의 장소가 아닌 시대를 살고 있다는 사실을 확인할 수 있을 것이다.

계급과 문학, 카프의 시대